Der spin-off als Konzernspaltungsform

T0316890

Betriebswirtschaftliche Studien Rechnungs- und Finanzwesen, Organisation und Institution

Herausgegeben von
Prof. Dr. Wolfgang Ballwieser, München
Prof. Dr. Dieter Ordelheide, Frankfurt

Band 41

Peter Lang

Frankfurt am Main · Berlin · Bern · New York · Paris · Wien

Georg Schultze

Der spin-off als Konzernspaltungsform

Peter Lang

Europäischer Verlag der Wissenschaften

Die Deutsche Bibliothek - CIP-Einheitsaufnahme

Schultze, Georg:

Der spin-off als Konzernspaltungsform / Georg Schultze. -
Frankfurt am Main ; Berlin ; Bern ; New York ; Paris ; Wien :
Lang, 1998
    (Betriebswirtschaftliche Studien Rechnungs- und
    Finanzwesen, Organisation und Institution ; Bd. 41)
    Zugl.: Mannheim, Univ., Diss., 1997
    ISBN 3-631-32980-6

D 180
ISSN 1176-716X
ISBN 3-631-32980-6

© Peter Lang GmbH
Europäischer Verlag der Wissenschaften
Frankfurt am Main 1998
Alle Rechte vorbehalten.

Printed in Germany 1 2   4 5 6 7

Geleitwort

Mit einem „spin-off" wird ein Teil eines Konzerns ökonomisch verselbständigt. So wie man bei Unternehmenserweiterungen rechtlich zwischen dem Anteilserwerb, dem Asset Deal und der Verschmelzung unterscheiden kann, kann ein „spin-off" - allerdings in umgekehrter Richtung - als Anteilsverkauf von Tochterunternehmen, als Asset Deal oder als Ausgründung von Teilen eines Unternehmens vollzogen werden. Der „spin-off" ist vor allem in den USA und danach auch in Großbritannien und Kanada genutzt worden, um Konzerne zu restrukturieren. In Deutschland wurde er bisher vergleichsweise wenig eingesetzt und dementsprechend ist das Schrifttum dazu nicht besonders ergiebig. In diese Lücke hat Herr Schultze seine Arbeit placiert. In ihr wird der „spin-off" umfassend, d.h. handelsrechtlich, steuerrechtlich, finanzierungstheoretisch und unternehmenspolitisch - als Instrument zur Steigerung des „shareholder value" analysiert. Besonders informativ sind auch die praktischen Fälle, die Herr Schultze geschickt mit seinen allgemeinen Aussagen zu integrieren versteht. Ich wünsche der Arbeit eine freundliche Aufnahme in der Fachdiskussion und der Wirtschaftspraxis.

Frankfurt, 5. November 1997   Prof. Dr. Dieter Ordelheide

Vorwort

Die Abspaltung von Konzernteilen zur Optimierung der Beteiligungsstruktur gehört längst zum gängigen Programm internationaler Konzernunternehmungen. Den US-amerikanischen Konzernunternehmungen wird indes immer noch eine gewisse Vorreiterrolle in Bezug auf die Flexibilität der Beteiligungsstrukturen zugesprochen, die u.a. mit dem Einfluß der angelsächsischen Finanzierungstheorie und der angelsächsischen Investmentbanken auf die Konzernunternehmungen begründet werden kann. Die Führungsrolle zeigt sich insbesondere auch bei der Abspaltung von Tochterunternehmen durch einen spin-off, d.h. durch Auskehrung von Anteilen einer Tochtergesellschaft an die Anteilseigner der Mutterunternehmung, welcher in den letzten Jahren in den angelsächsischen Ländern als Umstrukturierungsform besondere Beachtung gefunden hat. Die Arbeit soll dazu beitragen, daß diese Umstrukturierungsform auch bei deutschen Konzernunternehmungen stärker thematisiert wird und die notwendigen rechtlichen Rahmenbedingungen vom Gesetzgeber weiter verbessert werden.

Die vorliegende Arbeit wurde im Sommersemester 1997 von der Fakultät für Betriebswirtschaftslehre der *Universität Mannheim* als Dissertationsschrift angenommen. Ganz besonders danken möchte ich meinem Doktorvater, Herrn *Prof. Dr. Dr. Manuel R. Theisen*, der mir zahlreiche Anregungen gab und mich stets verständnisvoll und wohlwollend betreute. Herrn *Prof. Dr. Alfred Kieser* danke ich für die Erstellung des Zweitgutachtens. Für die Aufnahme in die vorliegende Schriftenreihe möchte ich Herrn *Prof. Dr. Dieter Ordelheide* und Herrn *Prof. Dr. Wolfgang Ballwieser* danken.

Den Kollegen an der *Universität Mannheim*, vor allem Herrn *Dr. Wolfgang Salzberger*, bin ich dankbar für die zahlreichen technischen Ratschläge und die gute Aufnahme am Lehrstuhl. In meinem Münchner Kollegenkreis führte ich viele anregende Gespräche zur Finanzierungstheorie mit Herrn *Dr. Barthold Albrecht*; Herr *Dr. Martin Kühner* und Herr *Dr. Michael Hinderer* ermöglichten mir den interessanten Kontakt zur Unternehmenspraxis während meiner Promotion.

Meinen Eltern, insbesondere meiner Mutter, gilt Dank für ihre großzügige

VIII

Unterstützung meiner Ausbildung. Schließlich möchte ich mich noch herzlich bei meiner Frau Vera und meinen Kindern Winston und Philipp bedanken, deren Geduld ich stark strapaziert habe. Ohne die moralische Unterstützung meiner Familie wäre diese Arbeit nicht entstanden.

München, im Dezember 1997

Inhaltsübersicht

Inhaltsverzeichnis

XVII

Abbildungsverzeichnis

Abkürzungsverzeichnis

A.A.R.	adjusted abnormal returns
Abb.	Abbildung
Abs.	Absatz
AD	announcement date
AG	Aktiengesellschaft
AG	Die Aktiengesellschaft (Zeitschrift)
AktG	Aktiengesetz
Art.	Artikel
ASE	American Stock Exchange
Aufl.	Auflage
BB	Der BetriebsBerater (Zeitschrift)
BFH	Bundesfinanzhof
BFuP	Betriebswirtschaftliche Forschung und Praxis (Zeitschrift)
BGB	Bürgerliches Gesetzbuch
BGBl.	Bundesgesetzblatt
BGHZ	Entscheidung des Bundesgerichtshofes in Zivilsachen
BörsG	Börsengesetz
BörsZulV	Börsennzulassungs-Verordnung
BMF	Bundesministerium der Finanzen
BStBl.	Bundessteuerblatt
Bsp.	Beispiel
bzw.	beziehungsweise
CAAR	cumulative average adjusted returns
CD	completion date
CEO	chief executive officer
Co.	Company
Corp.	Corporation
CPE	cumulative prediction error
DB	Der Betrieb (Zeitschrift)
d.h.	das heißt
Diss.	Dissertation
DM	Deutsche Mark
DST	Der Schweizer Treuhänder (Zeitschrift)
DW	Das Wertpapier (Zeitschrift)
ED	ex date
EDV	Elektronische Datenverarbeitung

ESOP	Employment Stock Ownership Program
EStG	Einkommensteuergesetz
et al.	et alter, und andere
etc.	et cetera
f.	folgende
FAZ	Frankfurter Allgemeine Zeitung
Fn.	Fußnote
GmbH	Gesellschaft mit beschränkter Haftung
Habil.	Habilitation
HB	Handelsblatt (Zeitung)
Hrsg.	Herausgeber
ICI	Imperial Chemical Industries PLC
i.d.R.	in der Regel
IDW	Institut der Wirtschaftsprüfer
i.e.S.	im engeren Sinne
IL	Illinois
Inc.	Incorporated
IRC	Internal Revenue Code
i.V.m.	in Verbindung mit
IWB	Internationale Wirtschafts-Briefe
i.w.S.	im weiteren Sinne
Kap.	Kapitel
KStG	Körperschaftsteuergesetz
Ltd.	Limited
Mass.	Massachussets
MBO	management buy-out
m.E.	meines Erachtens
mm	Manager Magazin (Zeitschrift)
MN	Minnesota
NYSE	New York Stock Exchange
NJ	New Jersey
Nr./No.	Nummer
NZZ	Neue Zürcher Zeitung
o.V.	ohne Verfasser-/Verlagsangabe
p.a.	pro anno
PLC	private limited company
Regs.	Regulations
RGBl.	Reichsgesetzblatt
Rn.	Randnummer
s.	siehe

S.	Seite
Sec.	Section
Schr.	Schrift
SEC	Securities and Exchange Commission
SGF	Strategisches Geschäftsfeld
u.a.	unter anderem
u.a.	und andere
UB	Unternehmensbereich
überarb.	Überarbeitet(e)
UmwBerG	Gesetz zur Bereinigung des Umwandlungsrechts
UmwG	Umwandlungsgesetz
UmwStG	Umwandlungssteuergesetz
Univ.	Universität
verb.	verbessert(e)
Vol.	Volume (Jahrgang)
vgl.	vergleiche
v.H.	vom Hundert
vgl.	vergleiche
vs.	versus
v.	vom
WiSt	Wirtschaftswissenschaftliches Studium (Zeitschrift)
WiWo	Wirtschaftswoche (Zeitschrift)
z.B.	zum Beispiel
ZfB	Zeitschrift für Betriebswirtschaft
ZfbF	Zeitschrift für betriebswirtschaftliche Forschung
ZFO	Zeitschrift für Organisation
ZGR	Zeitschrift für Unternehmens- und Gesellschaftsrecht
ZIP	Zeitschrift für Wirtschaftsrecht
zugl.	zugleich
z.T.	zum Teil

A. Einführung
I. Problemstellung und Zielsetzung der Arbeit

In den *USA* zählt seit einigen Jahren der spin-off von Tochterunternehmen zu den bedeutendsten Umstrukturierungsformen von Konzernunternehmungen. Bei einem spin-off handelt es sich nach herrschender Definition des US-amerikanischen Schrifttums um eine Umstrukturierungsform, bei der von einer Konzernunternehmung Anteile eines Tochterunternehmens im Rahmen einer Sachdividende an die Anteilseigner ausgekehrt werden.[1] In der Unternehmenspraxis hat vorwiegend die steuerneutrale Durchführungsform des spin-off Beachtung gefunden, die eine Auskehrung von mindestens 80 v.H. aller Stimmrechtsanteile und des Gesellschaftskapitals des Tochterunternehmens voraussetzt.[2] Ein steuerneutraler spin-off führt aufgrund der steuerrechtlichen Voraussetzungen zu einer Abspaltung eines Tochterunternehmens. Die Verbindung zwischen den rechtlich und wirtschaftlich getrennten Unternehmen besteht nach einem spin-off nur noch über die Anteilseigner der Konzernunternehmung, die pro-rata ihrer Beteiligung Anteile an dem abgespaltenen Tochterunternehmen erhalten.

Im Jahr 1996 wurden in den *USA* 36 Unternehmen mit einem Gesamt-transaktionswert[3] von $ 86,2 Milliarden durch einen steuerneutralen spin-off abgespalten.[4] Von 1990 bis 1996 stieg die Anzahl durchgeführter Abspaltungen durch einen spin-off um 240 v.H., der Transaktionswert erhöhte sich im gleichen Zeitraum um 4.605 v.H. (vgl. Abb. 1). Der durchschnittliche Transaktionswert von ca. $ 2,4 Milliarden verdeutlicht, daß zum großen Teil bedeutende Tochterunternehmen der Konzernunternehmungen abgespalten wurden.

Zu der wachsenden Bedeutung des spin-off in den *USA* hat insbesondere eine allgemeine Entwicklung der Organisationsstrategie von zahlreichen Konzernunternehmungen beigetragen, die seit Mitte der achtziger Jahre ihre

---

[1] Vgl. zu unterschiedlichen Begriffsauffassungen und zur Definition des Begriffes in der vorliegenden Arbeit Kapitel B.I. und II., S. 7-30.

[2] Vgl. zur steuerlichen Behandlung des spin-off in den *USA* Kapitel B.III.2., S. 18-23.

[3] Der Transaktionswert berechnet sich durch die Börsenkapitalisierung der abgespaltenen Unternehmen am ersten Handelstag der Einführung an der Börse.

[4] Vgl. für eine Auswertung von Daten der *SDC Securities Data Corporation* Anhang I., S. 195-199.

Unternehmensgröße und ihren Grad der Diversifikation verringern und sich
auf bestimmte Geschäftsaktivitäten konzentrieren.[1]

Jahr	Anzahl durchgeführter Abspaltungen durch spin-off	Transaktionswert in $ Mio.
1990	15	1.872
1991	16	5.956
1992	20	5.716
1993	26	14.327
1994	28	23.961
1995	40	57.198
1996	36	86.207

Abb. 1: Entwicklung des steuerneutralen spin-off in den *USA* von 1990 bis
1996
(Quelle: *SDC Securities Data Corporation,* 1997)[2]

Als Einflußfaktoren der veränderten Konzernstrategie werden vor allem eine
zunehmende internationale Konkurrenz und ein aktiver Markt für
Unternehmen ("market for corporate control"[3]) genannt.[4] Darüber hinaus
haben aber auch andere Motive, wie beispielsweise die Verbesserung der
Finanzstruktur oder die Haftungssegmentierung von risikoreichen
Geschäftsaktivitäten, zur Zunahme von Abspaltungen durch einen spin-off
geführt.

---

[1] Vgl. dazu beispielhaft *Rudolph, J.*, Zellteilung, 1992, S. 15, *Markides C.C.*,
Characteristics, 1992, S. 91 f. *Milgrom, P./Roberts, J.*, Adjustment, 1995, S. 231.

[2] Vgl. Anhang I., S. 195-199.

[3] Der Markt für Unternehmen bzw. für Unternehmenskontrolle bezeichnet die Vorstellung
eines funktionsfähigen Marktes, auf dem Unternehmen gehandelt (ge- und verkauft)
werden. In der angelsächsischen Literatur wird dieser Markt als "market for corporate
control" bezeichnet. Vgl dazu *Jensen, M.C./Ruback, R.S.*, Market, 1983, S. 5; *Jensen,
M.C., Agency*, 1986, S. 326 f.

[4] Vgl. dazu *Milgrom, P./Roberts, J.*, Adjustment, 1995, S. 231; *Coffee, J.C. Jr.*, Coalitions,
1991, S. 5: "Today, virtually all close observers of the takeover scene recognize that
takeovers have spurred a massive 'decongglomeration' movement that is pruning
overgrown corporate empires and reshaping the size and scope of American industrial
corporation." Vgl. dazu auch *Peter,T.*, Big, 1993, S. 93-104.

Seit einigen Jahren kann die Umstrukturierungsform des spin-off auch in verschiedenen europäischen Ländern beobachtet werden.[1] Nach wie vor bestehen in den meisten europäischen Ländern jedoch rechtliche und wirtschaftliche Hindernisse, die dazu führen, daß der spin-off bislang nicht zu den bekannten Umstrukturierungsformen zählt.[2] In der *Bundesrepublik Deutschland* hat der spin-off von Tochterunternehmen in der Unternehmenspraxis und im wissenschaftlichen Schrifttum kaum Beachtung gefunden.[3]

Aufgrund der geringen Beachtung des spin-off im deutschsprachigen Schrifttum werden mit der vorliegenden Arbeit zwei wesentliche Zielsetzungen verfolgt. Zum einen soll die rechtliche Möglichkeit der Durchführung eines spin-off in der *Bundesrepublik Deutschland* untersucht werden (Kapitel C). Nachdem es sich beim spin-off um eine Form der Spaltung von Konzernunternehmungen handelt, wird hierbei insbesondere auf die Möglichkeit der Durchführung im Rahmen der neu eingeführten Spaltungsformen des zum 1. Januar 1995 in Kraft getretenen Umwandlungs-gesetzes und -steuergesetzes eingegangen.

Zum anderen sollen (betriebswirtschaftliche) Fragenkomplexe des spin-off behandelt werden, durch die auch der Forschungssstand zum spin-off dokumentiert werden kann. Die Fragenkomplexe konzentrieren sich auf

(1)die organisatorischen- und finanzwirtschaftlichen Auswirkungen eines spin-off (Kapitel D),
(2)die Motive der Durchführung eines spin-off (Kapitel E) und
(3)die Wirkungen des spin-off auf den Unternehmenswert (Kapitel F).

Als wichtigsten Erklärungsansatz der organisatorischen und finanzwirtschaftlichen Veränderungen bei Durchführung eines spin-off wird in

---

[1] Vgl. o.V., Demergers, 1996, S. 46-48. In Großbritannien wurde insbesondere der spin-off von *ICI* und *Racal* beachtet, darüber hinaus wurden in Spanien und Frankreich bei verschiedenen Konzernunternehmungen ein spin-off durchgeführt bzw. diskutiert. Für den spin-off von *ICI* vgl. Kapitel E.IV.2., S. 147-155.

[2] Vgl. für einen Überblick über rechtliche Hindernisse o.V., Demergers, 1996, S. 46-48.

[3] Es wurden zwar bereits Abspaltungen von börsennotierten Gesellschaften durchgeführt, bei der die Anteilsigner der abspaltenden Gesellschaft - vergleichbar mit einem spin-off - an der abgespalteten Gesellschaft beteiligt wurden, jedoch blieb in den bekannten Fällen eine rechtliche und wirtschaftliche Beziehung zwischen den Unternehmen erhalten. Ein Beispiel hierfür ist die Abspaltung der *Monachia Grundstücks-AG* von der *Löwenbräu AG* im Jahre 1982. Die *Monachia Grundstücks-AG* verwaltet und verwertet das nicht betriebsnotwendige Immobilienvermögen der *Löwenbräu AG*. Vgl. dazu ausführlich *Bühner, R.*, Strategie, 1985, S. 244-253.

4

der Literatur die Principal-Agent-Theorie angeführt.[1] Die Principal-Agent-Theorie beschäftigt sich mit der Analyse und (Vertrags-)Gestaltung der Auftragsbeziehung zwischen einem Auftraggeber ("principal") und einem Auftragnehmer ("agent").[2] Ein Hauptuntersuchungsfeld betrifft dabei die Interessenskonflikte, die aufgrund der Handlungsmaxime einer (beiderseitig erwarteten) Nutzenmaximierung beider Parteien entstehen.

In der vorliegenden Arbeit soll mit der Principal-Agent-Theorie zum einen auf Auftragsbeziehungen zwischen Eigentümern (Anteilseignern) und Management eingegangen werden, um die organisatorischen Veränderungen bei einem spin-off darzustellen. Zum anderen sollen die Interessenskonflikte zwischen dem Management, den Anteilseignern und den Gläubigern im Hinblick auf die Finanzierungsbeziehung zwischen Unternehmen und externen Kapitalgebern untersucht werden. In Bezug auf die Veränderungen der Finanzierungsbeziehung bei einem spin-off wurde in der Literatur vor allem auf die Hypothese von *D. Galai/R. Masulis* eingegangen, wonach es bei einem spin-off zu einem Vermögenstransfer von Fremdkapitalgebern zu Eigenkapitalgebern kommt, weil die Eigenkapitalgeber den Wert ihrer Anteile zu Lasten der Fremdkapitalgeber erhöhen.[3] Die Grundannahme dieser Hypothese ist, daß durch den spin-off von Anteilen im Rahmen einer Dividende die Sicherheitsgrundlage der Inhaber von Schuldverschreibungen (bondholder) reduziert werden kann, wodurch sich gleichsam der Wert der Schuldverschreibungen verringert.

Die unterschiedlichen Motive der Durchführung eines spin-off wurden bislang in der Literatur nur indirekt untersucht. Mit der Darstellung der einzelnen Motive werden einerseits Hintergründe und Einflußfaktoren der unterschiedlichen Motive der Durchführung dargestellt. Andererseits soll versucht werden, die Bedeutung der verschiedenen Motive zu analysieren.

Die Wirkungen des spin-off auf den Unternehmenswert werden vor allem ausführlich dargestellt, weil sich ein Großteil der angelsächsischen Literatur zum spin-off mit empirischen Untersuchung des Unternehmenswertes beschäftigt.[4] Als Maßstab wurden dazu vorwiegend die Veränderungen des

---

1 Vgl. dazu beispielhaft *Woo, C.Y./Willard, G.E./Daellenbach, U.S.*, Performance, 1992, S. 435.

2 Vgl. *Hite, G.L./Owers, J.E.*, spinoff, 1983, S. 432; *Schipper, K./Smith, A.*, Effects, 1983, S. 452.

3 Vgl. *Galai, D./Masulis, R.*, Model, 1976, S. 69 f.

4 Vgl. dazu Kapitel F, S. 157-184.

Börsenwertes der Konzernunternehmung vor und nach einem spin-off verwendet. In den empirischen Untersuchungen werden z.t. Hinweise auf mögliche Ursachen der Veränderungen der Unternehmenswerte bei einem spin-off gegeben, die auch für die Betrachtung der organisatorischen und finanzwirtschaftlichen Auswirkungen und die Motive des spin-off von Bedeutung sind.

Neben den genannten Zielsetzungen werden strategische Aspekte des spin-off als Umstrukturierungsform diskutiert, durch die die vorwiegend finanzierungstheoretisch geprägte Betrachtung um einen organisations-theoretischen Blickwinkel erweitert werden soll (Kapitel G). Die strategische Betrachtung beschäftigt sich dabei insbesondere mit Kriterien, die bei der Auswahl von Abspaltungskandidaten beachtet werden müssen.

II. Vorüberlegungen einer rechtlichen und betriebswirtschaftlichen Betrachtung des spin-off

Nachdem weder im deutschsprachigen rechtlichen noch im betriebswirtschaftlichen Schrifttum weitergehende Untersuchungen über die Umstrukturierungsform des spin-off durchgeführt wurden, soll die vorliegende Arbeit sowohl aus rechtlicher als auch aus betriebs-wirtschaftlicher Sicht auf die Thematik eingehen. Dieses Vorgehen entspricht grundsätzlich den Überlegungen und Forderungen einer Konzern-unternehmungslehre. Im Mittelpunkt einer Konzernunternehmungslehre steht der Versuch, einen Brückenschlag zwischen den Disziplinen der Rechtswissenschaft und den Wirtschaftswissenschaften zu vollziehen, um damit den Ansprüchen der Konzernrealität sowohl aus rechtswissenschaftlicher als auch aus betriebswirtschaftlicher Sicht besser gerecht zu werden.[1] Den Anstoß der Formulierung einer Konzernunternehmungslehre gaben einerseits die interdisziplinären wissen-schaftlichen Problemfelder, die das Phänomen der Konzernunternehmung in der Unternehmenspraxis nach sich zieht, und andererseits das Spannungsverhältnis zwischen Rechtswissenschaft und Betriebs-wirtschaftslehre bei konzerndimensionalen Fragestellungen.[2] Dieses

---

[1] Vgl. *Theisen, M.R.*, Konzern, 1991, S. 116, 132.
[2] Für einen Überblick der Forschungsdefizite vgl. *Ringlstetter, M.*, Konzernentwicklung, 1995, S. 1-10.

Spannungsverhältnis hängt mit den unterschiedlichen Betrachtungsweisen und Interessen beider Disziplinen zusammen.[1] Die Forderung einer Konzernunternehmungslehre ist daher die erweiterte Aufnahme eines interdisziplinären Dialoges, um die entgegengesetzten Pole, das "rechtliche Verbot der in der Wirtschaftspraxis wie -wissenschaft entwickelten Organisationsformen und die rechtsformdivergente bzw. -konfliktäre faktische Unternehmungsordnung"[2], näherzubringen.

Die Umsetzung des neuen Umwandlungsrechtes als Durchführungsmöglichkeit des spin-off in der *Bundesrepublik Deutschland* verdeutlicht hierbei, inwieweit betriebswirtschaftliche Problemstellungen rechtswissenschaftlich problemadäquat gelöst werden können, bzw. in welcher Hinsicht weitergehender (rechtlicher) Regelungsbedarf besteht. Dies ist von besonderem Interesse, weil die Umwandlungsgesetzgebung einen Berührungspunkt zwischen wirtschaftswissenschaftlicher Organisationstheorie und privatautonomer Rechtsgestaltung darstellt.[3] Grundsätzlich ist die Möglichkeit der Umstrukturierung von Konzernunternehmungen im gesamten Gesellschaftsrecht im Institut der Privatautonomie verankert. Die Umwandlungs(steuer)gesetzgebung bildet in diesem Sinne "die juristische Umsetzung der - aus ökonomischer und organisationstheoretischer Sicht - bestehenden Notwendigkeit zur Umstrukturierung und fußt auf dem Recht zur privatautonomen Gestaltung der Rechtsstrukturen."[4]

Am "Testfall" des spin-off kann damit auch untersucht werden, ob die neugeschaffenen Umgestaltungsmöglichkeiten der Rechtsstrukturen durch das neue Umwandlungsrecht und -steuerrecht für die möglichen Anforderungen der Unternehmenspraxis weitreichend genug sind.

---

[1] Das Spannungsverhältnis der Disziplinen stellt *M.R. Theisen* wie folgt dar:"Für den Rechtswissenschaftler sind gerade die wirtschaftlichen Verbindungen (gemeinsame Leitung, Abhängigkeit, Leistungsbeziehungen u.a.) der rechtlich und damit formal vollkommen selbständigen Konzernbestandteile das Regelungsproblem, für die Betriebswirte sind dagegen die rechtliche Selbständigkeit (eigene Organe, Mehrfachkompetenzen, Zuständigkeitsordnung, Aufgabenüberschneidungen, Planungsebenen u.a.) eben dieser Konzernbestandteile das zentrale Organisationsproblem (rechtliche versus faktische Unternehmungsorganisation). *Theisen, M.R.*, Konzern, 1991, S.128 f. (Hervorhebungen weggelassen).

[2] *Theisen, M.R.*, Konzern, 1991, S.129 f. (Hervorhebungen weggelassen).

[3] Vgl. dazu *Fritz, M.*, Spaltung, 1991, S. 62, Fn. 136.

[4] *Fritz, M.*, Spaltung, 1991, S. 62.

B. Begriff und rechtliche Grundlagen
I. Definitionsansätze
1. Begriffsverwendung in der deutschsprachigen Literatur

Der Begriff spin-off wird in der Wirtschaftspraxis und in der wissenschaftlichen Literatur nicht einheitlich verwendet. Es besteht insbesondere eine unterschiedliche Verwendung des Begriffes in der deutschsprachigen und in der angelsächsischen Literatur. Darüber hinaus werden aber auch innerhalb der deutschsprachigen Literatur unterschiedliche Fallkonstellationen als spin-off bezeichnet. In einem Großteil der deutschsprachigen Literatur wird mit dem Begriff die Veräußerung eines Teilunternehmens einer Konzernunternehmung definiert.[1] Bei dem betroffenen Teilunternehmen kann es sich sowohl um eine rechtlich selbständige Tochtergesellschaft als auch um einen rechtlich unselbständigen Unternehmensbereich handeln. Durch die Form der Kapitalbeteiligung der Mutterunternehmung an dem veräußerten Unternehmen können zwei grundlegende Begriffsdefinitionen unterschieden werden. In einer ersten Fallkonstellation bezeichnet der Begriff des spin-off Umstrukturierungen von Konzernunternehmungen, bei denen ein rechtlich selbständiger oder unselbständiger Bereich aus dem Unternehmen ausgegliedert wird und die Führungskräfte des Bereiches Anteile des verselbständigten Bereiches erwerben.[2] Durch einen solchen spin-off, der z.T. auch als "venture spin-off"[3] bezeichnet wird, können beispielsweise innovative Aufgaben und Risiken aus der Mutterunternehmung in kleine, rechtlich selbständige Gesellschaften für bestimmte Forschungs- und Entwicklungsvorhaben verlagert werden.[4] Die Muttergesellschaft behält eine Kapitalbeteiligung an dem ausgegliederten Unternehmen. Über die Beteiligungshöhe bestehen unterschiedliche Aussagen. Verschiedene Autoren stellen fest, daß die Kapitalbeteiligung i.d.R. über

---

[1] Vgl. für eine Übersicht verschiedener Begriffsansätze *Nadig, L.*, Spin offs, 1992, S. 11: "Unter Spin Off wird meistens das *Veräussern eines Teiles aus einem Unternehmen* verstanden." (Hervorhebungen im Original)

[2] Vgl. *Hölters, W.v.*, Handbuch, 1996, S. 27 u. 81; *Theisen, M.R.*, Konzern, 1991, S. 166; *Servatius, H.G.*, Venture, 1988; S. 179; *Hofmann, P./Ramke, R.*, Management, 1990, S. 23-25; *Bühner, R.*, Strategie, 1985, S. 238 f. Für einen Überblick über deutschsprachige Definitionsansätze vgl. *Nadig, L.*, Spin offs, 1992, S. 11-13.

[3] Vgl. *Bühner, R.*, Strategie, 1985, S. 238 f.

[4] Vgl. *Nadig, L.*, Spin offs, 1992, S. 12. *N. Szyperski/H. Klandt* haben beispielsweise für die *Bundesrepublik Deutschland* die Motivation zur Selbständigkeit untersucht und festgestellt, daß die Unzufriedenheit mit dem Innovationsklima eine wichtige Rolle bei der Gründung eines spin-off spielt, vgl. *Szyperski, N./Klandt, H.*, Bedingungen, 1980, S. 354-370.

50 v.H. liegt,[1] andere Autoren gehen von einer Kapitalbeteiligung von i.d.R. unter 50 v.H. aus.[2] An den weiteren Anteilen können neben Führungskräften der Teileinheit beispielsweise auch Venture Capital-Fonds beteiligt werden.[3] Es handelt sich folglich hierbei um eine Form des management-buyout mit Unterstützung der Muttergesellschaft.[4] Für das Mutterunternehmen besteht die Möglichkeit, zu einem späteren Zeitpunkt die Beteiligung an der Tochtergesellschaft aufzustocken oder sie wieder in den Konzern einzugliedern.[5]

In einer zweiten Fallkonstellation wird mit dem Begriff spin-off die Veräußerung aller Anteile einer Tochtergesellschaft oder eines gesamten Unternehmensbereiches einer Konzernunternehmung bezeichnet.[6] Die Muttergesellschaft hält nach dem Verkauf keine Beteiligung mehr an der verkauften Tochtergesellschaft oder am verkauften Unternehmensbereich. Als mögliche Käufer werden beispielsweise Investoren, Konkurrenten, Kunden, Lieferanten oder andere Unternehmen mit Diversifikationsabsichten genannt.[7] Darüber hinaus kann auch das Management den Teilbereich im Sinne eines management-buyout vollständig erwerben.

Eine Variante der Veräußerung eines Teilunternehmens stellt die Börseneinführung von Tochterunternehmen dar, die in der deutschsprachigen Literatur ebenfalls z.T. als spin-off bezeichnet wird.[8] Bei dieser Umstrukturierungsform werden Anteile einer Tochtergesellschaft durch Kapitalerhöhung oder durch Veräußerung von Anteilen aus dem Besitz der Mutterunternehmung an der Börse plaziert. Als Motiv der Börseneinführung von Tochtergesellschaften wird vor allem die Verbesserung der Kapitalstruktur der Konzernunternehmung genannt.[9] Die Muttergesellschaft

---

1   Vgl. beispielsweise *Herfort, C.*, Besteuerung, 1991, S. 56 f.
2   Vgl. beispielsweise *Servatius, H.G.*, Venture, 1988; S. 179; *Kühner, M.*, Gestaltung, 1990, S. 380. *M. Kühner* stellt am selben Ort fest, daß die Kapitalbeteiligung oftmals als Sacheinlage, z.B. in Form erforderlicher Betriebsmittel oder des von der Gründungsunternehmung übernommenen Vorrats eingebracht wird.
3   Vgl. *Kühner, M.*, Gestaltung, 1990, S. 380. *Bühner, R.*, Strategie, 1985, S. 238 f.
4   Vgl. *Herfort, C.*, Besteuerung, 1991, S. 57, Fn. 122.
5   Vgl. *Theisen, M.R.*, Konzern, 1991, S. 166.
6   Vgl. für eine Übersicht verschiedener Autoren *Nadig, L.*, Spin offs, 1992, S. 11-13.
7   Vgl. *Nadig, L.*, Spin offs, 1992, S. 12.
8   Vgl. dazu ausführlich *Hennigs, R.*, Börseneinführung, 1995, S. 6.
9   Für eine Darstellung der Möglichkeiten der Verbesserung der Kapitalstruktur vgl. *Hennigs, R.*, Börseneinführung, 1995, S. 90-102. Die Börseneinführung von Tochtergesellschaften wird unten im Rahmen der Abgrenzung zu ähnlichen Umstrukturierungsformen nochmals behandelt, s. dazu Kapitel B.IV.3, S. 27 f.

hält bei dieser Umstrukturierungsform i.d.R. weiterhin eine Beteiligung von über 50 v.H.[1]

2. Begriffsverwendung in der angelsächsischen Literatur

In der angelsächsischen Literatur wurde der Begriff des spin-off in der Vergangenheit z.T. auch für Unternehmensgründungen verwendet, bei denen Führungskräfte aus einer Konzernunternehmung, einer Hochschuleinrichtung oder einem Forschungsinstitut ausscheiden und ein neues Unternehmen gründen.[2] Die Begriffsverwendung in der deutschsprachigen Literatur baut z.T. auf diesen Begriffsverwendungen auf.[3] In einem Großteil der (steuer-) rechtlichen und betriebswirtschaftlichen - insbesondere finanzierungs-theoretischen - Literatur wird der Begriff spin-off zwischenzeitlich jedoch vorwiegend für eine anders definierte Umstrukturierungsform von Konzernunternehmungen verwendet, die den Untersuchungsgegenstand der vorliegenden Arbeit bildet. Der Begriff bezeichnet hierbei Umstrukturierungen von Konzernunternehmungen, bei denen eine Konzernunternehmung Anteile eines Tochterunternehmens in einer Sachdividende an seine Anteilseigner auskehrt.[4] Bei der vorherrschenden steuerneutralen Durchführungsform werden mindestens 80 v.H. aller Stimmrechtsanteile sowie des Gesamtkapitals der Tochtergesellschaft an die Anteilseigner ausgekehrt.[5] Die Anteilseigner erhalten bei einem steuerneutralen spin-off die ausgekehrten Anteile pro-rata ihrer Beteiligung an der Konzernunternehmung. Durch den spin-off entstehen damit zwei rechtlich und wirtschaftlich unabhängige Unternehmen mit einer identischen Anteilseignerstruktur.[6]

Der spin-off wird in der Literatur vorwiegend bei börsennotierten Unternehmungen untersucht, bei denen das abgespaltene Unternehmen durch

---

[1] Vgl. dazu *Hennigs, R.,* Börseneinführung, 1995, S. 38-40.

[2] Prominente Beispiele, die in der Literatur wiederholt zitiert werden, sind *Ed de Castro,* der *Digital Equipment* verlies, um *Data General* zu gründen, *Steven Jobs* und *Stephen Woszniak,* die sich von *Atari* und *Hewlett Packard* abspalteten und *Apple* gründeten. Vgl. dazu *Kühner, M.,* Gestaltung, 1990, S. 380 f

[3] Vgl. beispielsweise *Servatius, H.G.,* Venture, 1988, S. 179; *Hofmann, P./Ramke, R.,* Management, 1990, S. 23-25.

[4] S. zur steuerlichen Behandlung des spin-off in den USA Kapitel B.III.2., S. 18-23.

[5] S. dazu Kapitel B.III.2.b.a., S. 20.

[6] Vgl. *Slovin, M.B./Sushka, M.E./Ferraro, S.R.,* comparison, 1995, S. 91.

den spin-off ebenfalls an der Börse eingeführt wird.[1] Aufgrund der pro-rata
Beteiligung der Anteilseigner der abspaltenden Unternehmung wird weder
dem abspaltenden noch dem abgespalten Unternehmen unmittelbar neues
Kapital bei dieser Umstrukturierungsform zugeführt. In Abb. 2 sind zur
Verdeutlichung verschiedene angelsächsische Definitionsansätze des spin-off
zusammengestellt, die jeweils die gleiche Grundform des spin-off beschreiben.
Zwischen den Definitionsansätzen bestehen Unterschiede bezüglich des
Zielbereiches bzw. der Zielgesellschaft sowie der steuerlichen Behandlung.
Aus den verschiedenen Definitionsansätzen in Abb. 2 werden im folgenden
Kapitel einheitliche rechtlich-strukturorganisatorische sowie funktionale
Kennzeichen abgeleitet, die zu einer genaueren Abgrenzung des Begriffes
beitragen und die rechtlichen und betriebswirtschaftlichen Besonderheiten des
spin-off aufzeigen sollen. Aufgrund der vielfältigen Begriffsverwendungen
wird zunächst in einer Definition die in dieser Arbeit verwendete
Begriffsfassung festgelegt.

II. Definition

Der Begriff des spin-off wird in dieser Arbeit definiert als verhältniswahrende
(pro-rata) Auskehrung von Anteilen einer Tochtergesellschaft einer
Konzernunternehmung an ihre Anteilseigner im Rahmen einer Sachdividende.
Die Betrachtung beschränkt sich dabei auf die steuerneutrale
Durchführungsform des spin-off, die zu einer Spaltung einer
Konzernunternehmung führt. Nachdem diese Form der Spaltung in der
Literatur insbesondere bei börsennotierten Konzernunternehmungen
Beachtung gefunden hat, soll die Betrachtung hier ferner auf börsennotierte
Unternehmen eingeschränkt werden. In der angelsächsischen Literatur wird
mit dieser Begriffsfassung eine deutlich abgegrenzte Umstrukturierungsform
definiert. Es ist daher m.E. sinnvoll, den Begriff "spin-off" auch in der
deutschsprachigen Literatur unter der hier dargestellten Definition zu
verwenden.

---

[1] Vgl. beispielhaft *Woo, C.Y./Willard, G.E./Daellenbach, U.S.*, Spin-Off, 1992, 433 f.;
Aron, D.J., capital market, 1991, S. 505 f.

Aron, D.J., **capital market, 1991, S. 505 f. (Hervorhebung im Original):**
"A spinoff is a form of corporate divestiture in which the original corporation is seperated into two corporation, each with seperately traded stock. The stock of the spun-off division is distributed on a *pro rata* basis to shareholders of the original corporation, so that the owners of the original firm remain the owners of the seperate firms, and no cash is generated for either the parent or the spinoff. After the spinoff, the newly created firm has stock that trades independently of the parent corporation and reflects the operations of that division alone."

Bittker, B.I./Eustice, J.S., **Taxation, 1996, S. 11/5:**
"A spin-off is a pro rata distribution by one corporation of the stock of a subsidiary - either an existing subsidiary or a newly created one."

Copeland, T.E./Lemgruber, E.F./Mayers, D., **spinoffs, 1987, S. 115:**
"A spinoff splits the assets of the corporation into two parts. Shareholders of the original company receive equity claims in the newly created entity. Thus, shareholders of the parent company find themselves to be owners of two companies after the spinoff."

Cusatis, P.J./Miles, J.A./Woolridge, J.R., **Restructuring, 1993, S. 295:**
"We define a pure spinoff as a tax-free, pro-rata distribution of shares of a wholly owned subsidary to shareholders. All distribution of other firms' stock are considered by U.S. tax authorities to be dividends."

Hite, G.L./Owers, J.E., **Restructuring, 1986, S. 423:**
"In its purest form, a spin-off involves a seperation of the operations of a subsidiary from its parent into seperate corporations, with no change in ownership of the equity claims. For example, a firm may form a subsidiary corporation and transfer assets to the new entity in return for all the stock certificates. The new shares are then distributed to the original stockholder of the parent on a pro-rata basis. The two firms seperate, and the subsidiary's management is vested with autonomous decision making authority."

Slovin, M.B./Sushka, M.E./Ferraro, S.R., **comparison, 1995, S. 91:**
"Spin-offs are pro-rata stock dividends, usually tax free, that distribute subsidary ownership to shareholders of the parent firm. In effect, the consolidated firm is divided into two (or more) firms with an identical set of shareholders."

Woo, C.Y./Willard, G.E./Daellenbach, U.S., **Spin-Off, 1992, 433 f.:**
"A spin-off occurs when a firm distributes to its existing shareholders all of the common stock it owns in a controlled subsidiary, thereby creating a seperate publicly-traded company."

Abb. 2: Definitionen des spin-off in der angelsächsischen Literatur

III. Immanente Kennzeichen
1. Rechtlich-strukturorganisatorische und funktionale Kennzeichen

Nach der vorstehend beschriebenen rechtlichen Definition handelt es sich bei einem spin-off um eine Sachausschüttung von Anteilen einer Tochtergesellschaft im Rahmen einer Sachdividende (Abb. 3).[1] Aufgrund der Voraussetzungen für eine steuerneutrale Durchführung müssen durch die Konzernunternehmung mindestens 80 v.H. der Stimmrechtsanteile und des Gesamtkapitals der betroffenen Tochtergesellschaft ausgekehrt werden.[2] Bei einem möglichen verbleibenden Anteil von unter 20 v.H. der Stimmrechtsanteile und des Kapitals der Tochtergesellschaft hat die Konzernunternehmung keinen direkten beherrschenden Einfluß mehr an der Tochtergesellschaft. In der Unternehmenspraxis wird daher zumeist auch die gesamte Beteiligung der Konzernunternehmung an der Tochtergesellschaft ausgekehrt.[3] Das abgespaltene Unternehmen bildet damit nach dem spin-off weder in personeller, institutioneller, funktioneller oder struktureller Hinsicht eine Einheit mit der abspaltenden Konzernunternehmung und gehört damit aus rechtlicher und betriebswirtschaftlicher Sicht nicht mehr zum Konzernkreis.[4]

Mit der Durchführung eines spin-off wird eine Konzernunternehmung faktisch in zwei (oder mehrere) rechtlich und wirtschaftlich unabhängige Unternehmen gespalten, die durch dieselben Anteilseigner gehalten werden. Im finanzierungstheoretischen und steuerrechtlichen Schrifttum wird daher auch im Rahmen der Spaltung oder Teilung von Unternehmungen behandelt.[5]

---

1 Vgl. beispielsweise *Aron, D.J.*, capital market, 1991, S. 505 f.; *Cusatis, P.J./Miles, J.A./Woolridge, J.R.*, Restructuring, 1993, S. 295; *Slovin, M.B./Sushka, M.E./Ferraro, S.R.*, comparison, 1995, S. 91.
2 S. dazu Kapitel B.III.2.b.a., S. 20.
3 Vgl. dazu *Slovin, M.B./Sushka, M.E./Ferraro, S.R.*, comparison, 1995, S. 91.
4 Für eine betriebswirtschaftliche Definition der Konzernunternehmung vgl. *Theisen, M.R.*, Konzern, 1991, S. 23: "Als Konzernunternehmung sollte deshalb jede Mehrheit selbständiger wie unselbständiger Unternehmen und Betriebe bezeichnet werden, die als wirtschaftliche Einheit in personeller, institutioneller, funktioneller oder struktureller Hinsicht zeitlich befristet oder auf Dauer ein gemeinsames wirtschaftliches Ziel verfolgen, welches im Rahmen entsprechender Planungen Berücksichtigung findet."
5 Vgl. statt aller in der finanzierungstheoretischen Literatur *Copeland, T.E./Lemgruber, E.F./Mayers, D.*, spinoffs, 1987, S. 115 und in der steuerrechtlichen Literatur *Bittker, B.I./Eustice, J.S.*, Taxation, 1996, S. 11/1-11/72.

13

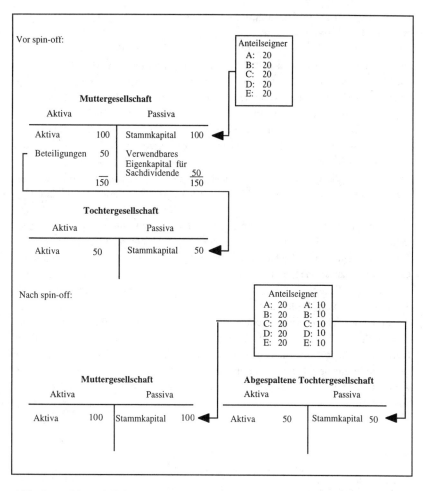

Abb. 3 : Die rechtliche Durchführungsmethode des spin-off in den *USA*

In Abgrenzung zu einer normalen (Sach-)Dividende fordert die US-amerikanische Steuergesetzgebung für die steuerneutrale Durchführung eines spin-off einen betriebswirtschaftlichen Zweck. Daran zeigt sich, daß es sich bei einem spin-off ausschließlich um eine Umstrukturierungsform ("corporate restructuring") von Konzernunternehmungen handelt, mit der jeder Teil einer Konzernunternehmung, in verschiedensten Kombinationen, abgeteilt und in

14

eine selbständige und unabhängige börsennotierte Gesellschaft überführt werden kann.[1]

In den verschiedenen angelsächsischen Begriffsdefinitionen in Abb. 2 werden als Zielobjekte des spin-off einerseits rechtlich selbständige Tochterunternehmen, andererseits unselbständige Unternehmensbereiche genannt.[2] Die unterschiedlichen Zielobjekte können als Unterformen der grundsätzlich gleichen Definition des spin-off klassifiziert werden. Zum einen werden in einem spin-off Anteile einer bestehenden Tochtergesellschaft als Dividende direkt an die Anteilseigner der Ausgangsgesellschaft ausgekehrt. Diese Form des spin-off wird verwendet, wenn die Teileinheiten, die durch einen spin-off abgespalten werden sollen, bereits in einer rechtlich und organisatorisch unabhängigen Tochtergesellschaft organisiert sind.

Im Unterschied dazu können zum anderen durch einen spin-off auch eine oder mehrere Teileinheiten einer Konzernunternehmung (beispielsweise Divisionen, Geschäftsbereiche oder Tochtergesellschaften), die noch nicht in einer einheitlichen Gesellschaft zusammengefaßt waren, von der Ausgangsgesellschaft abgespalten werden.[3] In diesem Fall ist zunächst die Abgrenzung der abzuspaltenden Teileinheiten von Bedeutung, die in eine bestehende oder neugegründete Tochtergesellschaft eingebracht werden. Im Fall der Einbringung in eine neugegründete Tochtergesellschaft wird damit zunächst eine Ausgliederung der betroffenen Unternehmensteile dem eigentlichen spin-off vollzogen. Die Auskehrung der Anteile entspricht dann dem spin-off einer bestehenden Tochtergesellschaft. Abb. 4 und Abb. 5 stellen die unterschiedlichen Vorgehensweisen dieser Formen des spin-off dar.

---

[1] Vgl. dazu beispielhaft *Markides C.C.*, Characteristics, 1992, S. 91 f.; *Rudolph, J.*, Zellteilung, 1992, S. 15. Für eine Definition des Begriffes corporate restructuring vgl. *Block, D.J./Radin, S.A./Jaroslawicz, I.M.*, Corporate Restructuring, 1991, S. 399: "it can generally be said that the term restructuring refers to the sale or other disposition or reconfiguration of assets pursuant to which a company focuses on its core business".

[2] Vgl. auf der einen Seite die Definitionen von *Aron, D.J.*, capital market, 1991, S. 505 f.; und auf der anderen Seite die Definitionen *von Cusatis, P.J./Miles, J.A./Woolridge, J.R.*, Restructuring, 1993, S. 295; *Hite, G.L./Owers, J.E.*, Restructuring, 1986, S. 423; *Slovin, M.B./Sushka, M.E./Ferraro, S.R.*, comparison, 1995, S. 91; *Woo, C.Y./Willard, G.E./Daellenbach, U.S.*, Spin-Off, 1992, S. 433 f.

[3] Ein Beispiel hierfür war die strategische Entscheidung von *Kraft* im Jahre 1986, verschiedene Geschäftsbereiche, die nicht zu den Kernaktivitäten des Konzerns zählten, abzuspalten. Es wurden vier Konsumgüterdivisionen (*Tupperware, Food Equipment Group, West Bend und Ralph Wilson Plastics Company*) in die neugegründete *Premark International Inc.*, eingebracht, die in einem spin-off an die Aktionäre von *Kraft* übertragen wurde, vgl. *Cusatis, P.J./Miles, J.A./Woolridge, J.R.*, Restructuring, 1993, S. 295.

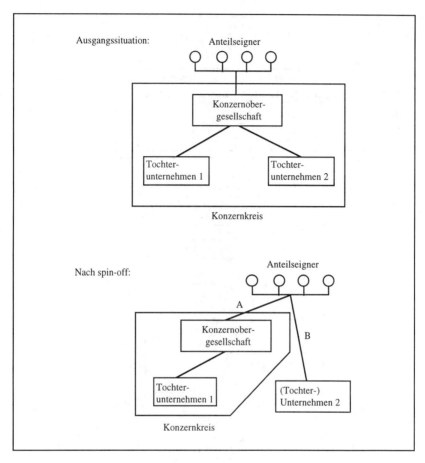

Abb. 4:   Der spin-off einer bestehenden Tochtergesellschaft

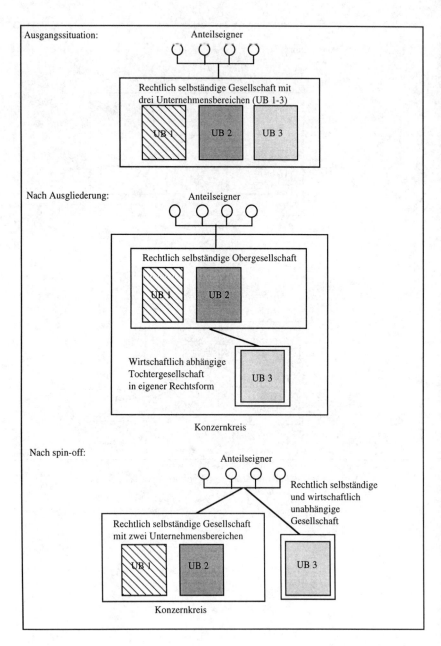

Abb. 5 : Der spin-off eines Unternehmensbereiches

Der Ablauf eines spin-off kann entsprechend der unterschiedlichen Formen in zwei Teilschritten unterteilt dargestellt werden:

1. Schritt: Die Teileinheit, die von der Konzernunternehmung abgeteilt werden soll, wird in eine neugegründete oder bestehende Tochtergesellschaft übertragen. Dieser Teilschritt kann daher auch als "Übergang von Vermögensgegenständen" überschrieben werden. Wenn die abzuspaltende Teileinheit bereits in Form einer rechtlich selbständigen Tochtergesellschaft organisiert ist, entfällt dieser Teilschritt.

2. Schritt: Die Anteile der Tochtergesellschaft werden im Rahmen einer Sachdividende an die Anteilsinhaber der Konzernunternehmung ausgekehrt. Nachdem die Anteilsinhaber der Konzernunternehmung eine pro-rata Beteiligung an dem abgespaltenen Unternehmen erhalten, kann dieser Teilschritt auch als "Herstellung einer verhältniswahrenden Beteiligung" bezeichnet werden.

Die Anteile des abgespaltenen Unternehmens werden mit der Übertragung an die Anteilseigner auch an der Börse eingeführt. Für die Börseneinführung müssen die Anteile registriert werden.[1] Darüber hinaus muß ein sogenanntes "Information Statement", ähnlich eines Börseneinführungsprospektes erstellt werden. [2]

Bis zum Jahr 1969 konnten bei einem spin-off die Anteile der abgespaltenen Gesellschaft ohne Registrierung durch die *Securities and Exchange Commission (SEC)* an der Börse eingeführt werden.[3] Die durch einen spin-off abgespaltenen Tochterunternehmen behandelte die *SEC* als Dividenden-zahlungen, die nicht den Registrierungsanforderungen des "Securities Act" von 1933 unterlag.[4] Dies führte dazu, daß der spin-off verschiedentlich dazu verwendet wurde, die Registrierungsanforderungen der *SEC* zu umgehen. Beispielsweise wurden von Unternehmen leere Börsenmäntel (sogenannte

---

[1] Vgl. *Schipper, K./Smith, A.*, Effects, 1983, S. 439.

[2] Vgl. zur Form eines "Information Statement" z.B. *Crystal Brands, Inc.*, Information Statement, 1985.

[3] Vgl. *Schipper, K./Smith, A.*, Effects, 1983, S. 439.

[4] Der amerikanische Bundesgesetzgeber hat u.a. mit dem "Securities Act" von 1933, dem "Securities and Exchange Act" von 1934 und dem sogenannten "Williams Act" von 1986 verschiedene wertpapier- und börsenrechtliche Regelungen erlassen. Es handelt sich hierbei um zwingende Vorschriften des Bundes, die neben der Kontrolle der Ausgabe von Wertpapieren hauptsächlich deren sekundären Absatz regeln. Vgl. dazu *Knoll, H.C.*, Übernahme, 1992, S. 48.

"shell companies"), d.h. Gesellschaften ohne operative Geschäftsaktivitäten
emittiert, die gewinnbringend an andere Unternehmen verkauft wurden, die
ohne Registrierung ihre Anteile an der Börse einführen wollten. Im Juli 1969
und Juli 1970 führte daraufhin die *SEC* mit dem Release No. 4982 bzw. dem
Release No. 8909 eine Registrierungspflicht ein, die diese Möglichkeiten
beschränkte.[1]

2. Steuerliche Behandlung des spin-off in den *USA*

Zu den wesentlichen Kennzeichen des spin-off in den *USA* gehört die
Möglichkeit der steuerneutralen Durchführung auf Gesellschafter- und
Gesellschaftsebene. In der US-amerikanischen Unternehmenspraxis hat
vorwiegend die steuerneutrale Durchführung eines spin-off Bedeutung
erlangt.[2] In empirischen Untersuchungen wurde daher nahezu ausschließlich
auf die steuerneutrale Variante des spin-off eingegangen.[3]

Grundsätzlich sind Kapitalgesellschaften ("corporations") in den USA
selbständig steuerpflichtig mit ihrem Einkommen ("corporate income tax").[4]
Die Gesellschafter einer Kapitalgesellschaft müssen die empfangenen
Ausschüttungen der Einkommensteuer unterwerfen. Ausschüttungen können
jedoch unter den Voraussetzungen der Sec. 355 Internal Revenue Code
("IRC") auf Gesellschafts- und Gesellschafterebene steuerneutral ausgekehrt
werden.[5] Wenn der spin-off nicht die Kriterien der Sec. 355 IRC erfüllt, wird
er als steuerpflichtige Sachdividende gemäß Sec. 301 IRC behandelt. Die
grundlegenden Regelungen des spin-off im Internal Revenue Code wurden
1954 festgelegt. Nachdem wesentliche Bausteine bereits in Regelungen vor
1954 entstanden sind, wird zunächst auf die Entwicklung der steuerlichen
Behandlung bis 1954 eingegangen.

---

[1] Vgl. dazu *Schipper, K./Smith, A.*, Effects, 1983, S. 439.
[2] Vgl. *Bittker, B.I./Eustice, J.S.*, Taxation, 1996, S. 11/5; *Cusatis, P.J./Miles, J.A./Woolridge, J.R.*, Restructuring, 1993, S. 295.
[3] Vgl. dazu die Feststellungen von *Cusatis, P.J./Miles, J.A./Woolridge, J.R.*, Restructuring, 1993, S. 295.
[4] Für eine allgemeine Darstellung der Besteuerung von Gewinnen und Ausschüttungen in den *USA* vgl. *Schreiber, U.*, Besteuerung, 1996, S. 47-92.
[5] Für den Text der Sec. 355 IRC s. Anhang 2, S. 200-206.

a. Steuerliche Behandlung bis 1954

Nach dem Revenue Act von 1924 konnte ein spin-off steuerfrei durchgeführt werden, wenn

(1) bei der Übertragung von Vermögensgegenständen von einer Gesellschaft auf eine andere Gesellschaft die übertragende Gesellschaft oder deren Anteilseigner die Kontrolle über die aufnehmende Gesellschaft halten und

(2) es zu keiner Gewinnausschüttung an die Anteilseigner kommt.[1]

Durch die offene Formulierung im Revenue Act von 1924 wurde der spin-off in vielen Fällen dazu verwendet, die Steuer auf Dividendenzahlungen zu umgehen, indem Gewinne und nicht betriebsnotwendige Vermögens-gegenstände auf eine neue oder bestehende Gesellschaft übertragen wurden, die nach Auskehrung ihrer Anteile an die Anteilseigner der Muttergesellschaft liquidiert wurde.[2] Die Anteilseigner mußten dann den Unterschiedsbetrag zwischen Liquidations- und Buchwert der Gesellschaft versteuern, der aber nur zum Steuersatz für Kapitalgewinne ("capital gains tax") angesetzt wurde.

In einem richtungsweisenden Urteil im Fall *Gregory vs. Helvering* hat der *Supreme Court* als Folge des Mißbrauchs eine genauere Abgrenzung der Voraussetzungen zur steuerfreien Durchführung des spin-off vorgenommen.[3] Insbesondere wurde hierbei hervorgehoben, daß der spin-off im Rahmen eines Umstrukturierungsplanes im Zusammenhang mit dem Geschäftsbetrieb durchgeführt werden muß.[4] Während der Fall *Gregory vs. Helvering* verhandelt wurde, hat der amerikanische Kongreß den Revenue Act von 1934 erlassen, der die Regulierungen des Revenue Act von 1924, auf denen der Fall aufbaute, ersetzte.[5] Im Revenue Act von 1934 wurde aufgrund der Annahme, daß der spin-off vorwiegend als Methode der Steuerumgehung für

---

[1] Vgl. zur steuerlichen Behandlung vor 1954 *Bittker, B.I./Eustice, J.S.*, Federal, 1996, S. 11/7-11/10.

[2] Vgl. dazu *Bittker, B.I./Eustice, J.S.*, Federal, 1996, S. 11/7.

[3] Vgl. *Bittker, B.I./Eustice, J.S.*, Federal, 1996, S. 11/2.

[4] "When (the statute) speaks of a transfer of assets by one corporation to another, it means a transfer made 'in pursuance of a plan of reorganization' of corporat business; and not a transfer of assets by one corporation to another in pursuance of a plan having no relation to the business of either" (Gregory vs. Helvering, 469-470 zitiert nach *Bittker, B.I./Eustice, J.S.*, Federal, 1996, S. 11-7).

[5] Vgl. dazu *Bittker, B.I./Eustice, J.S.*, Federal, 1996, S. 11/7.

Dividendenzahlungen verwendet werde, die Möglichkeit der steuerfreien Durchführung des spin-off aufgehoben.

Nach 1934 wurden verschiedene Versuche unternommen, den spin-off wieder als steuerneutrale Restrukturierungsform einzuführen. Erst im Jahre 1951 wurde jedoch die steuerneutrale Möglichkeit der Durchführung durch eine Erweiterung des Revenue Code in Sec. 112 (b) (11) wieder im amerikanischen Steuerrecht eingeführt. Die Regelungen des Sec. 112 (b) (11) haben keine weitreichende Bedeutung erlangt, weil sie bereits 1954 durch den Internal Revenue Code von 1954 durch die Sec. 355 IRC ersetzt wurden. Die Regelungen der Sec. 112 (b) (11) des IRC von 1951 und die Rechtsprechung des Falles *Gregory vs. Helvering* werden allerdings als wichtige Grundbausteine für die in Sec. 355 IRC formulierten Voraussetzungen gesehen. Der IRC von 1954 wurde zwischenzeitlich durch den IRC von 1986 ersetzt, der die steuerneutrale Möglichkeit der Durchführung eines spin-off in Sec. 355 IRC weiterführt.[1]

b. Voraussetzungen eines steuerneutralen spin-off[2]
b.a. Kontrolle

Das auskehrende Unternehmen muß die Anteile des Tochterunternehmens unmittelbar vor der Auskehrung "kontrollieren" ("control"). Der Begriff "control" ist dabei nicht im Sinne von Kontrolle oder Überwachung, sondern als Beherrschung des anderen Unternehmens zu verstehen.[3] Als Kontrolle wird eine Beteiligungsquote von mindestens 80 v.H. sowohl im Hinblick auf Stimmrechte als auch Kapital ("voting power and total value of stock") vorausgesetzt.

---

[1] Vgl. dazu *Bittker, B.I./Eustice, J.S.*, Federal, 1996, S. 11/7.

[2] Für eine detaillierte Darstellung vgl. *Bittker, B.I./Eustice, J.S.*, Federal, 1996, S. 11/1-11/74.

[3] Der Begriff control wird in Sec 368 (c) IRC definiert: "For purposes of part I (other than section 304), part II, this part, and part V, the term 'control' means the ownership of stock possessing at least 80 percent of the total combined voting power of all classes of stock entitled to vote and at least 80 percent of the total number of shares of all other classes of stock of the corporation."

b.b. Fortführung der aktiven Geschäftsaktivität

Als weitere Voraussetzung des steuerneutralen spin-off wird in Sec. 355 IRC (b)(1)(A) gefordert, daß unmittelbar nach der Auskehrung der Anteile der Tochtergesellschaft sowohl die auskehrende Muttergesellschaft als auch die ausgekehrte Tochtergesellschaft eine aktive Geschäftstätigkeit ausüben.[1] Der Begriff aktive Geschäftstätigkeit wird wie folgt definiert:

"A corporation shall be treated as engaged in a trade or business...if a specific group of activities are being carried on by the corporation for the purpose of earning income or profit, and the activities included in such group include every operation which forms a part of, or a step in, the process of earning income or profit. Such group of activities ordinarily must include the collection of income and the payment of expenses."[2]

Die Definition der aktiven Geschäftstätigkeit ist insbesondere strittig bei der Auskehrung von handelbaren Wertpapieren und anderen passiven Finanzanlagen sowie bei Immobilienvermögen. Es sollte in der Definition ausgeschlossen werden, daß die auskehrende Gesellschaft nicht-betriebsnotwendige Kapitalmittel in eine neue Gesellschaft einbringt, die aus nicht-betriebsnotwendigen Gründen zur Umgehung von Ertragssteuern ausgekehrt werden. Das Halten von Aktien, Wertpapieren und Grundvermögen wird daher grundsätzlich nicht als aktive Geschäftsaktivität im Sinne der Sec. 355 IRC gesehen, weil damit durch einen spin-off zahlreiche Möglichkeiten für die Umgehung der Steuer auf Dividenden gegeben wären.[3]

b.c. Fünf-Jahres-Frist

Die Voraussetzung der Fortführung der aktiven Geschäftsaktivität wird in Sec. 355(b)(2)(B) IRC und Sec 355(b)(2)(D) IRC verbunden mit einer Fünf-Jahres-Frist, die vorsieht, daß die ausgekehrte Gesellschaft eine aktive Geschäftstätigkeit

(1)in einem Zeitraum von fünf Jahren vor dem spin-off ausgeübt hat,

---

[1] Vgl. dazu ausführlich *Bittker, B.I./Eustice, J.S.*, Federal, 1996, S.11/16 - 11/22.
[2] Vgl. dazu Regs. §1.355-3(b)(29(ii) zitiert nach *Bittker, B.I./Eustice, J.S.*, Federal, 1996, S.11/7 f.
[3] Für Ausnahmen vgl. *Bittker, B.I./Eustice, J.S.*, Federal, 1996, S.11/18-11/22.

(2)nicht innerhalb dieser fünf Jahre in einer steuerpflichtigen Transaktion erworben wurde und
(3)nicht von einer anderen Gesellschaft geführt wurde, die in einer steuerpflichtigen Transaktion erworben wurde.

In Verbindung mit der Voraussetzung der aktiven Geschäftstätigkeit sollte die Fünf-Jahres-Frist verhindern, daß überschüssige Kapitalmittel in eine neugegründete Gesellschaft eingebracht werden, deren Anteile zum Zwecke der Steuerumgehung an die Aktionäre der Muttergesellschaft ausgekehrt werden. Bei einer aktiven Geschäftsaktivität über fünf Jahre wird angenommen, daß die Gesellschaft nicht zur Steuerumgehung gegründet wurde. Mit dem gleichen Ziel werden Gesellschaften von einer steuerneutralen Durchführung eines spin-off ausgeschlossen, wenn sie im Rahmen einer steuerpflichtigen Transaktion erworben wurden.

b.d. Auskehrung sämtlicher Anteile

In Sec. 355(a)(1)(D) IRC wird weiterhin für eine steuerneutrale Durchführung des spin-off vorausgesetzt, daß

(1)sämtliche Aktien und Wertpapiere der kontrollierten Gesellschaft, die unmittelbar vor der Auskehrung von der Konzernunternehmung gehalten werden, bei einem spin-off ausgeschüttet werden müssen, oder
(2)so viele Anteile, um eine Kontrolle ("control") im Sinne des Sec 368(c) IRC abzugeben.[1] Hierbei dürfen jedoch nicht Anteile oder Wertpapiere mit dem Ziel zurückgehalten werden, Einkommenssteuer zu umgehen.

Eine Abgabe der Kontrolle setzt voraus, daß mindestens 80 v.H. der Stimmrechte und des Kapitals der Tochtergesellschaft ausgekehrt werden. Durch diese Voraussetzung wird geregelt, daß von seiten der auskehrenden Konzernunternehmung keine rechtlichen und wirtschaftlichen Einflußmöglichkeiten mehr auf das abgespaltene Unternehmen bestehen und die Beteiligung nicht mehr konsolidiert werden kann. Grundsätzlich kann nach der Equity Methode eine Beteiligung konsolidiert werden, wenn die Anteile an dem Beteiligungsunternehmen ihn befähigen, einen maßgeblichen Einfluß auf die Geschäfts- und Finanzpolitik des Beteiligungsunternehmens auszuüben, auch wenn der Anteilsbesitz 50 v.H. oder weniger Stimmrechtsanteile

---

[1] Vgl. für den Begriff "control" oben Kapitel B.III.2.b.a., S. 20.

beträgt.[1] Bei Stimmrechtsanteilen von unter 20 v.H. an einem Beteiligungsunternehmen wird jedoch die Vermutung aufgestellt, daß das beteiligungshaltende Unternehmen keinen maßgeblichen Einfluß auf das Beteiligungsunternehmen nehmen kann.[2]

b.e. Sicherstellung der Besteuerung von Ertragsausschüttungen

Als Folge der mißbräuchlichen Verwendung des spin-off vor 1934 wurde als allgemeine Regel in Sec. 355 IRC nahezu identisch die Sec. 112(b)(11) des IRC von 1924 eingeführt, nach der der spin-off nicht dazu verwendet werden darf, die steuerpflichtige Ertragsausschüttung zu umgehen.[3] Ergänzend wird angeführt, daß der Verkauf oder Tausch von Anteilen nach einer Auskehrung kein zwingender Hinweis ist, daß die Transaktion zur Steuerumgehung verwendet wurde.[4] Die börsennotierten Anteile einer abgespaltenen Tochtergesellschaft sind damit nach einem spin-off unbeschränkt handelbar.

IV. Abgrenzung zu ähnlichen Umstrukturierungsformen
1. Aktientausch

Bei einem Aktientausch - der in angelsächsischen Ländern als "split-off" bezeichnet wird - werden vergleichbar mit einem spin-off in einem ersten Schritt Teileinheiten einer Konzernunternehmung auf eine neugegründete oder bestehende Tochtergesellschaft übertragen.[5] In einem zweiten Schritt erhalten die Anteilseigner der Konzernunternehmung das Angebot, Anteile der

---

[1] Vgl. dazu ausführlich *Scherrer, G.*, Konzernrechnungslegung, 1996, S. 258-264.

[2] Für Ausnahmen vgl. *Scherrer, G.*, Konzernrechnungslegung, 1996, S. 264.

[3] Sec. 355(a)(1)(B) IRC: "the transaction was not used principally as a device for the distribution of the earnings and profits of the distributing corporation or the controlled corporation or both."

[4] Für eine ausführliche Diskussion der verschiedenen Rechtsprechungen vgl. *Bittker, B.I./Eustice, J.S.*, Federal, 1996, S.11/33 - 11/37.

[5] Der split-off hat in der US-amerikanischen Unternehmenspraxis ebenfalls an Bedeutung gewonnen. Vgl. für verschiedene Beispiele o.V., Multiply, 1995, S. 112: "Split-offs are hot. In the last year five big outfits have chosen to go this route: Cooper Industries, Eli Lilly, Price/Costco, Viacom and GM." Zu Möglichkeiten des Anteilstausches auf der Gesellschafterebene in der *Bundesrepublik Deutschland* vgl. *Herfort, C.*, Besteuerung, 1991, S. 231 f.

Muttergesellschaft gegen Anteile der Tochtergesellschaft zu tauschen.[1] Vergleichbar mit einem spin-off erhalten damit die Anteilseigner einer Konzernunternehmung Anteile einer Tochtergesellschaft. Anders als bei einem spin-off müssen jedoch Anteile der Muttergesellschaft abgegeben werden, um eine Beteiligung an der Tochtergesellschaft zu erhalten.[2] Die Muttergesellschaft bleibt bei einem Aktientausch mit einem reduzierten Grundkapital und verringerten Vermögen ohne eine Beteiligung an der Tochtergesellschaft bestehen. Abb. 6 stellt die unterschiedliche Methodik dar: Die Anteilseigner C und D geben Anteile X an der Konzernobergesellschaft auf und erhalten dafür Anteile Z des (Tochter-)Unternehmens 2. Der split-off kann ebenfalls unter den Voraussetzungen des Sec. 355 IRC als steuerneutrale Transaktion durchgeführt werden.[3]

2. Aufspaltung

Bei einem split-up handelt es sich um eine Aufspaltung eines Unternehmens, bei der das gesamte Vermögen auf mindestens zwei bestehende oder neugegründete Unternehmen übertragen wird.[4] Im Gegensatz zum spin-off wird das übertragende Unternehmen nach der Spaltung liquidiert. Die Anteilsinhaber des sich aufspaltenden Unternehmens erhalten Anteile an den aufnehmenden Unternehmen (verhältniswahrend oder nicht-verhältnis-wahrend). Abb. 7 verdeutlicht die Vorgehensweise bei der Aufspaltung einer Unternehmung. In der Unternehmenspraxis hat der split-up aufgrund der Kosten der Übertragung und Liquidation wenig Anwendung gefunden.[5] Der split-up kann in den USA unter den Voraussetzungen der Sec. 355 IRC ebenfalls steuerneutral auf Gesellschafts- und Gesellschafterebene durchgeführt werden.[6]

---

[1] Vgl. *Hite, G.L./Owers, J.E.*, Reactions, 1983, S. 411, Fn. 3: "With a split-off, some old shareholders surrender their original shares for shares of the new entity. The split-off need not result in a pro-rata distribution of the new shares." Vgl. dazu auch *Schipper, K./Smith, A.*, effects, 1983, S. 438.

[2] Vgl. *Bittker, B.I./Eustice, J.S.*, Federal, 1996, S. 11/5 f.: „A split-off is identical to a spin-off, except that the shareholders of the distributing parent corporation surrender part of their stock in the parent in exchange for the stock of the subsidiary."

[3] Vgl. *Bittker, B.I./Eustice, J.S.*, Federal, 1996, S.11/6.

[4] Vgl. *Schipper, K./Smith, A.*, Effects, 1983, S. 438, Fn. 2. *Bittker, B.I./Eustice, J.S.*, Federal, 1996, S. 11-6: „In a split-up, the parent corporation distributes the stock it holds in two or more subsidaries (preexisting or created for the purpose) in complete liquidation."

[5] Vgl. *Schipper, K./Smith, A.*, Effects, 1983, S. 438, Fn.2 .

[6] Vgl. *Bittker, B.I./Eustice, J.S.*, Federal, 1996, S. 11/6. Wenn die Voraussetzungen der Sec. 355 IRC nicht erfüllt werden, wird der spin-off steuerlich als Liquidation behandelt.

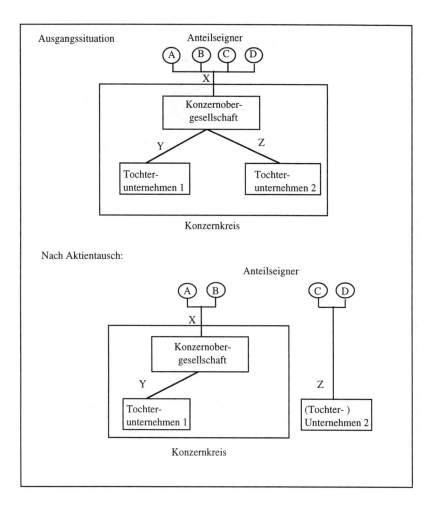

Abb. 6: Split-off (Aktientausch)

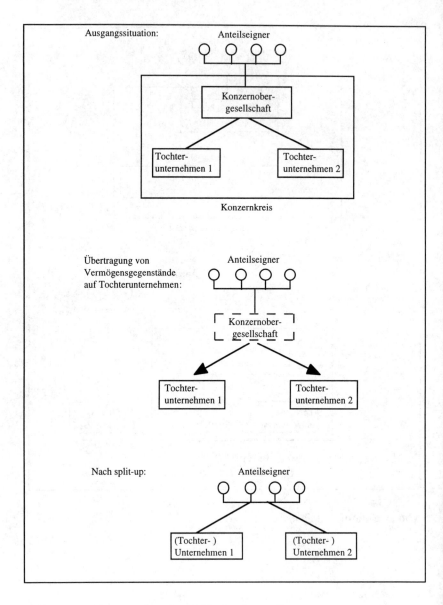

Abb. 7: Split-up auf bestehende Tochterunternehmen

3. Neuemission einer Tochtergesellschaft

Bei einer Neuemission bzw. Börseneinführung einer Tochtergesellschaft wird -vergleichbar mit einem spin-off- eine Tochtergesellschaft einer Konzernunternehmung als eigenständige Gesellschaft an der Börse eingeführt. In der angelsächsischen Literatur wird hierfür der Begriff des equity carve-out verwendet.[1] Eine wesentliche Unterscheidung zum spin-off besteht darin, daß Anteile der Tochtergesellschaft in einer normalen Börseneinführung (einem sogenannten "going public") *verkauft* werden. Gleichzeitig werden Anteile der Tochtergesellschaft weiterhin von der verkaufenden Konzernunternehmung gehalten. Die zu verkaufenden Anteile können einerseits durch eine Kapitalerhöhung geschaffen werden (sogenannte Primärplazierung) oder andererseits aus dem Altbesitz der Muttergesellschaft stammen (sogenannte Sekundärplazierung).[2] Abb. 8 stellt den Verkauf der Aktienanteile B des Tochterunternehmens 2 in einer Börseneinführung an die neuen Anteilseigner B dar.[3] Die Beteiligung Y der Konzernobergesellschaft am Tochterunternehmen 2 sinkt damit um die Beteiligung B auf eine neue Beteiligungshöhe Y'.

Die Neuemission einer Tochtergesellschaft ist im Gegensatz zum spin-off eine Umstrukturierungsform von Konzernunternehmungen, die auch vermehrt in der *Bundesrepublik Deutschland* zu beobachten ist.[4] Vorrangiges Ziel der Börseneinführung ist die Verbesserung der Kapitalstruktur der Konzernunternehmung. Die Beteiligungsquote der Mutter- und der Tochtergesellschaft beträgt i.d.R. über 50 v.H., um einerseits durch Stimmrechtsmehrheit weiterhin auf die Konzernpolitik Einfluß nehmen zu

---

[1] Für eine Definition vgl. *Copeland, T.E.*, 1992, Financial, S. 679: "An equity carve-out involves the sale of a portion of the firm via an equity offering to outsiders. In other words new shares of equity are sold to outsiders, which give them ownership of a portion of the previously existing firm. A new legal entity is created. The equity holders in the new entity need not be the same as the equity holders in the original seller. A new control group is immediately created."

[2] Vgl. dazu *Hennigs, R.*, Börseneinführung, 1995, S. 41 f.

[3] Dadurch fließen dem Tochterunternehmen liquide Mittel in Höhe des Nennbetrages plus Aufgeld zu. Die Aufgelder fließen in die Kapitalrücklage der Konzernunternehmung. Vgl. dazu z.B. *Metallgesellschaft AG*, Geschäftsbericht, 1991/92, S. 12, 86.

[4] Vgl. dazu o.V., Konzerntöchter, 1995, S. 21, *Volk, G.*, Börseneinführung 1996, S. 111. Ein Beispiel sind die Börseneinführungen verschiedener Tochtergesellschaften der *Metallgesellschaft AG* (*Kolbenschmitt AG* und der *B.U.S. Berzerus Umwelt-Service AG*), vgl. o.V., Kritische Masse, 1991, S. 152-154, oder der *Veba AG*, die im Jahre 1995 die Tochtergesellschaft *MEMC Electronic Materials, Inc.* an die US-amerikanische Börse brachte, vgl. *MEMC Electronic Materials, Inc.*, Prospectus, 1995.

28

können und andererseits die Möglichkeit zur Einbeziehung der Tochtergesellschaft in den Konzernabschluß zu erhalten.[1]

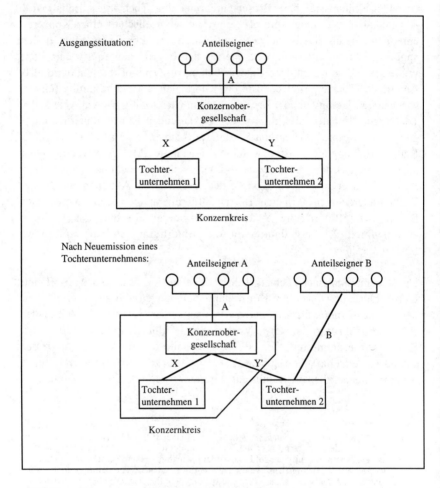

Abb. 8: Neuemission einer Tochtergesellschaft

1 Zu den Vorteilen der qualifizierten (Dreiviertel-)Mehrheit vs. der einfachen Mehrheit vgl. *Hennigs, R.*, Börseneinführung, 1995, S. 37-40.

29

4. Unternehmensverkauf

Der Unternehmensverkauf - der in der angelsächsischen Literatur als "(asset) sell-off" bezeichnet wird - stellt eine weitere Umstrukturierungform dar, die in

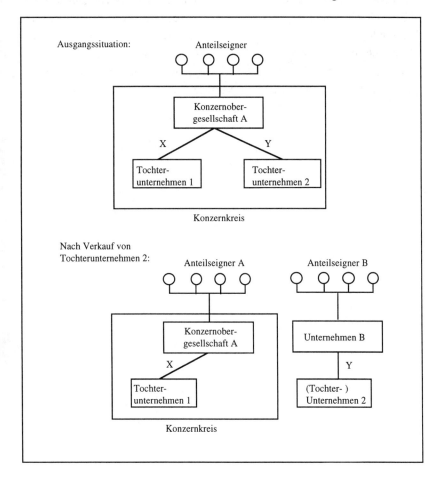

Abb. 9: Unternehmensverkauf einer Tochtergesellschaft

der Literatur in Konkurrenz zur Variante des spin-off diskutiert wird.[1] Im Gegensatz zum spin-off und der Neuemission einer Tochtergesellschaft wird der Unternehmensverkauf privat zwischen dem verkaufenden Unternehmen und dem Kaufinteressenten verhandelt. Dadurch erhält der Aktienmarkt und z.T. auch die Anteilseigner weniger Informationen über den verkauften Unternehmensteil bzw. die Tochtergesellschaft.[2] In Abb. 9 wird zum Vergleich die Veränderung der Eigentümerstruktur verdeutlicht. Die Beteiligung Y am Tochterunternehmen 2 wird von der Konzernobergesellschaft A an das Unternehmen B veräußert.

---

[1] Vgl. dazu *Slovin, M.B./Sushka, M.E./Ferraro, R.*, comparison, 1995, S. 92. In der finanzierungstheoretischen Literatur wurden zahlreiche empirische Untersuchungen über die Wirkungen des Unternehmensverkaufes auf den Unternehmenswert der verkaufenden Unternehmung durchgeführt. Vgl. dazu statt aller *Alexander, G.J./Benson, P.G./Kampmeyer, J.M.*, Selloffs, 1984, S. 503-517.

[2] Vgl. *Slovin, M.B./Sushka, M.E./Ferraro, R.*, comparison, 1995, S. 92.

C. Rechtliche Möglichkeiten der Durchführung eines spin-off in der *Bundesrepublik Deutschland*

In der folgenden Untersuchung der rechtlichen Möglichkeiten der Durchführung eines spin-off in der *Bundesrepublik Deutschland* werden zwei Durchführungsalternativen analysiert. Zunächst wird auf die Spaltung von Unternehmen außerhalb des Umwandlungsgesetzes (UmwG) bzw. die Spaltung mit Einzelrechtsübertragung eingegangen (Kapitel C.I.). Die Spaltung außerhalb des UmwG durch Einzelübertragungsschritte beschreibt die Möglichkeit der Durchführung einer Spaltung vor Einführung des neuen UmwG zum 1. Januar 1995, weil bis dahin die Spaltung einer Kapitalgesellschaft weder im deutschen Zivil- noch Steuerrecht kodifiziert war.[1] Aufgrund der verschiedenen Einzelübertragungsschritte werden diese Durchführungsmöglichkeiten einer Spaltung auch als Teilschritt- oder Umwegmodelle bezeichnet.[2] Die Teilschritte der Spaltung außerhalb des UmwG entsprechen grundsätzlich den Teilschritten der dargestellten Durchführungsform des spin-off in den *USA*.[3] Als Form der Auskehrung von Anteilen einer Tochtergesellschaft wird daher auch die Möglichkeit der Sachdividende untersucht, durch die in den *USA* Anteile bei einem spin-off an die Anteilseigner übertragen werden.

Mit dem neuen UmwG wurde die Rechtsfigur der Spaltung im deutschen Recht eingeführt, durch die u.a. Umstrukturierungen, Dekonzentrationsmaßnahmen und Aufteilung von Unternehmen auf einzelne Gesellschaftergruppen vereinfacht werden sollten (Kapitel C.II.).[4] Zugleich wurde damit - abgesehen von Einzelausnahmen - der völlig neue Vorgang der Übertragung von Vermögensgegenständen mittels Gesamtrechtsnachfolge eingeführt.[5] Die Möglichkeit der Durchführung des spin-off nach dem neuen UmwG wird als zweite Durchführungsmöglichkeit untersucht.

---

[1] Vgl. dazu *Hennrichs, J.*, Wirkungen, 1993, S. 508; *Herzig, N./Ott, H.*, Steuerrecht, 1989, S. 2033-2040; *Kottmann, B.*, Spaltung, 1986, S. 22; *Neye, H.-J.*, Regierungsentwurf, 1994, S. 166.

[2] Vgl. *Fritz, M.*, Spaltung, 1991, S. 36; *Kottmann, B.*, Spaltung, 1986, S. 1-3; *Duden, K./Schilling, W.*, Spaltung, 1974, S. 202.

[3] S. Kapitel B.III.1., S. 12-18.

[4] Vgl. *Neye, H.-J.*, Regierungsentwurf, 1994, S. 166.

[5] Vgl. *Hommelhoff, P./Priester, H.-J./Teichmann, A.*, Spaltung, 1995, S. 97.

Das neue Umwandlungsrecht muß dabei nicht als Ersatz der Teilschrittmodelle, sondern vielmehr als ein Angebot des Gesetzgebers gesehen werden.[1] *H.W. Neye*, einer der Autoren des UmwG, stellt dazu fest:

> "Es wäre ein Mißverständnis zu glauben, daß künftige Umstrukturierungen von Unternehmen nicht mehr nach allgemeinen Regeln möglich seien. Selbstverständlich können solche Maßnahmen auch weiterhin durch Auflösung und Neugründung, durch Einzelrechtsübertragung usw. erfolgen."[2]

Die Wahl der Durchführungsform muß daher nach praktischen und rechtlichen Kriterien für den Einzelfall geprüft werden. Eine entscheidende Rolle für die Durchführbarkeit des spin-off stellt die steuerliche Behandlung der Spaltung dar, auf die in Kapitel III eingegangen wird.

I. Die Spaltung außerhalb des Umwandlungsgesetzes

Eine Spaltung außerhalb des UmwG wird in zwei (Einzelrechts-)Teilschritten durchgeführt. In einem ersten Teilschritt werden Wirtschaftsgüter von der Ausgangsgesellschaft auf eine bestehende oder neugegründete Tochtergesellschaft übertragen. In der Fallkonstellation, in der bereits die abzuspaltenden Vermögensgegenstände in einer unabhängigen Gesellschaft geführt werden, entfällt dieser Teilschritt. Der zweite Teilschritt dient der Herstellung einer (pro-rata) Beteiligung der Gesellschafter der Ausgangsgesellschaft an der abgespaltenen Gesellschaft. Die Beteiligung der Anteilseigner der Ausgangsgesellschaft an der abgespaltenen Gesellschaft wird dabei als begriffskonstituierende Komponente der Spaltung definiert.[3]

Innerhalb des zweiten Teilschrittes können wiederum unterschiedliche gesellschaftsrechtliche Durchführungsvarianten unterschieden werden. Es werden nachfolgend nur unterschiedliche Teilschritte für die Rechtsform der Aktiengesellschaft untersucht, die für die Börsennotierung der Ausgangsgesellschaft und der abzuspaltenden Gesellschaft Bedingung ist.

---

1 Vgl. *Karollus, M.,* Ausgliederung, 1995, S 192 f.
2 *Neye, H.W.*, Überblick, 1995, S. 7.
3 Vgl. *Teichmann, A.*, Spaltung, 1980, S. 85.

1. Übergang von Vermögensgegenständen

Zu den möglichen Formen der Einbringung von Vermögensgegenständen der Ausgangsgesellschaft auf eine abzuspaltende Tochtergesellschaft zählen die Sachgründung bei Neugründung einer Tochtergesellschaft und die Sachkapitalerhöhung bei einer bereits bestehenden Tochtergesellschaft.[1] Bei Sachgründung bzw. Sachkapitalerhöhung müssen aufgrund des sachenrechtlichen Bestimmtheitsgrundsatzes die Wirtschaftsgüter in einer Vielzahl von kosten- und zeitaufwendigen Einzelübertragungen übertragen werden.[2] Zusätzlich müssen die Gegenstände der Sacheinlage in der Satzung so festgelegt werden, daß eine Identifizierung möglich ist (§§ 27, 183 AktG).[3] Diese Vorschriften waren ursprünglich nicht zur Einbringung ganzer Unternehmen (Sachgesamtheiten) angelegt, sondern regelten nur die Einbringung einzelner Gegenstände.[4] Eine Übertragung von Sachgesamtheiten kann daher erschwert werden.

Darüber hinaus ist bei einer Sachkapitalerhöhung bzw. Sachgründung die Übertragung von Verbindlichkeiten und die Übertragung ganzer Vertragsverhältnisse mit Problemen verbunden.[5] Verbindlichkeiten können aufgrund fehlender gesetzlicher Regelungen nur durch private Schuldübernahme (§§ 414 f. BGB) übertragen werden. Bei der Übertragung ganzer Vertragsverhältnisse (Miet-, Leasing-, Arbeitsverhältnisse) kann die Einzelrechtsnachfolge zu einer Neuverhandlung der Vertragsverhältnisse führen.

Als Gegenleistung für die übertragenen Vermögensgegenständen erhält die Ausgangsgesellschaft Anteile an der aufnehmenden Gesellschaft.[6] Die Auskehrung dieser einbringungsgeborenen Anteile stellt den Gegenstand des zweiten Teilschrittes dar.

---

1 Vgl. dazu ausführlich *Fritz, M.*, Spaltung, 1991, S. 36. Als weitere Möglichkeiten werden in der Literatur Formen der Bargründung (Bargründung in Verbindung mit Kapitalerhöhung oder Barkapitalerhöhung) diskutiert, die sich allerdings nach Ansicht von *M. Fritz* für die Spaltung nicht als tragfähig erwiesen haben.

2 Vgl. *Kottmann, B.*, Spaltung, 1986, S. 27. Bewegliche Sachen müssen nach § 929 ff. BGB, Grundstücke nach §§ 873, 925 BGB, Forderungen nach § 398 BGB und sonstige Rechte nach §§ 413, 398 BGB übertragen werden, vgl. dazu *Hennrichs, J.*, Wirkungen, 1993, S. 509.

3 Vgl. *Herfort, C.*, Besteuerung, 1991, S. 225.

4 Vgl. *Fritz, M.*, Spaltung, 1991, S. 42.

5 Vgl. dazu *Himmelreich, R.*, Unternehmensteilung, 1987, S. 94 f.

6 Vgl. *Herfort, M.*, Besteuerung, 1991, S. 223.

2. Herstellung einer verhältniswahrenden Beteiligung
a. Sachdividende

Bei einer Auskehrung durch Sachdividende werden die Anteile der abzuspaltenden Tochtergesellschaft als Teil des ordnungsgemäß festgestellten und zur Ausschüttung bestimmten Bilanzgewinns ausgeschüttet.[1] Die Vorschriften des deutschen AktG sehen bei Dividenden-Zahlungen grundsätzlich die Zahlung in Geld vor.[2] Die Ausschüttung von anderen Gegenständen als Geld, wie beispielsweise Anteile einer Tochtergesellschaft, kann ebenfalls beschlossen werden, bedarf jedoch der Zustimmung jedes einzelnen Aktionärs. Es muß dabei insbesondere die Wertrelation der Anteile beachtet werden, da sonst die Gefahr einer verdeckten Gewinnausschüttung gegeben ist.[3] Die an die Aktionäre ausschüttbaren Beträge sind aufgrund des Gläubigerschutzes begrenzt, um die Erhaltung eines Mindesthaftungsvermögens zu sichern.[4] Die Zahlungen der Kapitalgesellschaft ist damit im Regelfall auf den ausschüttungsfähigen Gewinn beschränkt.[5] Weitere Zahlungen an die Gesellschafter wären ein Verbot der Rückgewähr von Einlagen, das nicht durch Einschalten einer Tochtergesellschaft umgangen werden soll. [6]

Die Auskehrung von Anteilen einer Tochtergesellschaft setzt folglich eine entsprechende Ertragssituation der Ausgangsgesellschaft voraus.[7] Nachdem im Fall eines spin-off i.d.R. der Beteiligungswert eines abzuspaltenden Tochterunternehmens höher ist als der zur Ausschüttung bestimmte Bilanzgewinn, kann eine Auskehrung über eine Sachdividende nur in seltenen Fällen durchgeführt werden.[8]

b. Kapitalherabsetzung nach § 222 AktG

Die effektive Kapitalherabsetzung nach § 222 AktG stellt eine weitere Möglichkeit der Auskehrung einbringungsgeborener Anteile an die Aktionäre

1 Vgl. *Fritz, M.,* Spaltung, 1991, S. 49.
2 Vgl. dazu *Lutter, M.,* Kölner Kommentar, 1989, § 58, Rn. 107.
3 Vgl. *Lutter, M.,* Kölner Kommentar, 1989, § 58, Rn 107; § 57, Rn. 15 f.
4 Vgl. *Coenenberg, A.G.,* Jahresabschluß, 1995, S. 12.
5 § 57 Abs. 3 AktG i.V.m. § 58 Abs. 1-4 AktG.
6 § 57 Abs. 1 AktG
7 Vgl. *Fritz, M.,* Spaltung, 1991, S. 49.
8 Vgl. *Kahn, S.,* Bust Up, 1996, S. 47.

der Ausgangsgesellschafter dar.[1] Durch die effektive Kapitalherabsetzung des Nennbetrags der Aktien (§ 222 Abs. 4 Satz 1 AktG) erhält der Aktionär Rückzahlungsansprüche gegen die Ausgangsgesellschaft (§ 225 Abs. 2 AktG), die mit Hilfe der einbringungsgeborenen Anteile der Tochtergesellschaft befriedigt werden können. Durch die Kapitalherabsetzung wird nur die nominelle Beteiligung des einzelnen Aktionärs verändert, die Beteiligungsquote bleibt erhalten.[2] Damit kann eine pro-rata Beteiligung aller Aktionäre an der abgespaltenen Gesellschaft hergestellt werden. Für die Kapitalherabsetzung ist zu beachten, daß eine Beschlußmehrheit von drei Viertel des in der Hauptversammlung vertretenen Grundkapitals erforderlich ist.[3]

b.c. Kapitalherabsetzung durch Einziehung von Aktien (§ 237 AktG)

Die Kapitalherabsetzung durch Einziehung von Aktien (§ 237 AktG) wird in der Literatur als weitere Variante der Auskehrung einbringungsgeborener Anteile angeführt.[4] Es wird zwischen einer effektiven Kapitalherabsetzung (§ 237 Abs. 2 Satz 1 AktG) und einer vereinfachten Kapitalherabsetzung durch Einziehung von Aktien (§ 237 Abs. 3 Nr. 2 AktG) unterschieden, die wiederum durch zwangsweise Einziehung oder durch Einziehung nach vorangegangenem Erwerb der Aktien abgewickelt werden können.

Beide Varianten des § 237 Abs. 1 AktG führen allerdings zur Totalvernichtung einzelner Mitgliedschaften, die im Tausch Anteile der einbringungsgeborenen Anteile erhalten.[5] Sie eignen sich daher für beteiligungsverändernde Spaltungen. Für einen spin-off, bei dem eine verhältniswahrende Beteiligung der Aktionäre der Ausgangsgesellschaft an der abgespaltenen Tochtergesellschaft begriffskonstituierend ist, kann diese Auskehrungsvariante nicht verwendet werden.

---

[1] Vgl. dazu *Herfort, M.,* Besteuerung, 1991, S. 223; *Fritz, M.,* Spaltung, 1991, S. 58. Auf diese Weise wurde beispielsweise im Jahre 1982 die *Löwenbräu AG* aufgespalten. Vgl. dazu ausführlich *Bühner, R.,* Strategie, 1985, S. 244-253.

[2] Vgl. *Lutter, M.,* Kölner Kommentar, 1995, § 222, Rn. 22.

[3] § 222 Abs. 1 Satz 1 AktG: "Eine Herabsetzung des Grundkapitals kann nur mit einer Mehrheit beschlossen werden, die mindestens drei Viertel des bei der Beschlußfassung vertretenen Grundkapitals umfaßt."

[4] Vgl. dazu *Fritz, M.,* Spaltung, 1991, S. 58-61.

[5] Vgl. *Lutter, M.,* Kölner Kommentar, 1995, § 237, Rn. 13: "Vor allem aber kann das mit der Einziehung verfolgte Ziel gerade in der Einziehung selbst bestehen, also etwa darin, eine bestimmte Gattung von Aktien auf diese Weise zu beseitigen oder einzelne Aktionäre aus der Gesellschaft zu exmittieren;" (Hervorhebungen weggelassen).

II. Die Spaltung nach dem Umwandlungsgesetz
1. Entstehung und Gegenstand

Nach langer Vorbereitungszeit ist am 1. Januar 1995 das neue Umwandlungsgesetz (UmwG) in Kraft getreten.[1] Als Unterfall der Umwandlung wurde das Rechtsinstitut der Spaltung in das deutsche Recht eingeführt, das Unternehmen die gesetzliche Grundlage für vereinfachte Umstrukturierungen, Dekonzentrationsmaßnahmen oder Aufteilungen von Unternehmen auf einzelne Gesellschafterstämme zur Verfügung stellt.[2] Der Reform des Umwandlungsgesetzes wird eine ähnliche Bedeutung in der Veränderung des Gesellschaftsrechts zugesprochen, wie zuvor dem Bilanzrichtliniengesetz vom 1. Januar 1986 und dem Aktiengesetz vom 1. Januar 1966.[3]

Im dritten Buch des Gesetzes wird die neue Form der Umwandlung durch Spaltung eingeführt, die in die Durchführungsformen Aufspaltung, Abspaltung und Ausgliederung unterteilt ist.[4] Unter den Spaltungsbegriffen werden im Gesetz diejenigen dekonzentrierenden Maßnahmen genannt, die im Wege der Gesamtrechtsnachfolge vorgenommen werden.[5]

2. Formen der Spaltung

§ 123 Abs. 1-3 UmwG unterscheidet verschiedene Arten der Spaltung eines

---

[1] Grundzüge des Gesetzes enthielt bereits der Diskussionsentwurf für das Gesetz des Bundesministerium der Justiz von 1988. Anschließend folgte eine ausführlichen Diskussion mit Wissenschaft und Praxis, die 1992 in einem Referentenentwurf aufgenommen wurde, vgl. dazu *Neye, H.-W.* Regierungsentwurf, 1994, S. 165. Für einen Überblick zum Gegenstand und Entstehung des Umwandlungsrechtes vgl. *Neye, H.-W.*, Umwandlungsgesetz, 1994, S. 9-16, *Dehmer, H.*, Umwandlungsgesetz, 1996.

[2] Einige Regelungen waren schon durch das Gesetz der von der Treuhandanstalt verwalteten Unternehmen vom 5. April 1991 und durch das Landwirtschafts-anpassungsgesetz in der Fassung vom 3. Juli 1991 im deutschen Recht eingeführt. Vgl. *Deutscher Bundestag*, Drucksache 12/6699, S. 71.

[3] Vgl. dazu *Neye, H.-W.*, Überblick, 1995, S. 18.

[4] § 123 Abs. 1-3 UmwG; *Deutscher Bundestag*, Drucksache 12/6699, S. 71.

[5] Vgl. *Sagasser, B./Bula, T.*, Umwandlungen, 1995, S. 195.

Rechtsträgers[1] durch:

- Aufspaltung,
- Abspaltung oder
- Ausgliederung.

Bei einer Aufspaltung nach § 123 Abs. 1 UmwG teilt ein übertragender Rechtsträger sein gesamtes Vermögen unter Auflösung ohne Abwicklung auf und überträgt im Wege der Sonderrechtsnachfolge die Vermögensteile auf mindestens zwei andere Rechtsträger, die entweder schon bestehen (Aufspaltung zur Aufnahme, § 123 Abs. 1 Nr. 1 UmwG) oder neu gegründet werden (Aufspaltung zur Neugründung, § 123 Abs. 1 Nr. 2 UmwG).[2] Die Aufspaltung führt daher zu einer Zerschlagung des spaltenden Rechtsträgers.

Als Gegenleistung für das übernommene Vermögen gewährt der übernehmende Rechtsträger Anteile, die bei Kapitalgesellschaften regelmäßig durch Kapitalerhöhung geschaffen werden, an die Anteilsinhaber des übertragenden Rechtsträgers.[3]

Bei einer Aufspaltung können entsprechend der Wahl der aufnehmenden Gesellschaft verschiedene Grundfälle unterschieden werden, von denen hier nur die Aufspaltung durch Neugründung dargestellt wird (Abb. 10).[4] Bei einer Aufspaltung durch Neugründung überträgt das Unternehmen A das Vermögen auf die neu gegründeten Unternehmen B und C, die wiederum Anteile an die Aktionäre X und Y gewähren. Die Aufspaltung durch Neugründung entspricht

---

1 Zur Verwendung des Begriffes Rechtsträger vgl. *Neye, H.-W.*, Überblick, 1995, S. 7: "Für die Umwandlungsobjekte verwendet das Gesetz durchgängig als Oberbegriff 'Rechtsträger' und spricht nicht von Unternehmensträgern. In fast allen Fällen der Umwandlung kommt es gerade nicht darauf an, ob ein Unternehmen im betriebswirtschaftlichen und rechtlichen Sinne betrieben wird. Entscheidend ist vielmehr, ob eine im Rechtsverkehr auftretende juristische Einheit an dem Vorgang beteiligt ist."

2 Vgl. dazu ausführlich *Deutscher Bundestag*, Drucksache 12/6699, S. 28, 71; *Neye, H.-W.*, Überblick, 1995, S. 9; *Sagasser, B./Bula, T.*, Umwandlungen, 1995, S. 200-203. Zur Universalsukzession im Umwandlungsrecht vgl. *Mertens, K.*, Universalsukzession, 1994, S. 66-78.

3 Vgl. *Hommelhoff, P./Priester, H.-J./Teichmann, A.*, Spaltung, 1995, S. 93.

4 Als weitere Grundfälle der Aufspaltung durch Aufnahme (§ 123 Abs. 1 Nr. 1 UmwG) nennen *B. Sagasser/T. Bula* die Spaltung durch Aufnahme von Schwestergesellschaften, die Aufspaltung durch Aufnahme "down-stream", die Aufspaltung durch Aufnahme mit Dritten und die Aufspaltung durch Aufnahme "up-stream". Vgl. *Sagasser, B./Bula, T.*, Umwandlungen, 1995, S. 201-203.

38

von der Vorgehensweise dem oben dargestellten split-up einer Konzernunternehmung.[1]

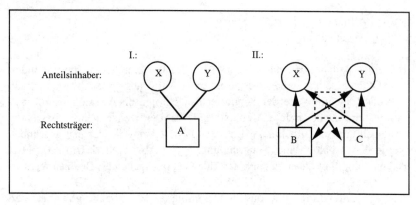

I.:   II.:

Anteilsinhaber: X   Y   X   Y

Rechtsträger: A   B   C

Abb. 10: Aufspaltung durch Neugründung
(Quelle: *Sagasser, B./Bula, T.*, Umwandlungen, 1995, S. 202)

Bei der im Vergleich zur Aufspaltung häufiger vorkommenden Abspaltung nach § 123 Abs. 2 UmwG bleibt der übertragende Rechtsträger dagegen bestehen und überträgt nur einen Teil seines Vermögens (i.d.R einen Betrieb oder Betriebsteile) auf einen oder mehrere andere, bereits bestehende (Abspaltung durch Aufnahme, § 123 Abs. 2 Nr. 1 UmwG) oder neue Rechtsträger (Abspaltung durch Neugründung, § 123 Abs. 2 Nr. 2 UmwG). Als Gegenleistung werden wiederum Anteile der übernehmenden oder neuen Rechtsträger an die Anteilsinhaber des übertragenden Rechtsträgers gewährt.

Abhängig vom aufnehmenden Rechtsträger können damit für die Abspaltung verschiedene Grundfälle unterschieden werden, von denen hier wiederum nur die Abspaltung durch Neugründung dargestellt wird (Abb. 11).[2] Bei Abspaltung durch Neugründung überträgt das Unternehmen A einen Vermögensteil auf das neu gegründete Unternehmen B gegen Gewährung der Anteile an die Aktionäre X der Ausgangsgesellschaft.

---

[1] S. oben Kapitel B.IV.2, S. 24 f.

[2] Als weitere Grundfälle der Abspaltung durch Aufnahme (§ 123 Abs. 2 Nr. 1 UmwG) nennen *B. Sagasser/T. Bula* wiederum die Abspaltung durch Aufnahme von Schwestergesellschaften, die Abspaltung duch Aufnahme "down-stream" und die Abspaltung durch Aufnahme "up-stream", vgl. *Sagasser, B./Bula, T.*, Umwandlungen, 1995, S. 203-204.

Als weiterer Unterfall der Spaltung wurde in § 123 Abs. 3 UmwG die Ausgliederung geregelt.[1] Bei einer Ausgliederung wird - vergleichbar mit der Abspaltung - nur ein Teil oder Teile des Vermögens eines Rechtsträgers auf einen anderen Rechtsträger übertragen. Die aufnehmenden Rechtsträger können zuvor schon bestanden haben (Ausgliederung zur Aufnahme, § 123 Abs. 3 Nr. 1 UmwG) oder im Zuge der Ausgliederung neu geschaffen werden (Ausgliederung zur Neugründung, § 123 Abs. 3 Nr. 2 UmwG). Im Gegensatz zur Auf- und Abspaltung werden die als Gegenwert gewährten Anteile des übernehmenden Rechtsträgers nicht an die Anteilsinhaber der übertragenden Gesellschaft gewährt, sondern gelangen in das Vermögen des übertragenden Rechtsträgers selbst. Damit werden die Beteiligungen an dem übertragenden Rechtsträger nicht unmittelbar berührt, die Ausgliederung vollzieht sich ausschließlich auf der Ebene des übertragenden Rechtsträgers. In Abb. 12 wird das Vorgehen bei einer Ausgliederung durch Neugründung exemplarisch dargestellt. Das Unternehmen A überträgt hierbei einen Vermögensteil an B gegen Gewährung von Anteilen an B an die Ausgangsgesellschaft A.

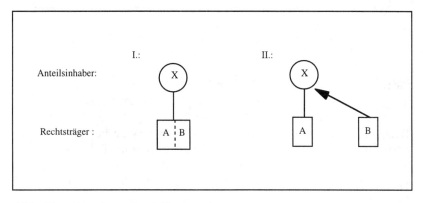

Abb. 11: Abspaltung durch Neugründung
(Quelle: *Sagasser, B./Bula, T.*, Umwandlungen, 1995, S. 204)

Die verschiedenen dargestellten Spaltungsvarianten können weitergehend differenziert werden in verhältniswahrende und nicht-verhältniswahrende Spaltungen. Eine nicht-verhältniswahrende Spaltung liegt dann vor, wenn die Anteilseigner des übernehmenden Rechtsträgers nicht zu gleichen Teilen ihrer Beteiligung am übertragenden Rechtsträger beteiligt sind.[2] Die Vorschrift des

---

1 Vgl. dazu ausführlich *Deutscher Bundestag*, Drucksache 12/6699, S. 29, 72; *Karollus, M.*, Ausgliederung, 1995, S. 157-199.

2 Vgl. dazu *Sagasser, B./Bula, T.*, Umwandlungen, 1995, S. 210.

§ 128 UmwG läßt eine nicht-verhältniswahrende Spaltung zu. Für den steuerneutralen spin-off sind jedoch ausschließlich die verhältniswahrenden Spaltungsvarianten von Bedeutung.

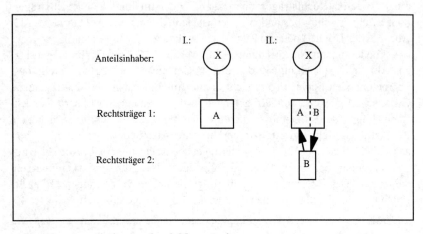

Abb. 12: Ausgliederung durch Neugründung
(Quelle: in Anlehnung an *Sagasser, B./Bula, T.*, Umwandlungen, 1995, S. 206)

Phänomenologisch bestehen die Gemeinsamkeiten der Auf- bzw. Abspaltung und der Ausgliederung in der Übertragung von Vermögensteilen von einem übertragenden Rechtsträger auf einen übernehmenden Rechtsträger.[1] Beispielsweise kann ein dreistufiges Konzernunternehmen bei der Übertragung von Vermögensgegenständen auf eine Enkelgesellschaft entsprechend der Unternehmensstrategie entscheiden, ob die einbringungs-geborenen Anteile an die Tochtergesellschaft oder die Muttergesellschaft gewährt werden.[2]

---

[1] Vgl. *Hommelhoff, P./Priester, H.-J./Teichmann, A.*, Spaltung, 1995, S. 94. Die Subsumtion der Ausgliederung unter den Spaltungsbegriff löst für *P. Hommelhoff/H.-J. Priester/A. Teichmann* systematische Bedenken aus, weil es sich bei der Ausgliederung in den meisten Fällen nur um eine Vermögensumschichtung handelt, für die trotzdem die strengen Regeln des Verschmelzungs- und Spaltungsrechts angewendet wird.

[2] Vgl. *Hommelhoff, P./Priester, H.-J./Teichmann, A.*, Spaltung, 1995, S. 94.

3. Anwendbarkeit des Umwandlungsgesetzes auf die Umstrukturierungsform des spin-off

Grundsätzlich kann ein spin-off auch nach den Regelungen des Umwandlungsgesetzes in zwei Teilschritten vollzogen werden. Eine Übertragung von Vermögensgegenständen auf eine Tochtergesellschaft zur Vorbereitung eines spin-off ist in der Ausgliederung gemäß § 123 Abs. 3 UmwG geregelt. Bei einer Ausgliederung können Teile des Vermögens einer Gesellschaft auf eine schon bestehende oder neu entstehende Tochtergesellschaft übertragen werden. Diese Ausgliederungsform wird auch als Ausgliederung "von oben nach unten" bezeichnet.[1] Als Gegenleistung erhält der übertragende Rechtsträger - vergleichbar mit der oben dargestellten Variante der Sachgründung - einbringungsgeborene Anteile an der aufnehmenden Tochtergesellschaft, die regelmäßig durch Kapitalerhöhung oder Neugründung geschaffen werden.[2] Ein wesentlicher Unterschied zwischen den Durchführungsvarianten liegt vorwiegend darin, daß bei Anwendung des neuen UmwG Aktiva und Passiva im Wege der partiellen Gesamtrechtsnachfolge auf den übernehmenden Rechtsträger übertragen werden können.

Die Herstellung einer pro-rata Beteiligung der Anteilseigner der Ausgangsgesellschaft an der ausgegliederten Tochtergesellschaft ist in der Abspaltung nach § 123 Abs. 2 UmwG geregelt. Bei Abspaltung nach § 123 Abs. 2 UmwG können jedoch auch Teile des Vermögens direkt vom übertragenden auf den neugegründeten übernehmenden Rechtsträger unter Beteiligung der Anteilseigner des übertragenden Rechtsträgers überführt werden. Es entfällt damit der Teilschritt der Ausgliederung von Vermögensgegenständen auf eine Tochtergesellschaft. Ein Einheitsunternehmen mit verschiedenen unselbständigen Divisionen oder Geschäftsbereichen kann mit der Durchführung einer Abspaltung nach § 123 Abs. 2 UmwG und anschließender Börseneinführung direkt zum gleichen Ergebnis gelangen wie bei einem spin-off nach angelsächsischem Muster in zwei Schritten.

Nach § 123 Abs. 2 UmwG können grundsätzlich beliebige "Teile des Vermögens" übertragen werden. Bei der Übertragung von Vermögensteilen kommt es nicht darauf an, ob eine sinnvolle wirtschaftliche Einheit

---

[1] Vgl. dazu *Karollus, M.,* Ausgliederung, 1995, S. 173-178.

[2] Vgl. *Hommelhoff, P./Priester, H.-J./Teichmann, A.,* Spaltung, 1995, S. 93 f. Zur Kapitalerhöhung im UmwG vgl. *Karollus, M.,* Ausgliederung, 1995, S. 171.

(beispielsweise ein "Betrieb" oder "Teilbetrieb") übertragen wird.[1] Im Gegensatz zu den Vorentwürfen schreibt das Umwandlungsgesetz bei der Abgrenzung der zu übertragenden Vermögensgegenstände keine bestimmte Grenze nach unten vor. Der übertragende Rechtsträger kann damit grundsätzlich jeden Gegenstand jedem beliebigen Rechtsträger zuweisen. In der Begründung des *Deutschen Bundestages* zum Umwandlungsgesetz wurde dazu festgestellt:

> "Der Referentenentwurf vom 15 April 1992 hat als § 123 Abs. 5 vorgeschlagen, die Spaltung auszuschließen, wenn 'im wesentlichen nur ein einzelner Gegenstand übertragen oder eine einzelne Verbindlichkeit übergeleitet werden soll; eine Ausnahme sollte lediglich für die Spaltung von Holdinggesellschaften gelten. Dieser Vorschlag ist in den Stellungnahmen der Praxis und der Wissenschaft auf Kritik gestoßen. Wegen der großen Nähe der Spaltungsvorschriften zum Recht der Einzelübertragung (vgl. § 126 Abs. 2, § 132) erscheint die in der Begründung des Referentenentwurfes geäußerte Befürchtung, die Spaltung könne zur Umgehung der Bestimmung für Einzelrechtsübertragung mißbraucht werden, nicht so groß, als daß eine solche Vorschrift unverzichtbar wäre. Aus diesem Grund ist der Vorschlag des Referentenentwurfes nicht übernommen worden."[2]

Es können damit auch Anteile einer Tochtergesellschaft nach § 123 Abs. 2 UmwG abgespalten werden. Daraus folgt, daß sowohl ein spin-off einer Division bzw. eines Geschäftsbereiches als auch der spin-off einer Tochtergesellschaft theoretisch mit einer Abspaltung nach § 123 Abs. 2 UmwG durchgeführt werden kann.

Die weitgehende handelsrechtliche Freiheit bei der Aufteilung der Vermögensgegenstände läßt jedoch die steuerrechtliche Wertung unberührt, die nur eine bestimmte Abgrenzung von Vermögensgegenständen begünstigt.[3]

4.   Kombination der Spaltungsformen

Die Möglichkeit der Kombination der Spaltungsformen wurde verschieden-

---

[1] Vgl. dazu *Karollus, M.*, Ausgliederung, 1995, S. 159 f.
[2] *Deutscher Bundestag*, Drucksache 12/6699, S. 116.
[3] Vgl. Kapitel C.III., S. 48-53.

tlich in der Literatur diskutiert.[1] Die Aufteilung des spin-off in die dargestellten Teilschritte in der angelsächsischen Unternehmenspraxis führt - trotz der Ergebnisse des vorstehenden Kapitels - zu der Frage, inwiefern sich die diskutierten Kombinationsformen nach dem neuen UmwG als Durchführungsvarianten des spin-off eignen könnten.

Die Kombination einzelner Spaltungsvorgänge ist im UmwG nicht ausdrücklich geregelt.[2] Die Schwierigkeit einer Kombination liegt in § 1 Abs. 2 UmwG, in dem festgelegt wird, daß die gesetzlich definierten Umwandlungsarten nicht erweitert werden dürfen.[3] Es gilt der Typenzwang des Gesellschaftsrechtes, demzufolge auch die Aufzählung der Spaltungsformen als abschließend zu werten ist.[4] *H. Kallmeyer* vertritt jedoch den Standpunkt, eine Kombination verschiedener Spaltungsformen sei zulässig, weil hierbei keine neue Umwandlungsform sui generis entstehe.[5] Es handele sich damit nicht um eine Veränderung der gesetzgeberischen Vorstellungen, die gegen § 1 Abs. 2 UmwG verstoßen könnte. *M. Karollus* ist dagegen der Ansicht, daß - obwohl die Kombination grundsätzlich nicht besonders bedenklich wäre - sich die Ausgliederung und Abspaltung aufgrund des § 1 Abs. 2 UmwG nicht uno actu durchführen lassen.[6]

Eine Anwendung der Kombinationsmodelle auf den Spaltungsfall des spin-off ist gleichwohl nicht möglich, weil bei einem spin-off von einem Nacheinander von Ausgliederung und Abspaltung ausgegangen wird. Die Kombinationsmodelle des UmwG gehen dagegen von einem Nebeneinander der Spaltungsformen Ausgliederung und Abspaltung aus.[7] Erfaßt wird damit im wesentlichen die Fallkonstellation, bei der Anteile an dem übernehmenden Rechtsträger teilweise an den übertragenden Rechtsträger selbst und teilweise an die Anteilseigner des übertragenden Rechtsträgers gewährt werden.[8] Eine

---

1 Vgl. u.a. *Kallmeyer, H.*, Kombination, 1995, S. 81-83; *Kallmeyer, H.* Umwandlungsgesetz, 1994, S. 1746-1759; *Mayer, D.*, Zweifelsfragen, 1995, S. 861 f.; *Karollus, M.*, Ausgliederung, 1995, S. 162.

2 Vgl. *Mayer, D.*, Zweifelsfragen, 1995, S. 861.

3 § 1 Abs. 2 UmwG: "Eine Umwandlung im Sinne des Absatzes 1 ist außer in den in diesem Gesetz geregelten Fällen nur möglich, wenn sie durch ein anderes Bundesgesetz oder ein Landesgesetz ausdrücklich vorgesehen ist."

4 Vgl. *Kallmeyer, H.*, Kombination, 1995, S. 81.

5 Vgl. *Kallmeyer, H.*, Kombination, 1995, S. 82.

6 Vgl. *Karollus, M.*, Ausgliederung, 1995, S. 162, Fn. 16.

7 Vgl. *Kallmeyer, H.*, Kombination, 1995, S. 82: "Bei der Kombination von Abspaltung und Ausgliederung findet lediglich eine vertikale Trennung zwischen einem Ausgliederungs- und einem Abspaltungsteil statt."

8 Vgl. dazu ausführlich *Kallmeyer, H.*, Einsatz, 1996, S. 28-30.

Anwendung dieser Fallkonstellation findet sich in der Unternehmenspraxis beispielsweise bei einer Neuemission eines Unternehmensteils, bei der die Muttergesellschaft weiterhin die Kontrolle an der aufnehmenden Gesellschaft halten soll. In diesem Fall wird die Mehrheit der Anteile an der übernehmenden Gesellschaft nach den Regeln der Ausgliederung an den übertragenden Rechtsträger selbst, und die Minderheit der Anteile nach den Regeln der Abspaltung an die Anteilsinhaber der übertragenden Gesellschaft ausgekehrt.

5. Einzelrechtsnachfolge versus Gesamtrechtsnachfolge

In den vorstehenden Ausführungen wurden bereits vielfältige Unterschiede zwischen der Spaltung im Teilschrittmodell und nach dem Umwandlungsgesetz verdeutlicht.[1] Die Einführung der sogenannten partiellen Gesamtrechtsnachfolge bei Umwandlungsvorgängen gehörte zu den grundlegenden Zielen des neuen UmwG.[2] Die Einführung der Gesamtrechtsnachfolge bei Spaltungen ermöglicht, Teile des Vermögens eines Rechtsträgers im Wege der "partiellen", d.h. gegenständlich beschränkten, Gesamtrechtsnachfolge auf einen aufnehmenden Rechtsträger zu übertragen.[3]. Durch den Wegfall von kosten- und zeitintensiven Einzelübertragungsschritten bei Einzelrechtsübertragung kann zunächst von grundsätzlichen Vorteilen der Gesamtrechtsnachfolge ausgegangen werden. Durch Zuweisung der Verwaltungsorgane können in Gesamtrechtsnachfolge Aktiva und Passsiva (im weitesten Umfang) in einem Schritt an die aufnehmenden Rechtsträger übertragen werden.[4]

Besondere Vorteile ergeben sich bei der Übertragung ganzer Vertragsverhältnisse, die in der Einzelübertragung mit erheblichen Problemen

---

[1] Zu den Auswirkungen des UmwG auf die Mitbestimmung und Arbeitrecht vgl. *Joost, D.*, Umwandlungsrecht, 1995, S. 297-328; *Bartodziej, P.*, Reform, 1994; zu Gläubigerschutz und Haftung vgl. *Hommelhoff, P./Priester, H.-J./Teichmann, A.*, Spaltung, 1995, S. 117-139.

[2] Vgl. *Hommelhoff, P./Priester, H.-J./Teichmann, A.*, Spaltung, 1995, S. 97.

[3] Vgl. *Hommelhoff, P./Priester, H.-J./Teichmann, A.*, Spaltung, 1995, S. 97.

[4] Vgl. zur Vermögensübertragung einzelner Aktiva und Passiva *Sagasser, B./Bula, T.*, Umwandlungen, 1995, S. 218-222; *Picot, G./Müller-Eisig, K.*, Gesellschaftsrecht, 1995 S. 260-262. Für einen Vergleich singulärer und universeller Übertragung von Passiva vgl. *Mertens, K.*, Umwandlung, 1993, S. 119-128.

verbunden sind.[1] Das UmwG stellt mit der Gesamtrechtsnachfolge eine
Möglichkeit zur Verfügung, Vertragsverhältnisse ohne Mitwirkungsbefugnisse
Dritter zu übertragen, wodurch der Zwang zur Neuverhandlung entfällt.[2]
Damit verbunden ist jedoch eine gesamtschuldnerische Haftung nach § 133
UmwG des übertragenden und des aufnehmenden Rechtsträgers. Bei Auf- und
Abspaltung wird die Auskehrung von Anteilen der aufnehmende Gesellschaft
wesentlich vereinfacht, weil sie bereits Bestandteil des Spaltungsvorganges ist.
Nachdem im Umwandlungsgesetz keine Mindestmasse der
Vermögensübertragung bestimmt wurde, kann die Gesamtrechtsnachfolge
auch entsprechend der Einzelrechtsnachfolge auf die Übertragung einzelner
Vermögensgegenstände angewendet werden.[3] Es entsteht damit die Gefahr,
daß die Spaltung mit Gesamtrechtsnachfolge dazu verwendet wird, die
dargestellten Hindernisse der Einzelübertragung zu umgehen.[4]

Eine Übertragung einzelner Vermögensgegenstände durch
Gesamtrechtsnachfolge wird allerdings erschwert, weil das Umwandlungsgesetz ebenfalls ein kosten- sowie zeitaufwendiges Verfahren vorsieht und
Einzelübertragungshindernisse auch für Spaltungsvorgänge im UmwG
gelten.[5] Insbesondere für die Durchführung einer Ausgliederung werden bei
einer Einzelübertragung weniger Formalitäten (beispielsweise kein
Spaltungsvertrag oder Spaltungsbericht) vorgeschrieben.[6] Es wird daher in der
Literatur empfohlen, kleine Vermögensteile nicht über den Weg des UmwG
zu übertragen.[7] Die Einzelübertragung hat darüber hinaus den Vorteil, daß sie
i.d.R. ein Akt der Geschäftsführung darstellen und meistens unabhängig von
der Zustimmung der Gesellschafterversammlung durchgeführt werden
können.[8] Die Grenzen der unabhängigen Ausgliederung von
Vermögensgegenständen sind hierbei allerdings seit dem "Holzmüller"-Urteil

---

[1] Vgl. *Deutscher Bundestag*, Drucksache 12/6699, S. 74: "Da beim Übergang von
Verbindlichkeiten für den Wechsel des Schuldners jeweils die Zustimung des Gläubigers
erforderlich ist (vgl. §§ 414 ff. BGB) können wirtschaftlich notwendige Umwandlungen
und damit auch Spaltungen scheitern." Zur Übertragung ganzer Rechtsverhältnisse vgl.
ausführlich *Mertens, K.*, Umwandlung, 1993, S. 144-179.

[2] Vgl. *Karollus, M.*, Ausgliederung, 1995, S. 197; dazu kritisch *Mertens, K.*,
Universalsukzession, 1994, S. 67, 72.

[3] S. oben Kapitel C.II.3., S. 41 f.

[4] Vgl. *Hommelhoff, P./Priester, H.-J./Teichmann, A.*, Spaltung, 1995, S. 141.

[5] Vgl. zum Übertragungsverfahren im UmwG z.B. *Sagasser, B./Bula, T.*, Umwandlungen,
1995, S. 218-228. Zu Einzelübertragungshindernissen vgl. *Hommelhoff, P./Priester, H.-
J./Teichmann, A.*, Spaltung, 1995, S. 141-146.

[6] Vgl. dazu *Karollus, M.*, Ausgliederung, 1995, S. 193 f.

[7] Vgl. *Kallmeyer, H.*, Umwandlungsgesetz, 1994, S. 1750.

[8] Vgl. *Hommelhoff, P./Priester, H.-J./Teichmann, A.*, Spaltung, 1995, S. 98.

sehr eng gesteckt, so daß ab einer bestimmten Größe einer Ausgliederung wie auch einer Einzelübertragung die Zustimmung der Anteilseigner einzuholen ist.[1]

III. Steuerliche Behandlung der Spaltung
1. Grundlagen

Mit der Einführung des neuen UmwG wurde gleichzeitig das Umwandlungssteuergesetzes (UmwStG) angepaßt, das bis dahin auch als Umwandlungs- und Spaltungsbremse bezeichnet wurde.[2] Mit diesen Änderungen wurden wesentliche steuerliche Barrieren für mögliche Umstrukturierungen von Unternehmen abgebaut.[3] Insbesondere wurde damit die Steuerneutralität von Ab- und Aufspaltungen normativ abgesichert.[4] Vor Einführung des UmwG war die steuerneutrale Spaltung von Kapitalgesellschaften im alten UmwStG nicht geregelt.[5] Es mußte daher auf Umwegkonstruktionen zurückgegriffen werden. Allerdings hat das Steuerrecht eine Vorreiterolle eingenommen, da spaltungsähnliche Umstrukturierungen nach dem sogenannten Spaltungserlaß der Finanzverwaltung unter eingeschränkten Voraussetzungen aus Billigkeitsgründen steuerneutral gestaltet werden konnten.[6]

Durch das neue UmwStG ist der Spaltungserlaß obsolet geworden, die wesentlichen Regelungen wurden jedoch in §15 UmStG weitergeführt.[7] Eine steuerneutrale Durchführung des spin-off außerhalb des UmwStG ist damit nicht mehr möglich. In § 1 Abs. 1 UmwStG wird festgestellt, daß die Aufdeckung stiller Reserven bei Auf- und Abspaltungen im wirtschaftlichen

---

[1] Vgl. *Koppensteiner, H.-G.*, Kölner Kommentar, 1995, § 291 Rn. 17 f.

[2] Vgl. *Herzig, N./Ott, H.*, Steuerrecht, 1989, S. 2033-2040.

[3] Vgl. *Herzig, N./Momen, L.*, Spaltung, 1994, S. 2157. Weitere zentrale Bausteine zum Abbau steuerlicher Barrieren durch das UmwStG sind nach *N. Herzig/L. Momen* die Möglichkeit der Umwandlung "aus der Kapitalgesellschaft heraus" zu Buchwerten, die gesetzliche Regelung der steuerneutralen Spaltung von Kapitalgesellschaften und die Übertragung und Verwertung von Verlusten; Vgl. dazu auch *Raupach, A.*, Anforderungen, 1993, S. 265.

[4] Vgl. *Schaumburg, H.*, Steuerfolgen, 1996, Anh. § 151, Rn. 48.

[5] Vgl. *Raupach, A.*, Anforderungen, 1993, S. 261.

[6] Vgl. *BMF*-Schreiben vom 9.1. 1992, BStBl I 1992, S. 47 (sogenannter Spaltungserlaß); vgl. dazu auch *Schaumburg, H.*, Besonderheiten, 1995, S. 331. Für Treuhandunternehmen wurde ebenfalls eine steuerneutrale Spaltung unter bestimmten Voraussetzungen ermöglicht, vgl. dazu *Ganske, J.*, Treuhandunternemen, 1991, S. 791.

[7] Vgl. *Schaumburg, H.*, Steuerfolgen, 1996, Anh. § 151, Rn. 45.

Sinn nur bei einer Durchführung nach den Vorschriften des UmwStG vermieden werden kann.[1] Bei einer Spaltung außerhalb des UmwG mit Einzelrechtsnachfolge ist nach *N. Herzig/L. Momen* „eine Gewinnrealisierung auf der Gesellschafts- als auch auf der Gesellschafterebene wohl zwingend, da die Notwendigkeit der bisherigen Billigkeitsregelungen entfällt, weil die Spaltung in *einem* Schritt durchführbar ist."[2]

Nach dem neuen UmwStG kann die übertragende Kapitalgesellschaft bei der Spaltung auf dem Wege der partiellen Gesamtrechtsnachfolge einen Übertragungsgewinn durch die Wahlmöglichkeit der Buchwertfortführung für die zu übertragenden Wirtschaftsgüter in der Übertragungsbilanz (§ 15 Abs. 1 i.V. mit § 11 Abs. 1 UmwStG) vermeiden.[3] Die Möglichkeit der Buchwertfortführung steht allerdings unter dreifachem Mißbrauchsverbot, das nach *H. Schaumburg* „bei Abspaltung ... von Publikumskapitalgesellschaften zu kaum vorhersehbaren Steuerrisiken für übertragende Körperschaften führt."[4]

Steuerfolgen der Spaltung können bei der übertragenden Körperschaft (§§ 15 Abs. 1, 11 UmwStG), bei der übernehmenden Körperschaft §§ 15 Satz 1, 12 UmwStG sowie bei den Gesellschaftern der übertragenden Körperschaft (§§ 15 Satz 1, 13 UmwStG) eintreten. Darüber hinaus enthält § 15 UmwStG auch einige von den umwandlungsrechtlichen Spaltungsvorschriften abweichende Vorschriften, die als Spaltungsbremsen wirken. Hierzu zählt vor allem, daß die Vorschrift des § 15 UmwStG nur anwendbar ist, wenn innerhalb der Spaltung ein Teilbetrieb übertragen wird (§ 15 Abs. 1 Satz 1 UmwStG). Das UmwStG weicht hierbei vom UmwG ab, welches im Gegensatz kein besonders qualifiziertes Betriebsvermögen voraussetzt. Bei einer Abspaltung von Einzelwirtschaftsgütern nach dem UmwG von einer Kapitalgesellschaft auf Kapitalgesellschaft ist daher nach allgemeinen steuerlichen Grundsätzen von einer Gewinnrealisierung aufgrund verdeckter Gewinnausschüttung bei der übertragenden Kapitalgesellschaft (§ 8 Abs. 3

---

1   Vgl. *Kallmeyer, H.*, Umwandlungsgesetz, 1994, S. 1749: "§ 1 Abs. 1 UmwStG stellt klar, daß die Aufdeckung stiller Reserven bei Auf- oder Abspaltung im wirtschaftlichen Sinn nur vermieden werden kann, wenn die Auf- oder Abspaltung nach den Vorschriften des Umwandlungssteuergesetz durchgeführt wird." Für die steuerliche Behandlung der Spaltung vor Einführung des UmwG vgl. *Herfort, C.*, Besteuerung, 1991, S. 226-236; *Fritz, M.*, Spaltung, 1991, S. 64-183.

2   *Herzig, N./Momen, L.*, Spaltung, 1994, S. 2158 (Hervorhebungen im Original).

3   Vgl. dazu *Schaumburg, H.*, Besonderheiten, 1995, S. 370; *Herzig, N./Momen, L.*, Spaltung, 1994, S. 2157 f.

4   *Schaumburg, H.*, Steuerfolgen, 1996, Anh. § 151, Rn. 47.

Satz 1 KStG) sowie verdeckter Einlage in die übernehmende
Kapitalgesellschaft (§ 8 Abs. 1 KStG i.V.m. § 4 Abs. 1 Satz 5 EstG)
auszugehen.[1]

Nachdem das UmwStG nicht den Begriff des Teilbetriebes bestimmt, gelten
die allgemeinen steuerlichen Grundsätze. Ein Teilbetrieb ist nach der
Rechtsprechung zu § 16 EStG ein mit einer gewissen Selbständigkeit
ausgestatteter, organisch geschlossener Teil des Gesamtbetriebes, der für sich
allein lebensfähig ist.[2] Die Teilbetriebsvoraussetzungen müssen spätestens
zum Zeitpunkt der Vermögensübertragung (Zeitpunkt der Eintragung im
Handelsregister) gegeben sein.[3] § 15 Abs. 1 Satz 3 UmwG erweitert den
Teilbetriebsbegriff auch auf Mitunternehmeranteile und Beteiligungen an
einer Kapitalgesellschaft, die das gesamte Nennkapital umfassen (sogenannte
"fiktive Teilbetriebe"[4]). Bei einer Abspaltung muß zudem das verbleibende
Vermögen der übertragenden Gesellschaft ebenfalls den Anforderungen des
Teilbetriebsbegriffes entsprechen (§ 15 Abs. 1 Satz 2 UmwStG).

Bei einem spin-off eines Unternehmensbereiches ist davon auszugehen, daß
die Teilbetriebsvoraussetzungen sowohl für den abgespaltenen
Unternehmensbereich als auch für die verbleibende Gesellschaft gegeben sind.
Bei Abspaltung einer bestehenden Tochtergesellschaft muß die Abspaltung
jedoch das gesamte Nennkapital umfassen, um den
Teilbetriebsvoraussetzungen zu entsprechen. Nachdem bei einem spin-off
nicht in jedem Fall eine 100 v.H. Beteiligung an der abzuspaltenden
Kapitalgesellschaft durch die Ausgangsgesellschaft gehalten wird, kann in den
Teilbetriebsvoraussetzungen eine Spaltungsbremse gesehen werden. *N.
Herzig/L. Momen* weisen allerdings darauf hin, daß die
Teilbetriebsbedingungen im Fall einer Beteiligung unter 100 v.H. geschaffen
werden können, indem ein kleiner Teilbetrieb zugekauft wird, dem die
Beteiligung zugeordnet wird.[5] Die Teilbetriebseigenschaft muß erst zum
Zeitpunkt der Eintragung der Spaltung im Handelsregister erfüllt sein, so daß
auch Teilbetriebe für das übergehende und verbleibende Vermögen in

---

1 Vgl. *Schaumburg, H.*, Steuerfolgen, 1996, Anh. § 151, Rn. 52.
2 Vgl. *Sagasser, B./Bula, T.*, Umwandlungen, 1995, S.265. Es ist davon auszugehen, daß
   diese Definition auch für den Teilbegriff des § 15 UmwStG gilt. Vgl. dazu auch *Blumers,
   W./Siegels, J.*, Ausgliederung, 1996, S. 7.
3 Vgl. *Schaumburg, H.*, Steuerfolgen, 1996, Anh. § 151, Rn. 53.
4 Vgl. *Blumers, W./Siegels, J.*, Ausgliederung, 1996, S. 7. Vgl. auch §§ 16 Satz 1, 15
   Abs. 1 Satz 3 UmwStG.
5 Vgl. *Herzig, N./Momen, L.*, Spaltung, 1994, S. 2160.

Vorbereitung einer Spaltung geschaffen werden können.[1] Dazu können neben der Zuordnung von Wirtschaftsgütern auch neutrale Wirtschaftsgüter (z.B. Forderungen, liquide Mittel), die für die Führung eines Teilbetriebes nicht erforderlich sind, übertragen werden. Die Zuordnung dieser Wirtschaftsgüter zu hundertprozentigen Beteiligungen an Kapitalgesellschaften wird jedoch ausgeschlossen.[2]

2. Steuerliche Auswirkungen beim übertragenden Unternehmen

Bei einer Spaltung wird zur Ermittlung eines etwaigen Übertragungsgewinns eine steuerliche Übertragungsbilanz erstellt. Die übertragende Körperschaft hat dabei ein Bewertungswahlrecht zwischen der Buchwertfortführung oder der Aufstockung zu höheren Teilwerten (§§ 15 Abs. 1 Satz 1, 3 Satz 4 UmwStG). Bei Aufstockung der Buchwerte entsteht ein steuerpflichtiger Übertragungsgewinn. Bei Buchwertfortführung löst das übergehende Vermögen bei der übertragenden Körperschaft keine Ertragsteuern aus.[3] Für die Fortführung der Buchwerte bestehen allerdings Einschränkungen des Bewertungswahlrechts sowie ein dreifacher Mißbrauchsvorbehalt (gemäß §§ 16 Satz 1, 15 Abs. 3 UmwStG). Voraussetzung ist, daß eine spätere Besteuerung der übertragenen Wirtschaftsgüter in der übernehmenden Kapitalgesellschaft gewährleistet ist und keine Gegenleistung - abgesehen von Gesellschaftsrechten - gewährt wird (§ 15 Abs. 1 i.V.m. § 11 Abs. 1 Satz 1 Nr. 1 und 2 UmwStG). Insbesondere ist ein Buchwertansatz ausgeschlossen, wenn den Gesellschaftern seitens der übernehmenden Körperschaft bare Zuzahlungen gewährt werden (§ 15 Abs. 1 Satz 1, 11 Abs. 1 Satz 1 Nr. 2 UmwStG).

Eine Fortführung des Buchwertansatzes wird darüber hinaus ausgeschlossen, wenn die Sicherstellung der in den übergehenden Wirtschaftsgütern enthaltenen stillen Reserven bei der übernehmenden Körperschaft für die Körperschaftsteuer nicht gewährleistet ist (§§ 15 Abs. 1 Satz 1, 11 Abs. 1 Satz 1 Nr. 1 UmwStG).

---

[1] Vgl. *Schaumburg, H.*, Steuerfolgen, 1996, Anh. § 151, Rn. 12.

[2] Die Zuordnung dieser Wirtschaftsgüter zu hundertprozentigen Beteiligungen an Kapitalgesellschaften wird für eine steuerneutrale Spaltung jedoch ausgeschlossen, vgl. dazu *Schaumburg, H.*, Steuerfolgen, 1996, Anh. § 151, Rn. 12.

[3] Vgl. *Schaumburg, H.*, Steuerfolgen, 1996, Anh. § 151, Rn. 62.

Nach der Mißbrauchsklausel des § 15 Abs. 3 Satz 1 UmwStG ist zu beachten, daß Mitunternehmeranteile und hundertprozentige Beteiligungen an einer Kapitalgesellschaft nicht begünstigt sind, wenn sie in einem Zeitraum von bis zu drei Jahren vor einer Spaltung durch Übertragung von einzelnen Wirtschaftsgütern, die kein Teilbetrieb sind, erworben oder aufgestockt wurden.[1] Mit dieser Klausel soll in erster Linie verhindert werden, daß einzelne Wirtschaftsgüter, die keine Teilbetriebe sind oder bilden zeitnah vor der Auf- oder Abspaltung in Mitunternehmeranteile oder hundertprozentige Beteiligungen eingebracht werden, um steuerneutral vom übrigen Vermögen abgespalten zu werden. Der bare Zukauf von Mitunternehmeranteilen und Beteiligungen am gesamten Nennkapital wird allerdings als zulässig erachtet.[2]

Als zweite Mißbrauchsklausel wird vorausgesetzt, daß durch die Spaltung keine Veräußerung an außenstehende Personen vorgesehen ist oder Voraussetzungen dafür geschaffen werden (§ 15 Abs. 3 Satz 2 und 3 UmwStG).[3] Durch diese Regelung soll sichergestellt werden, daß bei einer Veräußerung der Anteile an den beteiligten Rechtsträgern die Aufdeckung und Versteuerung der stillen Reserven nicht umgangen werden kann, wie es bei Veräußerung der Anteile von Anteilseignern im Ausland oder steuerbefreiten oder nicht steuerpflichtigen Anteilseignern möglich ist.[4] Eine schädliche Veräußerung oder Veräußerungsvorbereitung ist gegeben, wenn innerhalb von fünf Jahren nach der Spaltung Anteile an einer an der Spaltung beteiligten Körperschaft übertragen werden, die mehr als 20 v.H. bezogen auf die übertragende Körperschaft ausmachen.[5] Es ist hierbei von dem gemeinen Wert der Anteile an der Körperschaft zum Zeitpunkt der Spaltung auszugehen.[6] Mit der Einführung der 20 Prozent-Regel soll explizit vermieden werden, daß beispielsweise bei Publikumsgesellschaften durch die Veräußerung eines einzigen Anteils innerhalb von fünf Jahren nach der Spaltung bereits der Verlust der steuerneutralen Spaltungsmöglichkeit nach

---

1 Vgl. *Schaumburg, H.*, UmwG, 1995, S. 586; Der Zeitraum von fünf Jahren im Referentenentwurf wurde auf drei Jahre verkürzt, weil der Finanzausschuß festgestellt hatte, daß in der betriebswirtschaftlichen Praxis bei einer Übertragung von Wirtschaftsgütern auf einen Teilbetrieb oft nicht vorausgesehen werden kann, ob in der fernen Zukunft eine Spaltung durchgeführt werden muß.

2 Vgl. *Schaumburg, H.*, UmwG, 1995, S. 586.

3 Vgl. dazu *Herzig, N./Momen, L.*, Spaltung, 1994, S. 2160.

4 Vgl. *Schaumburg, H., UmwG*, 1995, S. 578, Rn. 11.

5 Die zunächst im Referentenentwurf festgelegte Höhe von 10 v.H. wurde im Bericht des Finanzausschußes kritisiert und anschließend geändert, weil diese Mißbrauchsregel bei breit gestreutem Anteilsbesitz zu einer faktischen Spaltungssperre führen kann. Vgl. *Schaumburg, H.*, UmwG, 1995, S. 583, Rn. 36, S. 584, Rn. 37.

6 Vgl. *Schaumburg, H.*, Steuerfolgen, 1996, Anh. § 151, Rn. 21.

§ 15 UmwStG herbeigeführt wird.[1] Bei Körperschaften mit gestreutem Anteilsbesitz wird sich diese Mißbrauchsklausel nach Meinung *von H. Schaumburg* als eine nicht mit den Zielsetzungen des UmwG zu vereinbarenden Spaltungssperre erweisen.[2] *B. Sagasser/T. Bula* stellen ebenfalls fest, daß bei Publikumsgesellschaften die 20 v.H. Grenze des UmwStG schwer einzuhalten ist.[3] Auch für die Finanzverwaltungen wird die Kontrolle der Einhaltung der Grenze zu Problemen führen.[4] Eine Überschreitung der 20 v.H. Grenze verursacht eine nachträgliche Besteuerung stiller Reserven auf der Ebene der übertragenden Körperschaft.[5]

Für die Möglichkeiten einer steuerneutralen Durchführung eines spin-off in der *Bundesrepublik Deutschland* stellt diese Mißbrauchsregel eine wesentliche Hürde dar. In der Unternehmenspraxis wird eine Beschränkung der Veräußerbarkeit von Anteilen auf praktische Probleme stoßen. *H. Kallmeyer* verdeutlicht am Beispiel einer Abspaltung zur Neuemission eines Teilbetriebes, daß trotz der 20 v.H. Grenze größere Tochterunternehmen an die Börse gebracht werden können.[6] In seinem Beispiel wird von einer kombinierten Ausgliederung und Abspaltung eines Teilbetriebes ausgegangen, bei der die übertragende Kapitalgesellschaft nach der Spaltung einen Unternehmenswert von DM 6 Millionen und der ausgegliederte/abgespaltene Teilbetrieb einen Unternehmenswert von DM 4 Millionen aufweist. Nachdem sich die 20 v.H. Grenze des § 15 Abs. 3 UmwStG auf die Summe der Kapitalien bezieht, können bis zu DM 2 Millionen, d.h. 50 v.H. des abgespaltenen Unternehmens, steuerunschädlich an der Börse veräußert werden. Ein spin-off könnte demnach ebenfalls steuerunschädlich durchgeführt werden, wenn   sichergestellt wird, daß verschiedene Großaktionäre ihre Anteile länger als fünf Jahre halten oder nur ein kleiner Unternehmensteil mit einem Wert von 20 v.H. des Gesamtunternehmens als spin-off abgespalten wird. Da eine solche Beschränkung in der Praxis schwer durchführbar ist, kann hierin eine wesentliche Sperre der steuerneutralen Durchführbarkeit des spin-off in der *Bundesrepublik Deutschland* liegen.

Als dritte Mißbrauchsklausel wird bei der Trennung von Gesellschafterstämmen für eine steuerneutrale Spaltung außerdem

---

1 Vgl. *Herzig, N./Momen, L.*, Spaltung, 1994, S. 2160.
2 Vgl. *Schaumburg, H.*, Steuerfolgen, 1996, Anh. § 151, Rn. 47.
3 Vgl. *Sagasser, B./Bula, T.*, Umwandlungen, 1995, S. 269.
4 Vgl. dazu *Herzig, N./Förster, G.*, Problembereiche, 1995, S. 345.
5 Vgl. *Herzig, N./Förster, G.*, Problembereiche, 1995, S. 345 f.
6 Vgl. dazu *Kallmeyer, H.*, Einsatz, 1996, S. 29 f.

vorausgesetzt, daß die Beteiligung an der übertragenden Körperschaft für mindestens fünf Jahre bestanden haben muß (§ 15 Abs. 1 Satz 1 i.V.m. § 11 Abs. 1 UmwStG). Nachdem es sich bei einem spin-off um eine verhältniswahrende Form der Spaltung handelt, ist zunächst nicht von einer Trennung von Gesellschafterstämmen auszugehen. Bei einer späteren Veränderung der Eigentümerstruktur im Zuge des Börsenhandels kann sich auch eine Kollision mit dieser Norm ergeben. Die Sicherung der Besteuerung der stillen Reserven wird auf der Gesellschaftsebene gewährleistet, indem die Regelungen des UmwStG nur für inländische und unbeschränkt steuerpflichtige Kapitalgesellschaften anwendbar sind und eine Buchwertverknüpfung bei den übernehmenden Gesellschaften vorgeschrieben wird.[1] Auf Gesellschafterebene wird die Sicherung der stillen Reserven durch eine Steuerverhaftung der neuen Anteile erreicht.[2]

3. Steuerliche Auswirkungen beim übernehmenden Unternehmen

Eine übernehmende Körperschaft hat nach §§ 15 Abs. 1 Satz 1, 12 Abs. 1 UmwStG die Buchwerte der steuerlichen Übertragungsbilanz zu übernehmen.[3] Durch diese Regelung wird die Besteuerung der noch vorhandenen stillen Reserven auf der Ebene der übernehmenden Körperschaft sichergestellt. Es kommt hierbei zu einer Durchbrechung der Maßgeblichkeit der Handelsbilanz für die Steuerbilanz, weil in § 24 UmwG die übernehmende Körperschaft ein Bewertungswahlrecht durch Modifizierung der Buchwertfortführung durch das Anschaffungswertprinzip eingeräumt wird.

Das verwendbare Eigenkapital der übertragenden Körperschaft wird bei Abspaltung anteilig auf die übernehmende Körperschaft übertragen. Die dadurch auf der Ebene der übertragenden Körperschaft eintretende Vermögensminderung wird nicht als Ausschüttung behandelt, so daß es auch nicht zu einer Herstellung einer Ausschüttungsbelastung kommt.[4]

---

1   Vgl. dazu *Herzig, N./Momen, L.*, Spaltung, 1994, S. 2161.
2   Für verschiedene Fallkonstellationen der Steuerverhaftung der Anteile auf Gesellschafterebene vgl. *Herzig, N./Momen, L.*, Spaltung 1994, S. 2161 f.
3   Vgl. *Schaumburg, H.*, Steuerfolgen, 1996, Anh. § 151, Rn. 65.
4   Vgl. *Sagasser, B./Bula, T.*, Umwandlungen, 1995, S. 271.

4. Steuerliche Auswirkungen bei den Gesellschaftern

Eine Abspaltung vollzieht sich gemäß §§ 15 Abs. 1 Satz 1, 13 UmwStG grundsätzlich steuerneutral auf Ebene der Gesellschafter der übertragenden Körperschaft, wenn neben den Anteilen an der übernehmenden Körperschaft keine weitere Gegenleistungen, beispielsweise bare Zuzahlungen gewährt werden.[1] Bei einer Abspaltung gelten Anteile an der übertragenden Körperschaft zu Buchwerten bzw. zu Anschaffungskosten abgegeben und die im Anteilstausch erhaltenen Anteile, die an ihre Stelle treten als zu diesem Wert angeschafft. In den §§ 15 und 13 UmwStG sind jedoch keine Regelungen über die Aufteilung der Anschaffungskosten der Anteile an der übertragenden Körperschaft beinhaltet. Wenn bei einer Abspaltung nicht eine vollständige Trennung von Gesellschafterstämmen erfolgen soll, erhalten die Anteilseigner der übertragenden Körperschaft bei einer Abspaltung zusätzlich zu den bereits bestehenden Anteilen Anteile an einer weiteren Körperschaft. Nach gegenwärtigem Meinungsstand werden in diesen Fällen die Buchwerte bzw. Anschaffungskosten im Verhältnis der gemeinen Werte entsprechend dem Verhältnis der übertragenen Vermögensteile und dem vor der Spaltung bei der übertragenden Körperschaft vorhandenen Vermögen aufgeteilt.[2] Die Steuerneutralität auf der Ebene der Gesellschafter bleibt bei verhältniswahrenden Spaltungen damit erhalten.

IV. Voraussetzungen einer Börseneinführung

Zur Erreichung einer vergleichbaren Endsituation wie bei einem spin-off in den *USA* muß das Tochterunternehmen nach der Abspaltung an der Börse eingeführt werden. Für die Börseneinführung in der *Bundesrepublik Deutschland* bestehen verschiedene rechtliche und wirtschaftliche Voraussetzungen. Im folgenden soll vorwiegend auf Voraussetzungen eingegangen werden, die für die Börseneinführung nach Durchführung eines spin-off relevant sind.

Für eine Börseneinführung wird zunächst vorausgesetzt, daß die Anteile des Unternehmens an der Börse handelbar sind.[3] Nachdem GmbH-Anteile und ähnliche Besitzrechte nicht diesen Anforderungen genügen, muß das

1 Vgl. dazu *Schaumburg, H.*, Steuerfolgen, 1996, Anh. § 151, Rn. 69-78; *Sagasser, B./Bula, T.*, Umwandlungen, 1995, S. 273 f.
2 Vgl. dazu ausführlich *Sagasser, B./Bula, T.*, Umwandlungen, 1995, S. 274
3 Vgl. dazu *Hennigs, R.*, Börseneinführung, 1995, S. 12 f.

Unternehmen in Rechtsform der Aktiengesellschaft oder der Kommanditgesellschaft auf Aktien geführt sein. Weitere rechtliche Zulassungsvoraussetzungen sind im wesentlichen vom Marktsegment bestimmt, in dem die Anteile des Unternehmens plaziert werden sollen. In der *Bundesrepublik Deutschland* wird zwischen den Marktsegmenten Amtlicher Handel, Geregelter Markt und Freiverkehr unterschieden.[1] Für die Zulassung zum Amtlichen Handel bestehen die strengsten Zulassungsvoraussetzungen. Für den Geregelten Markt wurden die Kriterien vereinfacht. Beim Freiverkehr handelt es sich um einen privatwirtschaftlichen Handel mit den geringsten Zulassungsvoraussetzungen.[2] Die Voraussetzung der Zulassung zum Amtlichen Handel sind im Börsengesetz (BörsG) und in der Börsenzulassungs-Verordnung (BörsZulV) geregelt. Bei Zulassung von Wertpapieren zum Amtlichen Handel wird in § 2 Abs. 1 BörsZulV bestimmt, daß der voraussichtliche Kurswert der zuzulassenden Aktien mindestens zwei Millionen fünfhunderttausend Deutsche Mark betragen muß. Darüber hinaus müssen regelmäßig fünfundzwanzig v.H. des Kapitals einer Gesellschaft plaziert werden.[3] Es besteht die Pflicht zur Börsenzulassung aller Aktien einer Gattung.[4] Weiterhin wird vorausgesetzt, daß der Emittent zuzulassender Aktien über mindestens drei Jahre bestanden haben muß und die Jahresabschlüsse der Geschäftsjahre entsprechend der geltenden Vorschriften offengelegt hat.[5]

Für den 1987 eingeführten Geregelten Markt wurden erleichterte Zulassungsvoraussetzungen festgelegt. Das Mindestemissionvolumen beträgt hier nur fünfhunderttausend Deutsche Mark.[6] Zusätzlich bestehen keine Vorschriften bezüglich eines Mindestanteils am Grundkapital und kein Zwang zur Einführung aller Aktien einer Gattung.

Zur Zulassung zum amtlichen Börsenhandel sind verschiedene Publizitätspflichten zu erfüllen, die die Erstellung einer Unternehmensinformation in Form eines Prospekts und verschiedene anderer

---

1 Vgl. *Blättchen, W.,* Börse, 1996, S. 8.
2 Auf die Zulassungsvoraussetzungen zum Freiverkehr wird hier nicht näher eingegangen, vgl. dazu *Blättchen, W.,* Börse, 1996, S. 8 f.
3 § 9 Abs. 1 BörsZulV.
4 § 7 Abs. 1 BörsZulV.
5 § 3 Abs. 1 BörsZulV.
6 Vgl. dazu ausführlich *Blättchen, W.,* Börse, 1996, S. 8 f.

Nachweise erfordern.[1] Bei einer Zulassung zum Geregelten Markt gelten geringere Publizitätspflichten, die beispielsweise nur die Erstellung eines Unternehmensberichtes im Gegensatz zum ausführlichen Börenzulassungsprospektes des Amtlichen Handels vorschreiben.[2]

Grundsätzlich hat die Plazierung von Anteilen im Amtlichen Handel verschiedene Vorteile, insbesondere durch eine größeren Publizitätswirkung und einen erweiterten Investorenkreis. Beispielsweise können verschiedene institutionelle Investoren aufgrund ihrer Satzung nur Aktien im Amtlichen Handel erwerben.[3] Der Geregelte Markt nimmt zwischenzeitlich jedoch ebenfalls eine bedeutende Stellung ein. Im Zeitraum zwischen 1987 und 1995 wurden ca. zwei Drittel aller Neuemissionen am Geregelten Markt notiert.[4] Dies wird insbesondere darauf zurückgeführt, daß mittelständisch geprägte Erstemittenten beim Geregelten Markt keine Streuungspflicht von 25 v.H. ihres Gesellschaftskapitals haben und dadurch nicht notwendigerweise ihre qualifizierte Kapitalmehrheit durch den Börsengang verlieren.[5] Bei der mit Durchführung eines spin-off z.T. vergleichbaren Umstrukturierung durch Börsenneueinführung einer Tochtergesellschaften (equity carve-out) wurden allerdings 87 v.H. der Unternehmen im Geregelten Markt plaziert.[6] Nachdem in Verbindung mit einem spin-off z.T. Verbesserungen der Kapitalstruktur durch Kapitalerhöhungen durchgeführt werden, sollte grundsätzlich auch bei einem spin-off das Marktsegment des Amtlichen Handels angestrebt werden.

Von den vorstehend genannten Voraussetzungen der Zulassung zum Amtlichen Handel sind insbesondere die Erfüllung der Streuungspflicht von 25 v.H. des Gesellschaftskapitals sowie die Dauer des Bestehens des Emittenten bei der Zulassung eines abgespaltenen Tochterunternehmens zu beachten. Aus einer Streuungspflicht von 25 v.H. folgt, daß steuerrechtlich eine schädliche Veräußerung wegen Überschreitung der 20 v.H. Regel gegeben wäre (§ 15 Abs. 3 Satz 2 und 3 UmwStG), die zu einer nachträglichen

---

1 Mit der Novellierung des Börsengesetzes durch das zum 1. Januar 1995 in Kraft getretene zweite Finanzmarktförderungsgesetz wurden u.a. die Publizitätspflichten von Emittenten erweitert. Der Schwerpunkt der Publizitätspflichten bildet bei börsengängigen Unternehmen der Prospekt. Vgl. zu den Publizitätspflichten beim Börsengang ausführlich *Früh, H.J.*, Börsengang, 1996, S. 34-46.

2 Vgl. *Blättchen, W.*, Börse, 1996, S. 8 f.

3 Vgl. dazu *Hennigs, R.*, Börseneinführung, 1995, S. 12 f.

4 Vgl. *Blättchen, W.*, Börse, 1996, S. 8.

5 Vgl. *Hennigs, R.*, Börseneinführung, 1995, S. 38-40.

6 Vgl. *Hennigs, R.*, Börseneinführung, 1995, S. 35.

Besteuerung der stillen Reserven führt.[1] In § 9 Abs. 1 wird als Ersatz einer Streuungspflicht von 25 v.H. jedoch auch ein niedrigerer Vomhundertsatz zugelassen, wenn „wegen der großen Zahl von Aktien derselben Gattung und ihrer breiten Streuung im Publikum ein ordnungsgemäßer Börsenhandel auch mit einem niedrigeren Vomhundertsatz gewährleistet ist."[2] Darüber hinaus können auch abweichend von § 9 Abs. 1 BörsZulV gemäß § 9 Abs. 2 Satz 1 Aktien zugelassen werden, wenn „eine ausreichende Streuung über die Einführung an der Börse erreicht werden soll und die Zulassungsstelle davon überzeugt ist, daß diese Streuung innerhalb kurzer Frist nach der Einführung erreicht sein wird."[3]

Für den spin-off von Unternehmensbereichen muß die Forderung des § 3 Abs. 1 BörsZulV beachtet werden, die vorschreibt, daß der Emittent zuzulassender Aktien mindestens drei Jahre als Unternehmen bestanden haben muß. Jedoch wird in § 3 Abs. 2 BörsZulV festgestellt, daß die Zulassungsstelle auch Abweichungen von § 3 Abs. 1 BörsZulV Aktien zulassen kann, wenn dies im Interesse des Emittenten und des Publikums ist.

Bei der Zulassung von Wertpapieren, die bei einer Spaltung ausgegeben wurden, ist gemäß § 41 BörsZulV weiterhin zu beachten, daß zusätzlich zur Veröffentlichung des Prospekts, die Unterlagen, die die Spaltung im einzelnen Beschreiben sowie, wenn der Emittent im Falle des § 3 Abs. 2 BörsZulV noch keinen Jahresabschluß erstellt hat, die Eröffnungsbilanz am Sitz des Emittenten oder der Zulassungsstelle eingesehen werden kann.

Neben den rechtlichen Voraussetzungen sollten bei einer Neuemission auch wirtschaftliche Grundbedingungen erfüllt werden. Bei einem spin-off bestehen grundsätzlich andere Voraussetzungen als bei einer Neuemission, weil keine Aktien direkt an das Publikum verkauft werden. Gleichwohl sind für einen nachhaltigen Erfolg einer Börsenneueinführung für das emittierte Tochterunternehmen die gleichen Bedingungen wie bei einem Verkauf von Anteilen zu erfüllen. *H.J. Früh* gibt aus Sicht der Emissionsbanken in Übereinstimmung mit den beim Börsengang mitwirkenden Wirtschaftsprüfern bzw. Wirtschaftsprüfungsgesellschaften folgende generelle Voraussetzungen

---

[1] S. oben Kapitel C.III.2., S. 49-52.
[2] § 9 Abs. 1 Satz 2 BörsZulV.
[3] § 9 Abs. 2 Satz 1 BörsZulV.

für die Börsenreife eines Unternehmens an:[1]

- Umsatzgröße mindestens zwischen DM 30 - 50 Mio.
- Vorsteuerrendite von 3 - 6 v.h.
- Erwarteter Zuwachs von Umsatz, Gewinn und Dividende.
- Emissionsvolumen von mindestens 20.000 bis 50.000 Aktien; Emissionsvolumen von mehr als DM 5 Mio.
- Geprüfte Jahresabschlüsse für die letzten drei bis fünf Jahre.
- Aktive Öffentlichkeitsarbeit.
- Klare und Überschaubare Eigentümerstruktur.

Eine Börsenreife kann abschließend jedoch nur von Fall zu Fall festgestellt und geprüft werden, da vielfältige Einflußfaktoren (beispielsweise Branche, Management, Markenname) beachtet werden müssen.[2]

V. Zusammenfassung der Ergebnisse

Wie in den vorstehenden Kapiteln dargestellt wurde, sind die Durchführungsmöglichkeiten eines spin-off in der *Bundesrepublik Deutschland* durch verschiedene praktische und rechtliche Barrieren eingeschränkt. Grundsätzlich ist es möglich, den spin-off in den gleichen Einzelübertragungsschritten (Übergang von Vermögensgegenständen, Herstellung einer verhältniswahrenden Beteiligung) wie bei einem spin-off in den *USA* durchzuführen. Diese Durchführungsform stellt jedoch aus (steuer-) rechtlichen Gründen keinen möglichen Weg für die steuerneutrale Durchführung des spin-off dar. Zum einen ist die Möglichkeit der Sachausschüttung aufgrund des Gläubigerschutzes begrenzt, um die Erhaltung eines Mindesthaftungsvermögens zu sichern.[3] Die Zahlungen der Kapitalgesellschaft sind damit im Regelfall auf den ausschüttungsfähigen Gewinn beschränkt. Zum anderen führt die Spaltung in Einzelübertragungsschritten nach herrschender Meinung zur Gewinn-realisierung auf Gesellschafts- und Gesellschafterebene.[4]

---

[1] Vgl. dazu *Früh, H.J.*, Börsengang, 1996, S. 30 f. Für eine Darstellung von Emissionsgrundsätzen beim Börsengang von Tochtergesellschaften vgl. *Hennigs, R.*, Börseneinführung, 1995, S. 14-24.

[2] Vgl. für eine Darstellung weiterer Emissionsgrundsätze *Früh, H.J.*, Börsengang, 1996, S. 30-34

[3] S. dazu Kapitel C.I.2.a., S. 34.

[4] S. dazu Kapitel C.III.2., S. 52 f.

Das neue UmwG ermöglicht die Abspaltung von Unternehmensteilen mit Beteiligung der Aktionäre des abspaltenden Unternehmens gemäß § 123 Abs. 2 UmwG in einem Schritt. Nach dem neuen UmwStG kann die übertragende Kapitalgesellschaft bei der Spaltung auf dem Wege der partiellen Gesamtrechtsnachfolge einen Übertragungsgewinn durch die Wahlmöglichkeit der Buchwertfortführung für die zu übertragenden Wirtschaftsgüter in der Übertragungsbilanz grundsätzlich vermeiden.[1] Die Möglichkeit der Buchwertfortführung steht allerdings unter dreifachem Mißbrauchsverbot, das insbesondere bei Publikumsgesellschaften zu Hindernissen für einen steuerneutralen spin-off führt.

Als zweite Mißbrauchsklausel des § 15 UmwStG wird vorausgesetzt, daß durch die Spaltung keine Veräußerung an außenstehende Personen vorgesehen ist oder Voraussetzungen dafür geschaffen werden (§ 15 Abs. 3 Satz 2 und 3 UmwStG).[2] Eine schädliche Veräußerung oder Veräußerungsvorbereitung ist gegeben, wenn innerhalb von fünf Jahren nach der Spaltung Anteile an einer an der Spaltung beteiligten Körperschaft übertragen werden, die mehr als 20 v.H. bezogen auf die übertragende Körperschaft ausmachen.[3] Bei einem spin-off einer Publikumsgesellschaft muß grundsätzlich davon ausgegangen werden, daß innerhalb von fünf Jahren mehr als 20 v.H. der Anteile veräußert werden können. Das Überschreiten der 20 v.H. Grenze führt zu einer nachträglichen Besteuerung stiller Reserven auf der Ebene der übertragenden Körperschaft.[4]

Als dritte Mißbrauchsklausel wird bei der Trennung von Gesellschafterstämmen für eine steuerneutrale Spaltung außerdem vorausgesetzt, daß die Beteiligung an der übertragenden Körperschaft für mindestens fünf Jahre bestanden haben muß (§ 15 Abs. 1 Satz 1. i.V. mit § 11 Abs. 1 UmwStG). Bei einer späteren Veränderung der Eigentümerstruktur im Zuge des Börsenhandels kann sich auch eine Kollision mit dieser Norm ergeben, weil es zu einer Trennung der Gesellschafterstämme kommt.

Die verschiedenen Mißbrauchsklauseln verdeutlichen, daß das UmwG in seinen Regelungen nicht die Möglichkeit eines spin-off vorgesehen hat. Eine

---

1 Vgl. *Schaumburg, H.*, Besonderheiten, 1995, S. 370; *Herzig, N./Momen, L.*, Spaltung, 1994, S. 2157 f.

2 Vgl. dazu *Herzig, N./Momen, L.*, Spaltung, 1994, S. 2160.

3 Vgl. *Schaumburg, H.*, UmwG, 1995, S. 583, Rn. 36, S. 584, Rn. 37.

4 Vgl. *Sagasser, B./Bula, T.*, Umwandlungen, 1995, S. 269.

steuerneutrale Durchführung des spin-off nach den Regelungen des UmwG und des UmwStG ist nach gegenwärtiger Rechtslage nicht möglich. Die Kritik an den Mißbrauchsklauseln kann allerdings dazu führen, daß Anpassungen vom Gesetzgeber vorgenommen werden.[1] Bislang sind die neugeschaffenen Umgestaltungsmöglichkeiten durch das UmwG indes nicht weitreichend genug, um eine mit den US-amerikanischen Regelungen vergleichbare steuerneutrale Umstrukturierung durch einen spin-off zu ermöglichen.

---

[1] Vgl. dazu *Schaumburg, H.,* Steuerfolgen, 1996, Anh. § 151, Rn. 47.

D. Organisatorische und finanzwirtschaftliche Auswirkungen des spin-off aus Sicht der Principal-Agent- und der Signalling-Theorie

I. Principal-Agent-Theorie

1. Gegenstand und Historie der Principal-Agent-Theorie

Die Principal-Agent-Theorie, die auch als Agency-Theorie bezeichnet wird, beschäftigt sich mit der Analyse und (Vertrags-)Gestaltung von Auftragsbeziehungen (Agency-Beziehung) zwischen einem Auftraggeber ("principal") und einem Auftragnehmer ("agent"), bei der von folgenden wesentlichen Annahmen bzw. Problemen ausgegangen wird:[1]

(1) Zwischen Auftraggeber und Auftragnehmer besteht ein Zielkonflikt, weil sowohl die Auftragnehmer wie die Auftraggeber im Eigeninteresse handeln und eigennützige Zielsetzungen verfolgen.

(2) Die Beurteilung des Verhaltens, insbesondere des Anstrengungsniveau des Auftragnehmers durch den Auftraggeber ist wegen einer ungleichen Informationsverteilung ("asymmetrische Information") mit Schwierigkeiten oder Kosten verbunden.

Die Agency-Theorie wurde zwischenzeitlich auf zahlreiche wirtschafts-wissenschaftliche Problemstellungen angewendet.[2] Als Anwendungsbeispiele für Agency-Beziehungen werden in der Literatur u.a. die Beziehungen zwischen Eigentümer und Manager, Vorgesetzten und Untergebenen, Komplementär und Kommanditist, Kreditgeber und Kreditnehmer sowie Unternehmen und Wirtschaftsprüfer angeführt.[3] Die Übertragung von Aufgaben und Entscheidungskompetenzen durch einen principal an einen agent in den genannten Fällen hat für den principal den Vorteil, daß er von der

---

[1] Vgl. dazu *Elschen, R.*, Gegenstand, 1991, S. 1004; *Eisenhardt, K.M.*, Agency Theory, 1989, S. 58.

[2] Anwendungen finden sich u.a. in der Volkswirtschaftstheorie (vgl. *Milgrom, P./Roberts, J.*, Economics, 1992), der Bilanzierungstheorie (vgl. *Ballwieser, W.*, Auditing, 1987), dem Controlling (vgl. *Kah, A.*, Profitcenter-Steuerung, 1994), der Finanzierungstheorie (vgl. *Wosnitzka, M.*, Kapitalstrukturentscheidungen, 1995) und der Organisationstheorie (vgl. *Ebers, M./Gotsch, W.*, Theorien, 1995 , S. 195-208).

[3] Vgl. *Stiglitz, J.E.*, principal, 1992, S. 185; *Pratt, J.W./Zeckhauser, R.*, Principals, 1985, S. 2; *Wenger, E./Terberger, E.*, Beziehung, 1988, S. 506-514; *Antle, R.*, Auditor, 1982, S. 503-528.

spezialisierten Arbeitskraft und ihrem Informationsvorteil bezüglich der Aufgabenerfüllung profitieren kann.[1] Allerdings ist damit auch der Nachteil bzw. das Risiko verbunden, daß der principal aufgrund der ungleichen Informationsverteilung bestimmte Handlungen oder Leistungen des agent nicht beobachten kann und daher grundsätzlich ein eigennütziges Handeln des agent zum Nachteil des principal möglich ist.[2] Die besondere Herausforderung an eine Agency-Theorie liegt damit in der Analyse, durch welche Mechanismen (Anreiz-, Kontroll-, Informationsmechanismen) der principal ein auftragsgemäßes Handeln des agent sicherstellen kann.[3]

Die Principal-Agent-Theorie bzw. Agency-Theorie zählt neben der Transaktionskostentheorie[4] ("Transaction Cost Economics") und der Theorie der Verfügungsrechte ("Property-Rights-Theory") zur Neuen Institutionenökonomie ("New Institutional Economics").[5] Zentraler Untersuchungsgegenstand der Neuen Institutionenökonomie ist die Entstehung und Entwicklung wirtschaftlicher Institutionen (beispielsweise Märkte, Organisationen, Vertragstypen) und ihrer unterschiedlichen Strukturen, Verhaltenswirkungen und Wirtschaftlichkeit.[6] Die Theorie der Verfügungsrechte stellt dabei einen übergreifenden Theorierahmen dar. Verfügungsrechte ("property rights") bestimmen, in welcher Form der Inhaber

---

[1] Vgl. *Ebers, M./Gotsch, W.,* Theorien, 1995, S. 195; *Elschen, R.,* Gegenstand, 1991, S. 1004.

[2] Eine Einschränkung des Auftragnehmers durch explizite Verhaltensnormen wäre verfehlt, weil der Informationsvorsprung den besonderen Wert der Agency-Beziehung darstellt. Vgl. *Elschen, R.,* Gegenstand, 1991, S. 1004.

[3] Vgl. *Pratt, J.W./Zeckhauser, R.,* Principals, 1985, S. 2 f.: "The challenge in the agency relationship arises whenever - which is almost always - the principal cannot perfectly and costlessly monitor the agent's action and information. The problems of inducement and enforcement then come into play."

[4] Der Transaktionskostenansatz wurde - aufbauend auf den Ergebnissen von *R.H. Coase* - in den siebziger Jahren hauptsächlich von *O. Williamson* entwickelt. Er untersucht, unter welchen Bedingungen ein Markt ein wenig geeignetes Forum zur Vermittlung von Transaktionen, und ein Unternehmen eine kostengünstigere Alternative darstellt. Vgl. *Coase, R.,* Nature, 1937, S. 386-405; *Williamson, O.E.,* Markets, 1975. Für einen Überblick vgl. *Picot, A.,* Transaktionskostenansatz, 1982, S. 267-284.

[5] Wegbereiter der Neuen Institutionenökonomie war *R.H. Coase* mit seiner Arbeit von 1937. Vgl. *Coase, R.,* Nature, 1937, S. 386-405. Für einen Überblick über verschiedene Ansätze der Neuen Institutionenökonomie vgl. *Ebers, M./Gotsch, W.,* Theorien, 1995, S. 185-235; *Picot, A.,* Bedeutung, 1989, S. 361-379.

[6] Vgl. *Picot, A./Neuburger, R.,* Agency, 1995, S. 14 f.

legitimerweise die Ressourcen nutzen kann, an denen er Rechte hält.[1] Mit der Festlegung der einzelnen Verfügungsrechte wird auch bestimmt, inwiefern Kosten und Erträge in einer Organisation zwischen einzelnen Parteien verteilt werden.[2] Nachdem die Spezifikation der Rechte durch implizite und explizite Vertragsbeziehungen beeinflußt wird, ist das Verhalten der betroffenen Parteien von den jeweiligen Vertragsbeziehungen bestimmt. Die Agency-Theorie stellt wiederum die Institution des Vertrages und seine Rolle bei Austauschbeziehungen in den Mittelpunkt ihrer Untersuchungen.[3]

Die Verbindung zwischen der Theorie der Verfügungsrechte und der Principal-Agent-Theorie verdeutlichen *A. Alchian/H. Demsetz* in einem bedeutenden organisationstheoretischen Aufsatz aus dem Jahr 1972, in dem das Meßproblem von Mitarbeiterleistungen zur Erklärung der Konstitution von Unternehmen angeführt wird.[4] Unternehmen sind danach Netzwerke von Verträgen zwischen Ressourceneignern, in denen bestimmte Aufgaben gemeinsam erfüllt werden. Für die Erfüllung der Aufgaben werden Handlungsrechte und -pflichten, entsprechend der Theorie der Verfügungsrechte, vertraglich festgelegt - die Beiträge des Einzelnen können aber nicht exakt bemessen werden. Die Problematik wird anhand einer "Team"-Produktion verdeutlicht, bei der ein Produkt von verschiedenen Arbeitskräften erzeugt wird, deren Arbeitseinsatz jedoch schwierig zu bemessen und zu kontrollieren ist. Aufgrund des Meßproblems werden Mitarbeiter zu Lasten des Teams Eigeninteresse verfolgen. Zur Lösung dieses Problems übernimmt ein Teammitglied ("central agent") die spezielle Funktion der Kontrolle über die anderen Arbeitskräfte, verbunden mit dem Recht, Arbeitskräfte freizustellen bzw. zu ersetzen. Gleichzeitig wird eine Selbstkontrolle des Kontrollierenden vorgeschlagen, indem er das nach der Bezahlung aller Beteiligten verbliebene (Residual-)Ergebnis der Teamproduktion erhält. Voraussetzung einer solchen Lösung ist, daß die Verfügungsrechte frei handelbar sind und die Kontrolle und das Residualergebnis tatsächlich der am besten geeigneten Person übertragen werden können. Die Lösung der Anreiz- und Kontrollprobleme einer

---

1 Vgl. dazu *Ebers, M./Gotsch, W.*, Theorien, 1995, S. 186-194, 187: "Bspw. kann ein Mieter das Nutzungsrecht an einem Haus besitzen, der Eigentümer das Recht, bauliche Veränderungen vorzunehmen und das Haus zu verkaufen".

2 Vgl. *Jensen, M.C./Meckling W.H.*, Agency, 1986, S. 80 f.

3 Vgl. *Ebers, M./Gotsch, W.*, Theorien, 1995, S. 195.

4 Vgl. dazu *Alchian, A./Demsetz, H.*, Production, 1972, S. 777-795; *Milgrom, P./Roberts, J.*, Economics, 1992, S. 292 f. Vgl. zur Verbindung der verschiedenen Theorieansätze *Kah, A.*, Profitcenter-Steuerung, 1994, S. 2.

64

Teamproduktion nahm bereits wichtige Elemente der späteren Agency-Theorie vorweg.

Das Principal-Agent-Problem wurde namentlich erstmals durch *S.A. Ross* formuliert, der die Anreizbeziehung bei einem bilateralen Vertrag zwischen einem "principal" und dem "agent" unter der Annahme ungleicher Informationsverteilung untersuchte.[1] *S.A. Ross* führte den Begriff der ökonomischen Agency-Theorie ein, der den Begriff einerseits von der juristischen Literatur abgrenzen, andererseits die Anwendungsvielfalt auf ökonomische Fragestellungen darlegen sollte.[2]

M.C. Jensen/W.H. Meckling übertrugen die Instrumente der ökonomischen Agency-Theorie auf die Finanzierungstheorie.[3] Sie untersuchten die aufgrund der Trennung zwischen Eigentum und Kontrolle entstehenden Probleme, indem sie die Beziehungen zwischen externen Kapitalgebern ("outsidern") und der internen Geschäftsführung ("insidern") als Principal-Agent-Beziehung interpretierten. Im Mittelpunkt ihrer Untersuchung steht das von ihnen entwickelte Konzept der Agency-Kosten[4], auf dessen Grundlage ein agency-theoretisch begründetes Konzept der optimalen Kapitalstruktur entwickelt wurde.[5] Die eigentliche Bedeutung der Arbeit von *M.C. Jensen/W.H. Meckling* liegt jedoch darin, daß die Finanzierungstheorie seitdem ihr Interesse auf Fragen der Unternehmensorganisation und Kapitalstruktur erweitert hat, die - entsprechend den Irrelevanztheoremen von *F. Modigliani/M. Miller*[6]- bis dahin vernachlässigt wurden.[7] Gleichzeitig wurde die vorherrschende mikroökonomische "black box" Betrachtungsweise von Unternehmens-

---

1 Vgl. *Ross, S.A.*, Theory, 1973, S. 134-139; *Stiglitz, J.E.*, principal, 1992, S. 185.

2 Vgl. zu Anwendungsgebieten der ökonomischen Agency-Theorie, *Neus, W.*, Agency-Theorie, 1989, S. 19.

3 Vgl. *Jensen, M.C./Meckling,, W.H.*, Agency, 1986, S. 81 f. Es handelt sich hierbei um eine Wiederauflage ihres richtungsweisenden Aufsatzes aus dem Jahre 1976.

4 S. unten Kapitel D.I.2.c., S. 73 f.

5 Vgl. dazu *Wosnitzka, M.*, Kapitalstrukturentscheidungen, 1995, S. 56-61.

6 Vgl. *Modigliani, F./Miller, M.*, Cost, 1958, S. 261-297. Für eine umfangreiche Darstellung und Diskussion der heutigen Bedeutung der Modigliani-Miller-Theoreme vgl. *Miller, M.*, Modigliani-Miller, 1988, S. 99-120; *Stiglitz, J.*, Structure, 1988, S. 121-126; *Ross, S.A.*, Comment, 1988, S. 127-134.

7 Gleichzeitig hat sich - ausgelöst durch Arbeiten von *M. Miller/F. Modigliani* - die angelsächsische Finanzwissenschaft nach und nach in eine positivistische Wissenschaft verwandelt, die sich auch mit betriebswirtschaftlichen Fragen beschäftigt. Dieser "Paradigmenwechsel" fußt in Veränderungen der Theorie der Bewertung von Aktienpreisen durch die Einführung des "capital-asset pricing model", welche auf weite Teile der Theorie des corporate finance Auswirkungen hatte. Vgl. *Hite, G.L./Owers, J.E.*, Restructuring, 1986, S. 418.

organisationen durch die Agency-Theorie verändert.[1] In der Agency-Theorie wird von einem vertragstheoretischen Organisationskonzept ausgegangen, in dem (Unternehmens-)Organisationen und ihre Umweltbeziehungen als Netzwerke von (expliziten oder impliziten) Verträgen zwischen Aktionären, Gläubigern, Managern, Angestellten, Kunden und anderen Parteien interpretiert werden, die zur Regelung des ökonomischen Austausches geschlossen werden.[2]

Die Agency-Theorie wird in eine normative und eine positive bzw. deskriptive Forschungsrichtung unterschieden.[3] Im Mittelpunkt der normativen Agency-Theorie, die im angelsächsischen Sprachraum auch als "principal-agent-theory" bezeichnet wird, steht die Darstellung einer entscheidungstheoretisch optimal gestalteten Vertragsbeziehung.[4] Es wird hierbei weitgehend von empirischen Randbedingungen abstrahiert und durch einen hohen Einsatz mathematischer Hilfsmittel und formaler Methoden effiziente Anreiz- und Organisationsformen für Principal-Agent-Beziehungen entwickelt. Optimale Anreizbedingungen sind in dieser Theorie erreicht, wenn im Sinne einer Pareto-Optimalität keine Änderung mehr möglich ist, ohne einer Vertragsseite zu schaden.[5] Die positive bzw. deskriptive Agency-Theorie ist dagegen weniger mathematisch und hat einen stärkeren empirischen Bezug.[6] Sie befaßt sich mit der Beschreibung und Erklärung der institutionellen Gestaltung von Auftragsbeziehungen in der Wirtschaftspraxis und der Lösung bestehender Agency-Probleme. Für die theoretische Fundierung der Ziele und Wirkungen des spin-off wird vorwiegend auf die positive bzw. deskriptive Forschungsrichtung, insbesondere auf die Arbeit von *M.C. Jensen/W.H. Meckling*, Bezug genommen.

---

[1] Vgl. *Eisenhardt, K.M.*, Agency Theory, 1989, S. 57.

[2] Vgl. *Jensen, M.C./Meckling, W.H.*, Agency, 1986, S. 83: "It is important to recognize that most organizations are simply legal fictions which serve as a nexus for a set of contracting relationships among individuals (and are, G.S.) characterized by the existence of divisible residual claims on the assets and cash flows of the organization which can generally be sold without permission of the other contracting individuals."

[3] Für einen Überblick über die verschiedenen Ansätze und ihre Vertreter vgl. *Eisenhardt, K.M.*, Agency Theory, 1989, S. 59-72.

[4] Vgl. dazu beispielhaft *Arrow, K.J.*, economics, 1985, S. 37-51; *Harris, M./Raviv, A.*, results, 1978, S. 20-30; *Wenger, E./Terberger, E.*, Beziehung, 1988, S. 506 f.; *Picot, A./Neuburger, R.*, Agency, 1995, S. 15 f.

[5] Vgl. *Elschen, R.*, Gegenstand, 1991, S. 1006.

[6] Aufsätze der positiven Agency-Theorie sind u.a. *Jensen, M.C./Meckling, W.H.*, Agency, 1986, S. 78-133; *Fama, E.*, Agency, 1980, S. 288-307; *Fama, E./Jensen, M.*, Separation, 1983, S. 301-325.

2. Charakterisierung von Principal-Agent-Beziehungen
a. Die Beziehung zwischen principal und agent

Von einer Principal-Agent-Beziehung wird gesprochen, wenn eine Partei (eine oder mehrere Personen) von den Handlungen einer anderen Partei abhängig ist.[1] Die handelnde Partei wird als agent bezeichnet. Sie handelt im Namen oder als Vertreter der betroffenen Partei, die principal genannt wird. In der Literatur werden unterschiedliche Auffassungen vertreten, bei welcher Form des Beauftragungsverhältnisses eine Principal-Agent-Beziehung vorliegt.[2] Zum einen wird die Meinung vertreten, daß zwischen den beteiligten Parteien ein hierarchisches Beauftragungsverhältnis bestehen muß, in dem der principal den agent zur Erbringung einer bestimmten Leistung beauftragt und ihm hierzu die Entscheidungsbefugnis innerhalb eines gesetzten Entscheidungsspielraums überträgt.[3] Zum anderen sind verschiedene Autoren der Ansicht, daß eine Agency-Beziehung bereits dann gegeben ist, wenn der Agent als Entscheidungsträger durch sein Handeln zum Nutzen oder zur Vermögensvermehrung eines anderen Individuums, des principal, beiträgt.[4] M. Wosnitzka unterscheidet die genannten Fälle in eine Agency-Beziehung im engeren und eine Agency-Beziehung im weiteren Sinn und führt als dritte Fallgruppe die Agency-Beziehung im mittleren Sinne ein.[5] Die Einführung der Agency-Beziehung im mittleren Sinne ist seiner Ansicht insbesondere für die Untersuchung der Finanzierungsbeziehung zwischen Kapitalgesellschaft und ihren externen Kapitalgebern sinnvoll. Während nämlich einer Agency-Beziehung im engeren Sinne ein zivilrechtliches Vertragsverhältnis und einer Agency-Beziehung im weiteren Sinne überhaupt kein Vertragsverhältnis zugrundeliegt, wird eine Agency-Beziehung im mittleren Sinne durch einen schuldrechtlichen Vertrag zwischen principal und agent charakterisiert. Für die vorliegende Untersuchung sind insbesondere Agency-Beziehungen im engeren und mittleren Sinne von Bedeutung.

Zu den gemeinsamen Grundannahmen der Beziehung zwischen principal und agent gehört die Verhaltensmaxime einer (beiderseitig erwarteten)

---

[1] Vgl. etwa *Pratt, J.W./Zeckhauser, R.J.*, Principals, 1985, S. 2: "Whenever one individual depends on the action of another, an agency relationship arises. The individual taking the action is called the agent. The affected party is the principal."

[2] Vgl. dazu *Wosnitzka, M.*, Kapitalstrukturentscheidungen, 1995, S. 10 f.

[3] Vgl. dazu beispielhaft *Ross, S.A.*, Theory, 1973, S. 134; *Spremann, K.*, Information, 1990, S. 572.

[4] Vgl. dazu beispielhaft. *Arrow, K.J.*, Economics, 1985, S. 37; *Pratt, J.W./Zeckhauser, R.J.*, Principals, 1985, S. 2.

[5] Vgl. dazu *Wosnitzka, M.*, Kapitalstrukturentscheidungen, 1995, S. 10 f.

Nutzenmaximierung beider Parteien, die im Fall der Agency-Beziehung im engeren und mittleren Sinne die Gestaltung und Erfüllung von Verträgen beeinflußt.[1] Es wird davon ausgegangen, daß aufgrund derHandlungsmaxime der individuellen Nutzenmaximierung jedoch Zielkonflikte zwischen den verschiedenen Parteien entstehen. Der principal versucht bei gleicher Entlohnung ein möglichst hohes Aktivitätsniveau des agent zu erhalten. Der agent orientiert sich dagegen an seiner eigenen Nutzenfunktion, die die Vorteile (Vergütung, Karriere) und Nachteile des Leistungsbeitrages (beispielsweise Arbeitsleid, Zeitverlust und Kosten) mit in Betracht zieht. Die Leistung des agent werden folglich nur dann für den principal zu einem optimalen Ergebnis führen, wenn sie mit den Interessen des agent im Sinne seiner Nutzenfunktion konvergieren. Nachdem es aber nur selten zu einer spontanen Konvergenz der Interessen des principal und des agent kommt, sind Zielkonflikte der Parteien zu erwarten.

Die Principal-Agent-Theorie kann über eine entsprechende Gestaltung der Nutzenfunktion auf verschiedenste Sachverhalte und Zielkonflikte angewendet werden. Im Zusammenhang mit dem spin-off ist dabei insbesondere die Beziehung zwischen dem als principal interpretierten Eigentümer und dem als agent interpretierten Manager einer Unternehmung von Bedeutung.[2] Aufgrund der Trennung von Eigentum und Kontrolle können die Eigentümer lediglich auf eine Reihe gesetzlicher Ansprüche zurückgreifen, die Leitung des Managements und damit die faktische Macht über das Unternehmen wurde jedoch an angestellte Manager übergeben.[3] Wegen der Annahmen der unabhängigen Nutzenfunktion und ungleicher Informationsverteilung zugunsten des agent, muß der principal mit Agency-Problemen aufgrund eines abweichenden Verhaltens des agent rechnen. In der Literatur wurden aus Sicht des Eigentümers verschiedene suboptimale Verhaltenshypothesen des agent aufgestellt.[4] Im Zusammenhang mit dem spin-off besonders erwähnenswert ist die Hypothese, daß vom angestellten Management eines Unternehmens Umsatzexpansion mit einer Mindestgewinnrestriktion angestrebt wird, während Eigentümer i.d.R. eine Maximierung der Kapitalrentabilität fordern.[5]

---

[1] Vgl. dazu *Ebers, M./Gotsch, W.*, Theorien, 1995, S. 196 f.
[2] Die positive Agency-Theorie konzentrierte sich fast ausschließlich auf Agency-Probleme, die aus dieser Beziehung entstehen. Vgl. dazu *Eisenhardt, K.M.*, Agency Theory, 1988, S. 59.
[3] Vgl. *Kah, A.*, Profitcenter-Steuerung, 1994, S. 19.
[4] Vgl. dazu Kapitel D.I.2.b., S. 68.
[5] Vgl. *Kah, A.*, Profitcenter-Steuerung, 1994, S. 19. Auf diese Verhaltenshypothese wird im Rahmen der Theorie der Agency-Kosten durch freien cash flow ausführlich eingegangen. S. unten Kapitel D.I.5.b., S. 89-91.

Begründet wird dieses Verhalten durch die Steigerung des persönlichen Einflusses und des Ansehens, das mit einer Zunahme der (Umsatz-) Größe des Unternehmens verbunden ist. Es entsteht daraufhin das (Organisations-) Problem, das opportunistisch motivierte Verhalten des agent zu beschränken.

b. Asymmetrische Informationsverteilung

Zu einer asymmetrischen Informationsverteilung zwischen zwei Personen oder Parteien kommt es in einer Situation, in der eine (Vertrags-)Seite vergleichbar besser informiert ist als die andere Seite.[1] Allerdings wird eine solche Informationsasymmetrie in einer Principal-Agent-Beziehung erst relevant, wenn zum einen die Personen oder Parteien in eine (Austausch-)Beziehung treten, für die asymmetrisch verteilte Informationen von Bedeutung sind und zum anderen mindestens eine Person oder Partei sich der bestehenden Informationsasymmetrie bewußt ist.[2]

Das Vorliegen einer Informationsasymmetrie führt zu verschiedenen Agency-Problemen, die nach dem Zeitpunkt des Auftretens in drei Grundtypen differenziert werden können:[3]

- hidden characteristics bzw. hidden information,
- hidden action und
- hidden intention.

Abb. 13 gibt einen Überblick der verschiedenen Typen asymmetrischer Informationsverteilung.

Eine Informationsasymmetrie, bei der vor Abschluß eines Vertrages dem principal wichtige Eigenschaften des Agenten (wie beispielsweise

---

1 Vgl. *Spremann, K.*, Information, 1990, S. 562.
2 Vgl. *Wosnitzka, M.*, Kapitalstrukturentscheidung, 1995, S. 10; *Spremann, K.*, Information, 1990, S. 564.
3 *K. Spremann* nimmt eine Typisierung der Möglichkeiten asymmetrischer Informationsbeziehungen, die er auch Verhaltensunsicherheiten nennt, nach den Einteilungskriterien (1) Veränderbarkeit des Verhaltensmerkmales durch den Agenten und (2) ex-post Beobachtbarkeit des Verhaltensmerkmales durch den principal vor. Er erhält vier Grundtypen, von denen er die hier genannten drei für ökonomisch bedeutend hält. Vgl. *Spremann, K.*, Information, 1990, S. 565-567.

	Hidden Characteristics	Hidden Action	Hidden Intention
Informationsvorteil des Agenten	Principal kennt Eigenschaften, die sich auf den Agent selbst oder auf die von diesem angebotenen Güter und Dienste beziehen, ex ante nicht	Principal kann die Handlungen des Agenten ex post nicht beobachten oder nicht beurteilen	Principal kennt die Absicht des Agenten ex ante nicht
Wichtigste Einflußgrößen und Problemursachen	Verborgenheit von Eigenschaften	Ressourcenplastizität, Überwachungsmöglichkeiten und -kosten	Ressourcenabhängig- keit, -einmaligkeit und -entziehbarkeit
Verhaltensspielraum des Agenten	Ex Ante	Ex Post	Ex Post
Verhaltensunsicherheit	Adverse Selection	Moral Hazard	Hold Up

Abb. 13: Typen asymmetrischer Informationsverteilung
(Quelle: *Dietl, H.*, Institutionen 1991, S. 125)

Arbeitsfähigkeiten oder Risikoeinstellung) nicht bekannt sind, wird in der Literatur als verborgene Eigenschaften bzw. hidden characteristics bezeichnet.[1] Eine vergleichbare Ausgangskonstellation einer ex ante- Informationsasymmetrie liegt im Fall von verborgenen Informationen bzw. hidden information vor, die von zahlreichen Autoren analog zum Begriff der hidden characteristics verwendet wird und den häufiger verwendeten Begriff für diese Konstellation darstellt.[2] Für den principal entsteht aufgrund dieser Situation das Risiko, daß der Informationsvorsprung bereits vor der Auftragstätigkeit durch den agent in dessen eigenen Interesse und damit suboptimal für den principal einsetzt.[3] Von hidden information wird auch gesprochen, wenn der agent möglichen Zugang zu Informationen oder

---

[1] Vgl. *Spremann, K.*, Information, 1990, S. 566; *Hartmann-Wendels, T.*, Principal-Agent- Theorie, 1989, S. 715.

[2] Vgl. *Wenger, E./Terberger, E.*, Beziehung, 1988, S. 507; *Arrow, K.J.*, economics, 1985, S. 35.

[3] Vgl. *Ebers, M./Gotsch, W.*, Theorien, 1995 , S. 198 f.

Informationsquellen hat, die dem principal nicht zugänglich sind.[1] Wenn ein Anteilseigner beispielsweise die Handlungen der Unternehmensführung bei Investitionsentscheidungen verfolgen kann, ihm jedoch nicht die gleichen Informationen über Rendite oder Risiko verfügbar sind, handelt es sich um hidden information.[2]

Die ungleiche Informationsverteilung im Fall von hidden information vor Vertragsabschluß führt zu einer Auswahl eines ungeeigneten Vertragspartners und damit zur Negativauslese bzw. zu adverse selection.[3] Der Begriff adverse selection stammt aus der Versicherungswirtschaft und beschreibt das Phänomen, daß Versicherungsnehmer grundsätzlich keine zufallsverteilte Auswahl der Bevölkerung darstellen, sondern eine Auswahl mit überdurchschnittlichem Schadensrisiko. Versicherungsnehmer kennen i.d.R. ihr Risiko besser als der Versicherungsgeber. Damit kommt es zu einer Negativauslese, weil Personen mit hohem Risiko häufiger Versicherungen abschließen als Personen mit niedrigem Schadensrisiko.[4] *P. Milgrom/J. Roberts* verdeutlichen adverse selection am Beispiel einer Versicherung, die eine private Krankenversicherungspolice mit Kostenübernahme für Schwangerschaft und Geburt anbieten will.[5] Die Versicherungstheorie ging in diesem Fall davon aus, daß diese Krankenversicherung überproportional von Frauen nachgefragt würde, die in der näheren Zukunft ein Kind bekommen möchten. Der Plan, ein Kind zu bekommen, ist ein ex-post beobachtbarer Fall ungleicher Informationsverteilung zu Gunsten des Versicherungsnehmers, der für den Versicherungsgeber zu hohen Kosten führt. In den *USA* wird aufgrund der angenommenen Negativauslese daher keine private Krankenversicherung mehr angeboten, die die Kosten für Schwangerschaft und Geburt übernimmt. Der beschriebene Prozeß der Negativauslese impliziert für beide Seiten einer Principal-Agent-Beziehung Nutzenverluste im Vergleich zu einer Situation mit symmetrischer Informationsverteilung.[6] Es bestehen damit für beide

---

1 Vgl. *Kah, A.*, Profitcenter-Steuerung, 1994, S. 23.

2 Vgl. *Wenger, E./Terberger, E.*, Beziehung, 1988, S. 507; *Hartmann-Wendels, T.*, Principal-Agent-Theorie, 1989, S. 715.

3 Vgl. *Milgrom, P./Roberts, J.*, Economics, 1992, S. 149. Auf die Arbeit über adverse selection von *G.A. Akerlof* wird im Rahmen der Signalling-Theorie eingegangen, s. Kapitel D.II.1., S. 100-102.

4 Es kommt dann gleichsam zu einem circulos-vitiosus, da sich in diesem Fall die Prämien der Versicherung als zu niedrig erweisen. Eine Erhöhung der Prämien schreckt wiederum Kunden mit normalem Risiko ab, so daß sich bei Versicherungen Kunden mit überduchschnittlichem Risiko konzentrieren, vgl. dazu *Arrow, K.J.*, Economics, 1985, S. 38 f.; *Wenger, E./Terberger, E.*, Beziehung, 1988, S. 507.

5 Vgl. dazu *Milgrom, P./Roberts, J.*, Economics, 1992, S. 149 f.

6 Vgl. *Wosnitzka, M.*, Kapitalstrukturentscheidung, 1995, S. 14.

Parteien Anreize, durch Informationsübertragung ein anderes Informations-Gleichgewicht zu erreichen. Die Möglichkeiten der Informationsübertragung werden im Rahmen der Signalling-Theorie weiter ausgeführt.[1]

Im Gegensatz zu verborgener Information ist die verborgene Handlung bzw. hidden action ein Phänomen, welches erst nach Vertragsabschluß zu beobachten ist. In der Literatur wird dieser Fall daher auch als ex-post Informationsasymmetrie bezeichnet.[2] Zu einer ex-post Informationsasymmetrie kommt es, weil das Verhalten des besser informierten agent nach Vertragsabschluß noch variabel ist. Der agent kann daher aus mehreren Handlungsalternativen wählen, die für den principal nicht oder nicht kostenlos zu beobachten sind.[3] Darüber hinaus kann der principal aufgrund der Informationsdefizite nicht beurteilen, inwieweit ein Ergebnis durch günstige Umweltbedingungen oder durch Arbeitseinsatz des Agenten entstanden ist.[4] Für einen Eigentümer als principal ist beispielsweise nicht immer erkennbar, inwieweit ein positives Geschäftsergebnis auf die Leistung des Managements oder auf andere Einflußfaktoren zurückzuführen ist.[5] Der agent wird durch die beschränkte Beobachtbarkeit zur Reduzierung seiner Leistung (sogenanntes "shirking") oder zur opportunistischen Nutzung von Ressourcen verleitet.[6] Aus dem Anreiz des agent im Eigeninteresse und gegen die Interessen des principal zu handeln entsteht moral hazard.[7]

Als klassische Erklärung von moral hazard führt *K. Spremann* ein auf

---

[1] S. unten Kapitel D.II., S. 100-105.

[2] Vgl. *Wosnitzka, M.*, Kapitalstrukturentscheidung, 1995, S. 18.

[3] Ein Beispiel in der Beziehung zwischen Anteilseigner und Manager sind die durch stille Reserven freigesetzte liquide Mittel, über die der Manager i.d.R. ohne Informierung des Anteilseigners verfügen kann. Vgl. *Hartmann-Wendels, T.*, Principal-Agent-Theorie, 1989, S. 714.

[4] Vgl. *Spremann, K.*, Reputation, 1988, S. 615; *Elschen, R.*, Gegenstand, 1991, S. 1005.

[5] Vgl. *Ebers, M./Gotsch, W.*, Theorien, 1995, S. 199.

[6] Vgl. *Wosnitzka, M.*, Kapitalstrukturentscheidung, 1995, S. 18.

[7] Der Begriff moral hazard stammt ebenfalls aus der Versicherungswirtschaft und bezeichnet das Phänomen, daß Versicherungsnehmer nach Abschluß einer Versicherung ihr Verhalten dahingehend ändern, daß ein höherer Schaden entsteht als ohne Versicherung. Ein Beispiel hierfür ist der Umgang mit einem Mietwagen bei Abschluß einer Vollkaskoversicherung im Gegensatz zum Umgang ohne Versicherung. Vgl. dazu *Milgrom, P./Roberts, J.*, Economics, 1992, S. 167.

72

J.E. Stiglitz/A. Weiss[1] zurückgehendes Beispiel eines kreditsuchenden Unternehmens an:

"Unternehmen können ihre Investitionen mehr oder weniger riskant gestalten, wobei mit zunehmendem Risiko zwar der Erwartungswert der Rückflüsse steigt, zugleich auch die Konkurswahrscheinlichkeit. Eine kreditgebende Bank A (der principal, G.S.) kann letztlich nicht kontrollieren, wie risikoreich die Unternehmung B (der agent, G.S.) investiert. Deshalb sollte die Bank sich gut überlegen, welchen Zinssatz sie verlangen sollte, da die Ausgestaltung dieser Bedingung einen Einfluß auf das Verhalten des Investors haben wird. Beispielsweise könnte eine höhere Zinsforderung dazu führen, daß sich die Bank selbst benachteiligt, denn die Unternehmung wird, um den Erwartungsnutzen der Residuen zu maximieren, auf eine höhere Zinsforderung mit einer riskanten Kapitalverwendung reagieren. Dadurch kann die Konkurs-wahrscheinlichkeit so stark ansteigen, daß die Bank per Saldo geringere Rückflüsse zu erwarten hätte."[2]

K. Spremann ist der Ansicht, daß dieses Beispiel den Kern aller Lösungen der moral hazard-Problematik verdeutlicht.[3] Der agent (Partner B) reagiert auf die durch den principal (Partner A) vorgegebenen Bedingungen. Der principal wird daher versuchen, Bedingungen zu schaffen, die den agent aus Opportunismus zu dem Verhalten führt, das er selber anstrebt. Die Möglichkeiten, derartige Bedingungen zu schaffen, werden im Rahmen der Darstellung der Anreiz- und Kontrollmechanismen weiter erläutert.[4]

Hidden intention und das damit verbundene Verhalten des holdup ist ein Problem nachvertraglichen Opportunismus' und entsteht durch unzureichend oder unspezifizierte Verträge, die von einer Vertragspartei mißbräuchlich genutzt werden können.[5] In der Unternehmenspraxis ist es nahezu unmöglich, alle möglichen zukünftigen Entwicklungen durch Fallunterscheidungen (vertraglich) zu regeln, so daß der agent sich willentlich unfair verhalten kann.[6] Es wird damit auch das allgemeine Geschäftsrisiko thematisiert, wonach nach Abschluß einer Kapitalanlage der Wert durch Handlungen einer

1 Vgl. dazu ausführlich *Stiglitz, J.E./Weiss, A.*, Credit Rationing, 1981, S. 393-410.
2 *Spremann, K.*, Information, 1990, S. 571.
3 Vgl. *Spremann, K.*, Information, 1990, S. 571
4 S. unten Kapitel D.I.4., S. 79-84.
5 Vgl. *Milgrom, P./Roberts, J.*, Economics, 1992, S. 137 f.
6 Vgl. *Spremann, K.*, Information, 1990, S. 571.

anderen Partei vermindert werden kann.[1] Eine wesentliche Voraussetzung für eine Situation des holdup ist, daß der principal sich durch eine irreversible Vorentscheidung gebunden hat, der agent dagegen sein Verhalten nicht unzweifelhaft festlegt.[2] Möglichkeiten der Einschränkung einer Situation des holdup ist die Implementierung von Anreiz- bzw. Sanktionssystemen für den agent oder der Erwerb von Eigentumsrechten durch den principal.

c. Agency-Kosten

In der Agency-Theorie werden verschiedene Beziehungen zwischen principal und agent anhand des von *M.C. Jensen/W.H. Meckling* entwickelten Konzeptes der Agency-Kosten untersucht.[3] Als Agency-Kosten werden in diesem Konzept jene Kosten begriffen, die bei einer Tauschbeziehung durch die Abweichung von der neoklassischen Annahme eines vollkommenen Tausches entstehen.[4] Es werden damit Abweichungen des Auftragshandeln des agent von dem Idealzustand vollkommener Information beider Vertragsparteien und damit einer First-best-Lösung ausgedrückt. Agency-Kosten werden im einzelnen definiert als Summe

- der Monitoring-Kosten des principal (monitoring costs),
- der Selbstbindungs-Kosten des agent (bonding costs), und
- der verbleibenden (Opportunitäts-) Kosten aufgrund der Realisierung einer Second-best-Lösung (residual loss).

Für den principal besteht auf der einen Seite die Möglichkeit, durch bestimmte Maßnahmen die Abweichung des Agenten von seinem Auftrag zu reduzieren. Die Kosten dieser Maßnahmen werden als Monitoring-Kosten bezeichnet.

---

[1] Vgl. *Milgrom, P./Roberts, J.*, Economics, 1992, S.136. Als Beispiel führen *P. Milgrom/J. Roberts* die Beziehung zwischen dem Autohersteller *General Motors* (*GM*) und ihrem Karosseriezulieferer *Fisher Body* in den zwanziger Jahren an. Als *GM* von Holz- auf Stahlkarosserien wechselte, wurde gleichzeitig ein neues Werk geplant. Um Frachtkosten zu reduzieren, hat man *Fisher Body* gefragt, ebenfalls ein Werk neben *GM* aufzubauen. *Fisher Body* beschloß kein Werk zu bauen, um später nicht vollkommen von *GM* abhängig zu werden. Das Problem wurde schließlich durch eine Übernahme und vertikale Integration von *Fisher Body* durch *GM* gelöst.

[2] Vgl. *Wosnitzka, M.*, Kapitalstrukturentscheidung, 1995, S. 17.

[3] Vgl. dazu *Jensen, M.C./Meckling, W.H.*, Agency, 1986, S. 81-83; *Wosnitzka, M.*, Kapital-strukturentscheidung, 1995, S. 56 f.

[4] Vgl. *Ebers, M./Gotsch, W.*, Theorien, 1995, S. 197 f.

Hierzu zählen u.a. Kosten für Verträge, Budgets, Kontrollsysteme, Anreizsysteme, Handlungsanweisungen, Risikoprämien.[1]

Auf der anderen Seite ist es für den agent in bestimmten Fällen interessant, Mittel aufzuwenden, um seine Absicht, im Interesse des principal handeln zu wollen, zu verdeutlichen. Es handelt sich dabei um sogenannte Selbstbindungs-Kosten. Selbstbindung liegt beispielsweise bei Gesellschaftsformen mit unbeschränkter persönlicher Haftung des gesellschaftenden Geschäftsführers für andere Gesellschafter vor.[2] Die Haftung mit eigenem Vermögen dient als Sicherheit bei der Schuldenaufnahme des Unternehmens. Eine solche Selbstbindung kann in Situationen sinnvoll sein, in denen moral hazard oder adverse selection vorliegt. Selbstbindung ist für den angestellten Geschäftsführer vorteilhaft, weil er Informationen über seine Ehrlichkeit und Kompetenz und die Erfolgspotentiale des Unternehmens besitzt. Zu weiteren Selbstbindungs-Kosten zählen beispielsweise Kosten der Selbstkontrolle, der Rechenschaftstätigkeit oder Kosten der Beschaffung von Informationen über die Erwartungen des principal.[3]

Bei jeder Agency-Beziehung werden i.d.R. für den principal wie für den agent Monitoring-Kosten und Selbstbindungs-Kosten entstehen. Darüber hinaus kann trotz Monitoring und Selbstbindung die Leistung des agent vom möglichen Nutzenmaximum des principal abweichen. Durch die Realisierung der Second-best-Lösung entstehen dann als weitere Agency-Kosten die Kosten des Wohlfahrtsverlustes für den principal und den agent bzw. die (Residual-) Kosten der Realisierung einer Second-best-Lösung für den principal und den agent.[4]

3. Möglichkeiten der Reduzierung von Agency-Problemen

In den vorstehenden Kapiteln wurde bereits deutlich, daß sich die Agency-Theorie in der Organisationstheorie vorwiegend auf die Konfliktfelder

---

[1] Vgl. *Jensen, M.C./Meckling, W.H.*, Agency 1986, S. 81; *Woo, C.Y./Willard, G.E./ Daellenbach, U.S.*, Performance, 1992, S. 435.

[2] Vgl. *Milgrom, P./Roberts, J.*, Economics, 1992, S. 522 f.

[3] Vgl. *Ebers, M./Gotsch, W.*, Theorien, 1995, S. 198.

[4] Vgl. *Jensen, M.C./Meckling, W.H.*, Agency 1986, S. 81: "The dollar equivalent of the reduction in welfare experienced by the principal due to his divergence is also a cost of the agency relationship, and we refer to this latter cost as the 'residual loss'."

konzentriert hat, die sich aus der Trennung von Eigentum und Kontrolle in Unternehmen ergeben. Die daraus entstehenden Agency-Konflikte können durch verschiedene vertragliche Mechanismen zwischen principal und agent reduziert werden. In der Literatur werden hierfür Anreiz-, Kontroll- und Informationsmechanismen unterschieden.[1]

a. Anreizmechanismen

Zu den wichtigsten Möglichkeiten des principal, ein auftragsgemäßes Handeln des agent zu unterstützen, zählt die Anreizgebung des agent durch den principal. In der Literatur wurden zahlreiche Untersuchungen und Theorien zur Anreizgestaltung in einer Agency-Beziehung veröffentlicht.[2] Es wurde dabei festgestellt, daß ein effizientes Mittel der Anreizgestaltung in der Ergebnisbeteiligung des agent (Management und Mitarbeiter) am Unternehmen liegt.[3] Durch eine Beteiligung des agent am Unternehmensergebnis werden die Nutzenfunktionen von principal und agent aneinander gebunden. Damit können bestehende Zielkonflikte gelöst werden, weil sowohl agent wie principal von der Entwicklung der Unternehmung abhängig sind. Die Ergebnisbeteiligung des agent hat darüber hinaus den Vorteil, daß die Informationsbedürfnisse und damit die Monitoring-Kosten des principal bezüglich der Handlungen des agent reduziert werden.

Neben der Steigerung des Aktivitätsniveaus des agent ist mit einer Ergebnisbeteiligung eine Risikoallokation zwischen principal und agent verbunden.[4] Ergebnisorientierte (Arbeits-)Verträge weisen das Problem auf, daß Ergebnisveränderungen neben dem Leistungsbeitrag des Agenten z.T. auch auf zufällige Einflußgrößen der Umwelt zurückzuführen sind.[5] Wenn der agent auf einen bestimmten Teil der Veränderungen keinen Einfluß ausüben kann, wird gleichsam seine Entlohnung auch unkalkulierbar und risikoreich. Ein risikoaverser agent wird zur Kompensierung des übernommenen Risikos eine höhere Vergütung fordern, wodurch sich die Position des principal verschlechtert. Diese Problematik läßt sich besonders in dem Fall

---

1 Vgl. dazu *Ebers, M./Gotsch, W.*, Theorien, 1995, S. 200; *Milgrom, P./Roberts, J.*, Economics, 1992, S. 185-191, 388-433.

2 Für einen Überblick über Empirie und Theorie der Anreizsysteme in der Agency-Theorie vgl. *MacLeod, M.B.*, Incentives, 1995, S. 3-42.

3 Vgl. *Ebers, M./Gotsch, W.*, Theorien, 1995, S. 200. Zu den Auswirkung von Ergebnis-beteiligungen für Mitarbeiter vgl. *Weitzmann, M.L.*, Incentive, 1995, S. 51-78.

4 Vgl. dazu *Spremann, K.*, Reputation, 1988, S. 616 f.

5 Vgl. *Pratt, J.W./Zeckhauser, R.J.*, Principals, 1985, S. 8 f.

verdeutlichen, in dem von Risikoneutralität des principal und Risikoaversion des agent ausgegangen wird.[1] Eine optimale Risikoallokation wäre dann gegeben, wenn der agent eine feste Vergütung erhält und der principal das gesamte Risiko trägt. Diese Konstellation ist jedoch in Hinblick auf die Anreizsteuerung wenig befriedigend, denn ohne Einfluß des Aktivitätsniveaus auf das Ergebnis der Unternehmung, wird der agent einen so gering als möglichen Arbeitseinsatz leisten. An diesem Fall wird deutlich, daß Risikoallokation und Anreizsteuerung zwei konkurrierende Zielsetzungen sind, die in einem optimalen Entlohnungsvertrag nur in einem Kompromiß verbunden werden können.[2]

b. Kontrollmechanismen

Durch den Einsatz von Anreizmechanismen kann die Notwendigkeit zur Kontrolle des agent reduziert werden. Kontrollmechanismen sind jedoch weiterhin von Bedeutung, um einerseits für die Anreizmechanismen eine Prämienbemessungsgrundlage festzustellen und andererseits den agent durch eine direktive Verhaltenssteuerung zu disziplinieren.[3] Bei einer direktiven Verhaltenssteuerung vereinbart der principal vertragliche Verhaltensnormen mit dem agent, die kontrolliert werden und deren Verletzung sanktioniert werden können.[4] Diese Form der Verhaltenssteuerung ist allerdings mit einem Nachteil verbunden: Zum einen wird ein hoher Informationsaufwand zur Formulierung instruktiver Normen seitens des principal vorausgesetzt, der bei komplexen und unstrukturierten Aufgaben kaum erreichbar ist.[5] Zum anderen sind Verhaltenskontrollen mit dem Grundproblem der Beobachtbarkeit der Leistung des agent und den (Agency-)Kosten der Informationsbeschaffung verbunden.

Eine bestimmte Kontrolle des agent wird durch die Tätigkeit eines Kontrollorgans in der Führungsspitze, wie beispielsweise des board of directors in den *USA* oder des Aufsichtsrates in der *Bundesrepublik*

---

1 Vgl. dazu *Hartmann-Wendels, T.*, Principal-Agent-Theorie, 1989, S. 715; *Spremann, K.*, Reputation, 1988, S. 616 f.

2 Vgl. *Elschen, R.*, Gegenstand, 1991, S. 1008 f.

3 Vgl. *Kah, A.*, Profitcenter-Steuerung, 1994, S. 26 f.

4 Vgl. *Ebers, M./Gotsch, W.*, Theorien, 1995, S. 200.

5 Vgl. *Elschen, R.*, Gegenstand, 1991, S. 1004.

Deutschland, ausgeübt.[1] Beispielsweise ist in der deutschen Unternehmensverfassung im AktG ein expliziter Überwachungsauftrag des Unternehmens durch den Aufsichtsrat vorgesehen.[2] Das Kontrollorgan verfolgt die Arbeit der Geschäftsführung und ist beteiligt an wichtigen Entscheidungen wie Unternehmensstrategie, Bestellung von Vorständen oder zustimmungspflichtigen Geschäften.

Eine indirekte Kontrolle wird durch verschiedene Marktmechanismen ausgeübt.[3] Eine Form der Disziplinierung des agent ist hierbei der Arbeitsmarkt für Manager.[4] Durch die Konkurrenz auf einem unternehmensinternen und -externen Arbeitsmarkt wird eine fortwährende Bewertung der Leistung des Managers vorgenommen, die mit der Leistung anderer Manager in ähnlichen Unternehmen verglichen werden kann. Das Management soll aufgrund des Vergleiches ein hohes Interesse am Erfolg des Unternehmens haben. Die tatsächlichen Kontrollmöglichkeiten des Managements durch den Arbeitsmarkt wird von verschiedenen Autoren jedoch in Frage gestellt.[5]

Eine weitere Form der Kontrolle durch Marktmechanismen sieht die Agency-Literatur in einer externen Bewertung des Unternehmens am Kapitalmarkt, insbesondere durch den Aktienmarkt.[6] Bei Annahme eines effizienten Kapitalmarktes kann der Aktienkurs des Unternehmens als Indikator für den derzeitigen und zukünftigen wirtschaftlichen Erfolg des Unternehmens interpretiert werden. Eine Kontrolle des Unternehmenswertes wird laufend durch die kollektive Einschätzung der Anteilseigner vorgenommen. Insbesondere die Großaktionäre haben durch ihren Einfluß die Möglichkeit

---

1 Für einen empirischen Befund des US-amerikanischen Kontrollsystems vgl. *Theisen, M.R.*, Board Modell, 1989, S. 165 f. Zur Funktion und Aufgaben des Aufsichtsrates in der *Bundesrepublik Deutschland* vgl. ausführlich *Theisen, M.R.*, Überwachung, 1987.

2 § 111 Abs. 1 AktG: "Der Aufsichtsrat hat die Geschäftsführung zu überwachen". Zu den Gebieten des Überwachungsauftrages vgl. *Theisen, M.R.*, Konzern, 1991, S. 468-474.

3 Vgl. *Milgrom, P./Roberts, J.*, Economics, 1992, S. 186 f.

4 Vgl. *Ebers, M./Gotsch, W.*, Theorien, 1995, S. 200 f.; *Milgrom, P./Roberts, J.*, 1992, S. 186 f.: "Managers of firms in reasonably competitive product or input markets who do a poor job of generating profits will face a greater probability of failure. The fear of unemployment and of carrying a reputation for having led a firm into bankruptcy may then provide managerial incentives."

5 Vgl. *Ebers, M./Gotsch, W.*, Theorien, 1995, S. 204; *Ballwieser, W./Schmidt, R.H.*, Unternehmensverfasssung, 1981, S. 673.

6 *M.S. Scholes/M.A. Wolfson* stellen dazu fest: "It is useful to think of stock prices as an indirect monitor of employee inputs. The value of the firm can be viewed as being determined jointly by employee actions chosen by others such as competititors, and nature (that is, random factors)." (*Scholes, M.S./Wolfson, M.A.*, Employee, 1991, S. 496).

zur Sanktionierung des Managements.[1] Eine Verschlechterung der Ertragslage und negative Zukunftsaussichten führen zu Auswirkungen auf den Aktienkurs und damit auch auf die Finanzierungsmöglichkeiten und den Handlungsspielraum des Managements. Eine direkte Disziplinierung des Managements ist allerdings nur durch den Abzug von Kapitalmitteln oder ein feindliches Übernahmeangebot möglich. In der (angelsächsischen) Unternehmenspraxis zeigt sich die Bedeutung des Aktienmarktes an der Vielzahl von Unternehmen, die die strategische Ausrichtung am shareholder value orientieren.[2]

In Verbindung mit der Kontrolle durch den Kapitalmarkt wird in der Agency-Theorie die Rolle eines Marktes für Unternehmen bzw. Unternehmenskontrolle (sogenannter "market for corporate control") hervorgehoben.[3] Unternehmen, die aufgrund eines schlechten Managements oder anderer Faktoren mit einem niedrigen Wert am Aktienmarkt angesetzt sind, können zu Kandidaten für feindliche Unternehmensübernahmen werden. Die Möglichkeit einer feindlichen Unternehmensübernahme beeinflußt das Management, das im Fall einer Unternehmungsübernahme mit vielfältigen Nachteilen (beispielsweise Beendigung des Beschäftigungsverhältnisses) rechnen muß.

c. Informationsmechanismen

Eine dritte Möglichkeit der Disziplinierung des agent besteht in einer Verbesserung der Informationsmechanismen zwischen agent und principal.[4] Durch die Verbesserung des Wissenstandes des principal über Handlungssituation und Leistungsverhalten des agent wird der agent in stärkerem Maße angehalten, die Interessen des principal zu berücksichtigen. Gleichzeitig werden durch eine Verbesserung der Informationsmechanismen die Möglichkeiten für den agent zur Täuschung oder zu eigennützigem Verhalten beschränkt. Mögliche Maßnahmen zur Verbesserung der Information des principal sind beispielsweise die Verbesserung der

---

[1] Zum Einfluß der Großaktionäre, insbesondere der institutionellen Investoren, vgl. *Gaulke, J.*, Uncle Sam, 1995, S. 212-219.

[2] Vgl. dazu beispielhaft *Rappaport, A.*, CFOs, 1992, S. 84-91.

[3] Die Theorien zur Kontrolle der Unternehmen durch den Markt für Unternehmen haben eine lange Tradition, besonders hervorzuheben sind hier die Arbeiten von *Manne, H.*, Mergers, 1965, S. 693-706; *Jensen, M./Ruback, R.*, Market, 1983, S. 5-50 und *Jensen, M.*, Agency Costs, 1986, S. 328 f.

[4] Vgl. dazu *Ebers, M./Gotsch, W.*, Theorien, 1995, S. 201.

Kostenrechnungssysteme oder die Ausweitung der Rechenschaftspflichten. Die Aussagekraft der Maßnahmen wurde in der Literatur verschiedentlich in Frage gestellt, weil verschiedene Einflußgrößen des Erfolges eines Unternehmens nicht berücksichtigt werden können.[1] Darüber hinaus wird der Informationsvorsprung des agent auch als entscheidender Vorteil der Principal-Agent-Beziehung gewertet. Wenn der principal den für explizite Verhaltensnormen notwendigen Informations- und Planungsaufwand einsetzt, würde er die Vorteile der Entscheidungsdelegation reduzieren und könnte die Aufgaben letztlich selbst ausführen.[2]

4. Möglichkeiten der Reduzierung von Agency-Problemen durch einen spin-off

a. Anreizmechanismen

Die Eigentümer bzw. Anteilseigner (als principal) eines Unternehmens versuchen durch Implantierung von Anreizmechanismen ein auftragsgemäßes Handeln des Managers (als agent) zu unterstützen. Die Durchführung eines spin-off stellt eine Möglichkeit dar, die Funktion eines Anreizsystems zu verbessern bzw. ein solches erstmalig zu installieren.[3] Es bestehen dabei zweierlei Ansatzpunkte einer Verbesserung eines Anreizsystemes.

Auf der einen Seite weist eine an die Aktienentwicklung des Gesamtunternehmens geknüpfte Anreizgestaltung eine geringe Motivationswirkung für das Management einzelner Teileinheiten auf. Mit der Durchführung eines spin-off können neue Anreizverträge vereinbart werden, die direkt an die Aktienentwicklung der abgespaltenen Teileinheiten geknüpft sind und eine effektivere Anreizgrundlage bilden.[4] Durch ein wirkungsvolles Anreizsystem kann sowohl der Manager wie der Eigentümer von der positiven Entwicklung des Unternehmens profitieren und ein vom Auftrag abweichendes Verhalten des Managers reduziert werden.

---

[1] Vgl. dazu beispielhaft *Pratt, J.W./Zeckhauser, R.J.*, Principals, 1985, S. 10: "However, accounting techniques cannot accurately assess many contributors to a firm's long-term profitability, such as reputation for quality, condition of equipment, or research accomplishments. An agency loss may be the consequence, with managements pursuing measured outputs, such as reported profits, at the expense of those that are difficult to tally. Some critics have identified this distortion as a major factor contributing to lagging American productivity."

[2] Vgl. *Elschen, R.*, Gegenstand, 1991, S. 1004.

[3] Vgl. *Schipper, K./Smith, A.*, Effects, 1983, S. 452.

[4] Vgl. dazu *Hite, G.L./Owers, J.E.*, Restructuring, 1986, S. 423.

Auf der anderen Seite kann mit einem spin-off das Problem reduziert werden, daß Ergebnisveränderungen nicht vom Leistungsbeitrag des Managers abhängig sind, bzw. der Manager auf bestimmte Veränderungen im Unternehmen keinen Einfluß nehmen kann und dadurch eine Demotivierung des Management auftritt. *K. Schipper/A. Smith* heben hervor, daß mit einem spin-off die Anzahl und Komplexität der Teileinheiten unter Führung eines gemeinsamen Managements reduziert werden.[1] Dadurch werden einfachere und direktere Führungs- und Kommunikationsstrukturen geschaffen, die dem Management eine verbesserte Führung und Kontrolle des Unternehmens ermöglichen. In der unten dargestellten empirischen Untersuchungen von *K. Schipper/A. Smith* wurde versucht, eine besondere Komplexität der Führungsaufgabe vor einem spin-off nachzuweisen.[2] Es konnte festgestellt werden, daß Unternehmen, die einen spin-off durchführten, sowohl in der Größe als auch in der Diversifität vor einem spin-off überproportional gewachsen waren. Im Zeitraum von bis zu fünf Jahren vor der Durchführung eines spin-off hatten die 93 betrachteten Unternehmen ein durchschnittliches (inflationsbereinigtes) jährliches Umsatzwachstum von 20 v.H. und ein durchschnittliches jährliches Mitarbeiterwachstum von 19 v.H. Darüber hinaus wurde festgestellt, daß 77 v.H. der in einem spin-off abgespaltenen Unternehmen in einer anderen Branche tätig waren als das Mutterunternehmen.

In verschiedenen Fällen wurde die Durchführung eines spin-off mit einer Aktienbeteiligung für Mitarbeiter (employment stock ownership plan) kombiniert.[3] Mit der Installierung dieses Anreizsystems soll ein auftragsgemäßes Handeln der als agent interpretierten Mitarbeiter unterstützt werden. Eigentümer und Management stellen in diesem Fall den principal dar, der durch die Beteiligung der Mitarbeiter am Unternehmen ein opportunistisches Verhalten der Mitarbeiter als agent einschränken möchte.

b. Kontrollmechanismen

Die Verbesserung der Kontrollmöglichkeiten wird in der Literatur als

---

[1] Vgl. *Schipper, K./Smith, A.*, Corporate, 1986, S. 443. Zum Führungsproblem bei Komplexität vgl. *Child, P. et al.*, Complexity, 1991, S. 73-80.
[2] Vgl. dazu *Schipper, K./Smith, A.*, Effects, 1983, S. 459-461.
[3] Für eine Definition und Beispiele s. Kapitel E.I.3., S. 118-121.

besonderer Vorteil der Durchführung eines spin-off gewertet.[1] D i e Veränderungen der Kontrollmöglichkeiten eines Unternehmens durch einen spin-off fassen *C.Y.Woo/G.E. Willard/U.S. Daellenbach* wie folgt zusammen:

"Results should be directly visible, more easily measurable, and more directly linked to the efforts of the division. As a publicly-traded firm, the spin-off unit would be required to disclose financial information, permitting more in-depth and accurate assessment."[2]

Aufgrund der Überwachung der Handlungen des Managers durch den Eigentümer entstehen Monitoring-Kosten, die sich u.a. aus Kosten der Informationssuche, der Einrichtung von Kontrollsystemen oder der Erstellung von formellen Budgets zusammensetzen. Mit der Durchführung eines spin-off kann eine Senkung der Monitoring-Kosten erzielt werden, weil die Publizitätspflichten des abgespaltenen Unternehmens zu einem leichteren Informationszugang für den principal führen.

Gleichzeitig werden durch den spin-off die Möglichkeiten einer direkten und indirekten Verhaltenssteuerung und -kontrolle verbessert. Ein direkter (externer) Kontrollmechanismus ist durch die Pflicht zur Installierung eines Kontrollorgans gegeben. Durch den spin-off wird für die abgespaltene Teileinheit ein eigenes Kontrollorgan gebildet, das neue Mitglieder aufnehmen kann. Eine weitere externe Kontrollinstanz stellt die Prüfung des Jahresabschlusses durch einen unabhängigen Wirtschaftsprüfer dar, mit der die Principal-Agent-Beziehung auf das Dreiecksverhältnis zwischen Aktionär, Manager und Prüfer erweitert wird.[3]

Eine indirekte Verhaltenssteuerung und -kontrolle kann mit der Durchführung eines spin-off verbessert werden, weil der Arbeitsmarkt für Manager das Management einer Teileinheit effizienter mit der Leistung anderer Manager vergleichen kann. Außerdem kann die abgespaltene Teileinheit durch eine externe Bewertung der Kapitalmärkte einfacher "kontrolliert" werden. *D.J. Aron* stellte in einem mikroökonomischen Modell zum Einfluß der Kapitalmärkte als Kontrollmechanismus fest, daß bereits die Möglichkeit der Durchführung eines spin-off disziplinierend auf das Verhalten des

---

[1] Vgl. dazu beispielhaft *Aron, D.J.*, capital market, 1991, S. 505-518; *Schipper, K./Smith, A.*, Corporate, 1986, S. 440.

[2] *Woo, C.Y./Willard, G.E./Daellenbach, U.S.*, Performance, 1992, S. 435.

[3] Vgl. dazu ausführlich *Ewert, R.*, Wirtschaftsprüfung, 1990.

Managements wirken kann.[1] Aufgrund der Möglichkeit eines zukünftigen spin-off verhält sich das Management der abzuspaltenden Tochtergesellschaft bzw. Teileinheit so, als ob es bereits durch den Aktienmarkt kontrolliert und bewertet würde. *D.J. Aron* hebt hervor, daß der Kontrolleffekt auch durch eine Neuemission einer Tochtergesellschaft, bei der die Muttergesellschaft weiterhin Anteile hält, erzielt werden kann.[2] In diesem Fall kann jedoch für die Anteilseigner der Tochtergesellschaft nicht sichergestellt werden, daß die Muttergesellschaft sie nicht auf Kosten der Tochtergesellschaft übervorteilt, indem sie beispielsweise eine nicht marktkonforme Verrechnung von Waren- und Dienstleistungen mit dem Tochterunternehmen festlegt.[3]

Die Kontrolle des Aktienmarktes bzw. des Marktes für Unternehmen war in verschiedenen Fällen Auslöser für die Durchführung eines spin-off. Dies zeigt sowohl die Zielsetzung des spin-off zur Verbesserung des shareholder value als auch zur Abwehr einer feindlichen Unternehemensübernahme. Wie unten dargestellt wird, wurde der spin-off auch als Abwehrmaßnahme gegen feindliche Unternehmensübernahmen verwendet.[4] Insofern bestätigt die Durchführung eines spin-off die Funktionsfähigkeit des Marktes für Unternehmen, der als disziplinierendes Instrument jedoch eher vor Durchführung eines spin-off seine Wirkung entfaltet. Die Kontrollfunktion des Marktes für Unternehmen wird daher mit der Durchführung eines spin-off nur dadurch verbessert, daß eine genauere Bewertung der Teileinheiten möglich ist.

c. Informationsmechanismen

Bereits im vorstehenden Kapitel ist deutlich geworden, daß die Veröffentlichung unabhängiger Finanz- und Unternehmensinformationen des abgespaltenen Unternehmens zu den bedeutendsten Veränderungen der Informationsmechanismen bei einen spin-off zählt.[5]

Eine spontane Informationsquelle für den Eigentümer (Aktionär) während eines spin-off in den *USA* ist zunächst die Veröffentlichung eines

---

[1] Vgl. dazu *Aron, D.J.*, capital market, 1991, S. 505-518.

[2] Vgl. *Aron, D.J.*, capital market, 1991, S. 515.

[3] In der *Bundesrepublik Deutschland* besitzen Minderheitsaktionäre über § 304 AktG allerdings einen Schutz durch Nachteilsausgleich.

[4] S. unten Kapitel E.II.2., S. 122-124.

[5] Vgl. dazu ausführlich *Schipper, K./Smith, A.*, Spin-Off, 1986, S. 440.

umfangreichen "Information Statements".[1] Das Information Statement enthält eine Vielzahl von relevanten Informationen über das abzuspaltende Unternehmen. Dazu zählen beispielsweise Finanzanalysen, Information über das Management, die Geschäftsaktivitäten, die Unternehmensstrategie und die Form der Trennung von der abspaltenden (Mutter-)Gesellschaft. Im weiteren zählen Informationen des externen Rechnungswesens, namentlich der Jahresabschluß bzw. Quartalsberichte, zu den wichtigsten Informationsquellen des (Streubesitz-)Aktionärs.[2] Im Jahresabschluß können beispielsweise bilanzielle Veränderungen der Vergangenheit analysiert werden, die Anhaltspunkte für die zukünftige Entwicklung des Unternehmens geben können.[3] Eine unabhängige Erstellung und Veröffentlichung des Jahresabschlusses vermindert zudem die Gefahr von Gewinnverschiebungen und -verdeckungen im Konzern.[4]

Großaktionäre sind i.d.R. nicht ausschließlich auf den veröffentlichten Jahresabschluß der Tochtergesellschaft angewiesen, weil sie durch eine Position im Aufsichtsrat über ausreichende Informationen verfügen können.[5] Gleichwohl ist es auch für den Aufsichtsrat nur begrenzt möglich, das Unternehmensergebnis dem entsprechenden Management und anderen Einflußfaktoren zuzurechen.[6]

Neben den spontanen Informationsmechanismen, wie dem Jahresabschluß oder der Quartalsberichte, werden in der Wirtschaftspraxis zunehmend Maßnahmen der "investor relations" und "investor communications" eingesetzt, die die Kommunikation zwischen Unternehmen und Aktionär verbessern sollen.[7] Investor relations und investor communications erlauben eine differenziertere Informationsbefriedigung der Anteilseigentümer durch das Management des Unternehmens. Möglichkeiten der investor relations und investor communication sind beispielsweise Unternehmenspräsentationen,

---

1 Vgl. dazu beispielhaft *Crystal Brands, Inc.*, Information Statement, 1985; *Darden Restaurants, Inc.*, Information Statement, 1995. Es handelt sich hierbei um eine spontane Informationsquelle, weil der Aktionär ohne vorherige Anfrage Informationen erhält. Vgl. zum Begriff der spontanen Informationsquelle *Eppenberger, M.*, Gedanken, 1991, S. 351.

2 Zur Aussagefähigkeit bilanzieller Größen und Kennzahlen werden in der Literatur allerdings Einschränkungen genannt. Vgl. dazu beispielhaft *Franke, G./Laux, H.*, Wert, 1970, S. 1-8.

3 Vgl. *Schildbach, T.*, Jahresabschluß, 1986, S. 48.

4 Zu Möglichkeiten der Gewinnverschiebung und -vermeidung in deutschen Konzernunternehmungen vgl. *Pellens, B.*, Spaltung, 1991, S. 490-508.

5 Vgl. *Gellert, O.*, Pflichtübung, 1992, S. 212.

6 Vgl. *Ebers, M./Gotsch, W.*, Theorien, 1995, S. 202 f.

7 Vgl. dazu *Paul, W.*, Investor, 1991, S. 924-945; *Schreib, H.P.*, Investor, 1990, S. 1043-1044.

Presse-Informationen, Broschüren oder Interviews. Investor relations und investor communication können während und nach Durchführung eines spin-off für einen verbesserten Informationsstand der Anteilsinhaber sorgen.

Darüber hinaus ermöglicht die Durchführung eines spin-off eine Verbesserung der Information und Bewertung des Unternehmens durch Wirtschaftsmedien und Börsenanalysten von Banken und Aktienhändlern.[1] Die unabhängige Betrachtung des Unternehmens durch Wirtschaftsmedien und Analysten von Banken und Aktienhändlern erweitert zusätzlich die laufenden Informationen über die abgespaltene Teileinheit.

Die Verbesserung der Informationsmechanismen ist jedoch nicht in jedem Fall im Interesse des Managements, so daß das Management durch den Eigentümer wiederum durch Anreiz- und Kontrollmechanismen zur Informationsweitergabe motiviert werden muß.[2]

5. Eigentumsstruktur und Finanzierung als Principal-Agent-Beziehungen

Im Mittelpunkt der finanzierungstheoretischen Agency-Literatur stehen die Auswirkungen von Interessenskonflikten zwischen dem Management, den Anteilseignern und den Gläubigern im Hinblick auf die Finanzierungsbeziehungen zwischen Unternehmen und ihren externen Kapitalgebern. Zu den richtungsweisenden Untersuchungen in diesem Bereich zählt die Arbeit von *M.C. Jensen/W.H. Meckling*, die als erste die Konsequenzen einer ex post-Informationsasymmetrie zwischen den externen Eigen- und Fremdkapitalgebern und dem Management einer Unternehmung für dessen Finanzierungspolitik analysierten.[3]

Für die Untersuchung des Phänomens des spin-off ist die Principal-Agent-Beziehung zwischen externen Kapitalgebern und dem Kapitalnehmer von

---

1 Vgl. dazu *Vijh, A.N.*, Spinoff, 1994, S. 582: "Spinoffs are often justified by arguing that seperation leads to better valuation of each business. The two business may be followed by different analysts and may attract different clienteles (depending, for example, on the type of industry, S&P 500 listing status, risk characteristics, and dividend yield)."

2 Verschiedene Unternehmen werden bereits durch den Druck großer Pensionsfonds zu einer Veränderung der Informationspolitik "motiviert". Vgl. dazu beispielhaft *Gaulke, J.*, Uncle Sam, 1995, S. 212-217.

3 Vgl. *Jensen, M.C./Meckling, W.H.*, Agency, 1986, S. 78-133; *Wosnitzka, M.*, Kapitalstrukturentscheidung, 1995, S. 22.

besonderem Interesse. Die Kapitalgeber überlassen dem Kapitalnehmer die Verfügungsgewalt über ihr Vermögen in Form von Eigen- und/oder Fremdkapital für das Unternehmen. Bei divergierenden Interessen können die externen Anteilsinhaber jedoch schwer überprüfen, inwieweit die Insider Ressourcen auf seine Kosten umleiten oder sogar aus dem Unternehmen abziehen. Die aus dieser Verzerrung entstehenden Kosten bezeichneten *M.C. Jensen/W.H. Meckling* als "agency costs of outside equity".[1] In der Literatur wird von verschiedenen Autoren die Ansicht vertreten, daß der spin-off ein mögliches Instrument zur Senkung der Agency-Kosten der Eigenkapital- und Fremdkapitalaufnahme darstellt.[2] In den folgenden Abschnitten sollen die Auswirkungen der Aufnahme von Eigen- und Fremdkapital auf die Agency-Kosten dargestellt werden. Diese Ergebnisse sind Grundlage der Untersuchung der Veränderungen der Principal-Agent-Beziehung der Finanzierung durch einen spin-off.

a. Agency-Probleme der Eigenfinanzierung

Im Rahmen der Darstellung der asymmetrischen Information wurden bereits verschiedene Verhaltensannahmen des agent in einer Agency-Beziehung dargestellt. Das eigentliche Agency-Problem der Eigenfinanzierung verdeutlicht *M. Hellwig* mit Bezug auf ein Zitat von *Carl Fürstenberg*:

"The German banker Carl Fürstenberg (1850-1933) is supposed to have said that outside shareholders are 'stupid and impertinent' - stupid, because they give their funds to somebody else without adequate control, and impertinent, because they clamor for a dividend as a reward for their stupidity. I have the impression that management all over the world shares Fürstenberg's assessment and tries to make sure it is not disturbed by stupid and impertinent people."[3]

Die Agency-Probleme und -Kosten der Finanzierung mit externem Eigenkapital können anhand eines Modells von *M.C. Jensen/W.H. Meckling* dargestellt werden.[4] Ausgangssituation ist eine Inhaber-geführte Unternehmung, bei der der Eigentümer-Geschäftsführer von seiner 100 prozentigen Anteilsbeteiligung Anteile an externe Eigenkapitalgeber

---

1 Vgl. *Jensen, M.C./Meckling, W.H.*, Agency, 1986, S. 85.
2 Vgl. *Aron, D.J.*, capital market, 1991, S. 516 f.; *Hite, G.L./Owers, J.E.*, Price, 1983, S. 410-414; *Cusatis, P.J./Miles,J.A./Woolridge, J.R.*, Restructuring, 1993, S. 296.
3 *Hellwig, M.*, Ownership, 1995, S. 198.
4 Vgl. dazu *Jensen, M.C./Meckling, W.H.*, Agency, 1986, S. 85-103.

veräußert. Bei einem Unternehmen, bei dem der 100 prozentige Eigentümer zugleich Geschäftsführer ist, wird angenommen, daß er das Unternehmen auf eine Weise führt, die seinen Präferenzen entspricht. Wenn er beispielsweise seine Geschäftsbereichsstrategie ändert, einen neuen Firmenwagen kauft oder das Eigenkapital für Neuinvestitionen erhöht, wird jede dieser Maßnahmen seinen Nutzen maximieren. Die Nutzenfunktion des Eigentümer-Geschäftsführers setzt sich zusammen aus den Argumenten monetäres Vermögen und anderen nicht-geldlichen Vorteilen, wie z.b. Ausgaben für Repräsentation, Reisen oder Sachleistungen, die den Marktwert des Unternehmens nicht steigern oder sogar senken. Diese nicht-geldlichen Vorteile werden in der angelsächsischen Literatur als "perquisites" oder "non-pecuniary benefits" bezeichnet. Aufwendungen für nicht-geldliche Vorteile erhöhen einerseits den Nutzen des Geschäftsführers, andererseits senken sie aber auch den Gewinn des Unternehmens.

In Abb. 14 wird dieses Verhältnis dargestellt, indem an der Ordinate der Marktwert des Unternehmens und an der Abszisse der Marktwert des Unternehmens, ausgedrückt in nicht-geldlichen Vorteilen, abgetragen wird. Bei gegebenen Ressourcen des Eigentümers kann dann eine Transformationsgerade V^0F^0 mit der Steigung (-1) bestimmt werden, die ausdrückt, daß eine zusätzliche Geldeinheit des Konsums nicht-geldlicher Vorteile den realisierten Unternehmenswert um ebenfalls eine Geldeinheit schmälert. Der Eigentümer-Geschäftsführer hat damit eine Opportunitätsrestriktion mit einer Steigung von (-1). Wenn der Eigentümer-Geschäftsführer sämtliche Ressourcen in die Firma investiert, kann der maximale Unternehmenswert V_0 erreicht werden. Die Nutzenfunktionen des Eigentümer-Geschäftsführers werden im Beispiel durch eine Schar Indifferenzkurven (beispielsweise U_1, U_2 und U_3) repräsentiert. Der Eigentümer-Geschäftsführer wird seinen Nutzen maximieren, indem er eine Kombination aus Vermögen und nicht-geldlichen Vorteilen wählt, bei der eine Indifferenzkurve die Transformationgerade V^0F^0 tangiert (im Beispiel Punkt A). Der Marktwert des Unternehmens bei dieser Wahl beträgt V^*.

Wenn der Eigentümer-Geschäftsführer einen Anteil $(1 - \alpha)$ an seinem Unternehmen an externe Eigenkapitalgeber veräußert und für sich den Anteil α zurückbehält, werden die Käufer bereit sein, $(1 - \alpha)V^*$ für ihren Anteil zu zahlen. Bei einem unveränderten Verhalten des Eigentümer-Geschäftsführers könnte er dieselbe Kombination aus Vermögen (das sich in diesem Fall aus dem Verkaufspreis der Eigenkapitalanteile und dem verbleibenden Eigenkapital zusammensetzt) und alternativer Ressourcenverwendung wie vor der Transaktion beibehalten. Durch den Verkauf der Anteile wurde jedoch die Transformationsgerade für den Eigentümer-Geschäftsführer verändert. Die Kosten einer weiteren Einheit nicht-geldlicher Vorteile führen nur noch zu einer Reduktion des Unternehmenwertes um den Anteil α an dieser Einheit, weil der andere Teil der Opportunitätskosten durch den externen Eigenkapitalgeber getragen wird. Die neue Transformationsgerade hat eine Steigung von $-\alpha$ und verläuft als Gerade durch die Punkte A und B. Nachdem der Eigentümer-Geschäftsführer jetzt nicht-geldliche Vorteile zu geringeren Opportunitätskosten genießen kann, wird er einen neuen Tangentialpunkt B auf einer höheren Indifferenzkurve U_2 mit mehr nicht-geldlichen Vorteilen wählen. Der Nutzen des Eigentümer-Geschäftsführers erhöht sich.

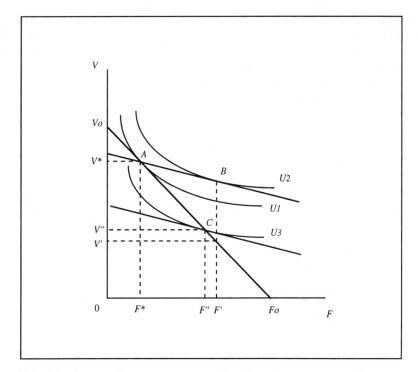

Abb. 14: Agency-Kosten aus externer Eigenfinanzierung
(Quelle: *Jensen, M.C./Meckling, W.H.*, Agency, 1986, S. 89)

Bei Annahme rationaler Erwartungen der Eigenkapitalgeber ist es jedoch zweifelhaft, inwieweit der Eigentümer-Geschäftsführer eine höhere Indifferenzkurve realisieren kann. Die Eigenkapitalgeber werden das opportunistische Verhalten antizpieren und in der Kaufpreisentscheidung berücksichtigen. Daher werden sie für ihren Anteil am Unternehmen nicht bereit sein, den Preis $(1 - \alpha)V^*$ zu zahlen, sondern lediglich $(1 - \alpha)V'$, weil der Wert des Unternehmens nach dem Verkauf auf V' absinkt. Eine Transformationsgerade AB existiert daher bei Annahme rationaler Akteure nicht, ein Punkt B ist damit nicht realisierbar. Ein Verkauf eines Unternehmensanteils $(1 - \alpha)$ ist nur unter Bedingungen möglich, bei denen der Käufer einen Preis entsprechend einem ex post beständigen Unternehmenswert bezahlt. Eine solche Bedingung ist dann erfüllt, wenn der Eigentümer-Geschäftsführer nach dem Verkauf keinen Anreiz hat, sein Verhalten hin zu einem stärkeren Konsum nicht-geldlicher Vorteile zu ändern.

Im Modell von *M.C. Jensen/W.H. Meckling* ist diese Bedingung erfüllt, wenn der Tangentialpunkt mit der neuen Transformationsgeraden auf der alten Transformationsgeraden V^0F^0 liegt. Einen möglichen Kontrakt stellt Punkt C dar, in welchem die externen Eigenkapitalgeber für ihren Anteil $(1 - \alpha)$ genau so viel bezahlen, daß dem Eigentümer-Geschäftsführer nach der Transaktion ein Vermögen in Höhe von V'' verbleibt. Bei diesem Unternehmenswert und den neuen Opportunitätskosten $-\alpha$ hat der Eigentümer-Geschäftsführer keine Veranlassung mehr, sein Verhalten gegen die Interessen des Eigenkapitalgebers zu verändern. Der zu zahlende Preis von $(1 - \alpha)$ V'' für einen Anteil bleibt in seinem Wert auch ex post erhalten.

Die Darstellung in Abb. 14 verdeutlicht jedoch, daß mit einem solchen äquivalenten Tausch ein Wohlfahrtsverlust verbunden ist. Der Eigentümer-Geschäftsführer kann weder den Nutzen U_1 noch den Nutzen U_2 realisieren, sondern sein Nutzen sinkt auf das Nutzenniveau U_3 ab. Nachdem diesem Nutzenverlust auch kein entsprechender Gewinn des externen Eigenkapitalgebers entgegensteht, führt die Finanzierung mit externem Eigenkapital zu einem echten Wohlfahrtsverlust. Damit ist jedoch nur noch eine Second-best-Lösung der Principal-Agent-Beziehung möglich, bei der der Eigentümer-Geschäftsführer die resultierenden Agency-Kosten zu tragen hat.

Für den agent, dem Eigentümer-Geschäftsführer, besteht in diesem Fall die Notwendigkeit, den Eigenkapitalgeber davon zu überzeugen, daß er sich nicht opportunistisch verhalten möge. Der Eigentümer-Geschäftsführer muß ihn von seinem "guten Willen" überzeugen, indem er beispielsweise Kontrollsysteme einrichtet oder Mitspracherechte gewährt. Eine Einrichtung von Kontrollsystemen und Mitspracherechten verursacht allerdings Agency-Kosten, sogenannte Selbstbindungs-Kosten, die der agent selber zu tragen hat.

Das dargestellte Beispiel verdeutlicht das Agency-Problem der verborgenen Handlungen (hidden action) des agent in einer Agency-Beziehung. Bei Verwendung des neuen externen Eigenkapitals für ein Investitionsprojekt kommt es zu einem zusätzlichen Problem. *M.C. Jensen/W.H. Meckling* weisen nach, daß aufgrund des beschriebenen Agency-Konfliktes eine Störung der Investitionsentscheidung durch den Eigentümer-Geschäftsführer eintritt. Das realisierte Investitionsvolumen ist kleiner als bei einer First-best-Lösung und führt zu einem Unterinvestitionsproblem, in Verbindung mit einer Second-best-Lösung.[1]

b. Agency-Kosten durch freien cash flow

Ein weiteres Konfliktfeld zwischen Anteilseigner und Management besteht nach Ansicht von *M.C. Jensen* in der Verwendung des freien cash flow einer Unternehmung.[2] *M.C. Jensen* definiert den freien cash flow als cash flow, der nach der Finanzierung aller Investitionsobjekten mit einem positiven Gegenwartswert der Investition zur Bedienung der Kapitalgeber zurückbleibt.[3] Die Auszahlung des freien cash flow in Form von Dividenden an die Anteilseigner beschränkt nach Ansicht von *M.C. Jensen* die freien Kapitalmittel unter Kontrolle des Managements, wodurch der Einfluß des Managements bei späteren Investitionsentscheidungen eingeschränkt werden kann. Zur Finanzierung eines Projektes müssen dann neue Finanzmittel am Kapitalmarkt aufgenommen werden. Dabei muß den Kapitalgebern zur Kontrolle ("monitoring") ihrer Investition Einblick in das Unternehmen gegeben werden. Bei einer Finanzierung durch den freien cash flow können sowohl diese Kontrolle als auch mögliche Schwierigkeiten bei der Finanzierung umgangen werden. Das Management hat daher den Anreiz,

---

[1] Vgl. *Wosnitzka, M.*, Kapitalstrukturentscheidung, 1995, S. 58.

[2] Vgl. dazu *Jensen, M.C.*, Agency, 1986, S. 323-330; *Mann, S.V./Sicherman, N.W.*, Free Cash Flow, 1991, S. 213-227.

[3] Vgl. *Jensen, M.C.*, Agency, 1986, S. 323: "Free cash flow is cash flow in excess of that required to fund all projects that have positive net present values when discounted at the relevant cost of capital." (*Jensen, M.C.*, Agency, 1986, S. 323).

Kapitalmittel im Unternehmen zu behalten und das Unternehmen über seine "optimale Größe" hinauszufuhren.[1]

Die Theorie des freien cash flow erklärt nach Ansicht von *M.C. Jensen*, warum viele Unternehmen (mit geringem Erfolg) außerhalb ihres Kernbereiches in eine Diversifikation investiert haben.

Im Zusammenhang mit der Untersuchung des spin-off kann die Agency-Theorie des freien cash flow die starke Diversifikation von Konzernunternehmen insbesondere in unverbundene Geschäftsbereiche erklären. *M.C. Jensen* verdeutlicht die Verwendungsmöglichkeiten von freiem cash flow:

> "Acquisitions are one way managers spend cash instead of paying it out to shareholders. Therefore, the theory implies managers of firms with unused borrowing power and large free cash flows are more likely to undertake low-benefit or even value destroying mergers. Diversification programs generally fit this category, and the theory predicts they will generate lower total gains."[2]

In der unten dargestellten empirischen Untersuchung von *K. Schipper/A. Smith* wurde festgestellt, daß 77 v.H. der in einem spin-off abgespaltenen Unternehmen in einer anderen Branche als das abspaltende Mutterunternehmen tätig waren.[3] Der spin-off stellt damit eine Möglichkeit der Rückführung der durch freien cash flow verursachten Diversifikation dar. Die Diversifikation in unrentable Bereiche und spätere Rückführung der Geschäftsaktivitäten durch einen spin-off kann beispielsweise in der unten dargestellten Fallstudie bei *General Mills, Inc.* beobachtet werden.[4] In den Jahren 1968 bis 1975 generierte *General Mills, Inc.* einen hohen cash flow,

---

1 In der *Bundesrepublik Deutschland* besteht ebenfalls die Möglichkeit der Einbehaltung von Kapitalmitteln. Nach § 58 Abs. 2 AktG können die Verwaltungen der Mutter- und Tochtergesellschaften Gewinne der Tochtergesellschaft in Rücklagen einstellen und den Anteilsinhabern der Muttergesellschaft entziehen. Bei Bestehen von Unternehmensverträgen kann zu einem späteren Zeitpunkt auf den in den Vorperioden gesparten Gewinn zurückgegriffen und das Finanzierungspotential vergrößert werden. Vgl. dazu auch *Pellens, B.*, Spaltung, 1991, S. 504 f.

2 *Jensen, M.C.*, Agency, 1986, S. 328.

3 Vgl. *Schipper, K./Smith, A.*, Effects, 1983, S. 452.

4 Vgl. *Jensen, M.C./Meckling, W.H.*, Agency, 1986, S. 106 f.

der es ermöglichte, nahezu alle Akquisitionen aus eigenen Kapitalmitteln zu finanzieren.[1]

Die Theorie des freien cash flow stellt auch eine Erklärungsmöglichkeit für die positiven Reaktionen der Aktienwerte bei Übernahmeversuchen oder bei Erhöhung der Fremdfinanzierung dar. In einer Untersuchung von *M.C. Jensen/C. Smith* wurde festgestellt, daß die Mehrzahl von Finanz-transaktionen, die den Verschuldungsgrad des Unternehmens erhöhten, sich positiv auf die Aktienbewertung dieser Unternehmen auswirkten.[2] Es wird angenommen, daß eine höhere Fremdfinanzierung einen Motivationseffekt auf das Management des Unternehmens ausübt.

Durch die Aufnahme von Fremdkapital bindet sich das Management in stärkerer Weise an die Verwendung des freien cash flow.[3] Der Fremdkapitalgeber hat im Gegensatz zum Eigenkapitalgeber eine stärkere Einflußmöglichkeit auf das Management, weil er beim Ausfall von Zahlungen für Zins und Tilgung das Unternehmen vor das Konkursgericht bringen kann. Die Erhöhung des Fremdkapitals ermöglicht, die mit dem freien cash flow verbundenen Agency-Kosten zu reduzieren, weil dem Management weniger Kapital zur "freien Verfügung" steht. Der Rückkauf von Aktienanteilen stellt in diesem Zusammenhang eine weitere Möglichkeit der Reduzierung von freiem cash flow dar.[4] Die Erhöhung der Fremdkapitalfinanzierung ist allerdings mit Agency-Kosten verbunden, auf die im folgenden Kapitel eingegangen werden soll.

---

[1] Vgl. dazu *Donaldson, G.*, restructuring, 1990, S. 123: "It is apparent that new equity played an insignificant role in the funding. There were no equity issues for cash and only modest, occasional distributions for acquisitions. Further, for most years, product market flows carried the major burden of new investment, with only modest assistance from new debt capital."

[2] Vgl. *Jensen, M.C./Smith, C.W. Jr.*, Stockholder, 1985, S. 93-131.

[3] Vgl. *Milgrom, P./Roberts, J.*, Economics, 1992, S. 496: "Replacing equity by debt commits and compels managers to pay out cash to meet debt service requirements or risk losing control of the company in bankruptcy. Equity financing brings no such direct, unavoidable pressure, and unless the board is very responsive to stockholder interests and well positioned to ensure that perquisites are kept in check and empire building is avoided, there may be little effect pressure of any sort to turn over free cash flow to investors."

[4] Vgl. zu Strategien des "going private" *DeAngelo, H./DeAngelo, L./Rice, E.*, Going Private, 1986, S. 444-452.

c. Agency-Probleme der Fremdfinanzierung

Neben den Agency-Problemen bei Aufnahme von Eigenkapital untersuchten *S.C. Myers* und zur gleichen Zeit *M.C. Jensen/W.H. Meckling* die Principal-Agent-Beziehung zwischen dem als principal interpretierten externen Fremdkapitalgeber und dem als agent interpretierten Eigenkapitalgeber bzw. Eigentümer-Geschäftsführer.[1] Bei dieser Principal-Agent-Beziehung können Interessenkonflikte auftreten, wenn der Eigenkapitalgeber versucht, den Wert des Eigenkapitals zu Lasten des Fremdkapitalgebers zu erhöhen. Zum einen bestehen für die Anteilsbesitzer Anreize zu einer erhöhten Ausschüttung von Finanzmitteln, die durch Fremdkapital gedeckt werden sollen. Dadurch erhöht sich bei konstantem Marktwert das Kreditausfallrisiko des Unternehmens. Dieses Risiko hat der Kreditgeber zu tragen, weshalb er einen Reichtumsverlust erleidet. Zum anderen kann der Eigenkapitalgeber seine Reichtumsposition verbessern, wenn das Unternehmen Investitionen mit höherem Risiko durchführt, deren Gewinne den Eigenkapitalgebern zukommen. Dieses Agency-Problem wird auch als Risikoanreizproblem bezeichnet.[2] Voraussetzung hierfür ist, daß die Verlustgefahr ganz oder teilweise auf die Fremdkapitalgeber verlagert werden kann.

Analog zu den Agency-Problemen der Eigenfinanzierung wird angenommen, daß die Kreditgeber die Anreize zu Reichtumsverschiebung in ihren Kreditkonditionen antizipieren. Daraus folgt, daß die Agency-Kosten der Fremdfinanzierung wiederum durch den agent zu tragen sind. Dieser wird daher versuchen, durch Selbstbindungs-Maßnahmen den principal von dem "guten Willen", in seinem Auftrag zu handeln, zu überzeugen.

Als weiteres mögliches Agency-Problem einer Fremdfinanzierung identifizierte *S.C. Myers* ein Unterinvestitionsproblem, das aufgrund der Unterlassung rentabler Investitionen entsteht.[3] *S.C. Myers* verdeutlicht anhand einer Fallkonstellation eines Unternehmens, bei dem zum Zeitpunkt der Investitionsentscheidung bereits Fremdkapital aufgenommen wurde, daß für die Unternehmensführung nur noch dann ein Anreiz zur Durchführung der Investition gegeben ist, wenn höhere Erträge erwartet werden, als die Summe aus der (verzinsten) Anschaffungsausgabe und der zu leistenden Rückzahlung an die Gläubiger. Bei einer vollkommen im Besitz der Unternehmensführung

---

1 Vgl. dazu *Myers, S.C.*, Determinants, 1977, S. 147-175; *Jensen, M.C./Meckling, W.H.*, Agency, 1986, S. 106-110.

2 Vgl. dazu *Wosnitzka, M.*, Kapitalstrukturentscheidung, 1995, S. 58 f.

3 Vgl. dazu *Myers, S.C.*, Determinants, 1977, S. 147-175.

befindlichen Unternehmung wird hingegen ein Investitionsprojekt i.d.R. bei einem positiven Kapitalwert durchgeführt. Ein Unterinvestitionsproblem entsteht folglich, weil ein Anreiz besteht, Investitionen nicht durchzuführen, deren Erträge teilweise oder vollständig den Fremdkapitalgebern zukommen würden.

6. Veränderung der Finanzierungsbeziehung durch einen spin-off

a. Eigenkapitalgeber und Kapitalnehmer/Management

Bei einer Agency-Beziehung zwischen Eigenkapitalgeber und Kapitalnehmer bzw. Management kann das Agency-Problem verborgener Handlung (hidden action) des agent auftreten, durch das sowohl für Eigenkapitalgeber wie Kapitalnehmer Agency-Kosten entstehen können.[1] Die wesentlichen Vorteile eines spin-off werden in der Literatur mit einer Reduzierung dieser Agency-Kosten begründet.[2] Zugleich werden die mit einem spin-off verbundenen Steigerungen des Unternehmenswertes auf die Reduzierung von Agency-Kosten zurückgeführt. Mit der Durchführung eines spin-off werden dabei Kostensenkungspotentiale im Bereich der Monitoring-Kosten, der Selbstbindungs-Kosten und der Kosten des (Residual-)Verlustes aufgrund der Realisierung einer Second-best-Lösung identifiziert. Nachdem die Möglichkeiten der Reduzierung der Monitoring-Kosten bereits oben im Rahmen der Informations- und Kontrollmechanismen ausführlich dargestellt wurden, wird hier nur auf die Kostensenkungspotentiale durch Selbstbindung und die Kosten des (Residual-) Verlustes eingegangen.

C.Y. Woo/G.E. Willard/U.S. Daellenbach argumentieren, daß Selbstbindungs-Kosten vor allem in zwei Bereichen reduziert werden können.[3] Eine Ebene der Kostenreduzierung besteht bei der Führung einzelner Divisionen oder Geschäftsbereiche. Während sich vor einem spin-off das Management einzelner Divisionen den Interessen des Gesamtunternehmens unterordnen muß, können nach einem spin-off eigene, unabhängige Geschäftsziele verfolgt werden, die besser an das Markt- oder Wettbewerbsumfeld angepaßt werden können. Damit können mögliche konfligierende Zielsetzungen oder

---

[1] S. oben Kapitel D.I.5.a., S. 85-89.

[2] Vgl. dazu beispielhaft *Woo, C.Y./Willard, G.E./Daellenbach, U.S.*, Performance, 1992, S. 435; *Aron, D.*, capital market 1991, S. 505; *Slovin, Myron B./Sushka, M.E., Ferraro R.*, comparison, 1995, S. 93.

[3] Vgl. dazu *Woo, C.Y./Willard, G.E./Daellenbach, U.S.*, Performance, 1992, S. 435.

Kompromisse eingeschränkt werden, die im Sinne einer gemeinsamen Konzernstrategie geschlossen wurden.

Ein weiteres Potential zur Senkung der Selbstbindungs-Kosten durch einen spin-off ergibt sich aus einer besseren Information und einem häufigeren Informationsaustausch zwischen Eigenkapitalgeber und Management. *C.Y. Woo/G.E. Willard/U.S. Daellenbach* verweisen in diesem Zusammenhang auf die Arbeit von *K.M. Eisenhardt*, die feststellte, daß bei einem verbesserten Informationssystem, bei dem der principal mehr Möglichkeiten der Überprüfung des agent hat, der agent gleichsam auch die Interessen des principal stärker berücksichtigen wird.[1] Zum einen reduzieren sich damit die Möglichkeiten des agent zu verborgenen Handlungen (hidden action) oder einer Reduzierung seiner Leistung ("shirking"). Zum anderen können aufgrund der besseren Verständigung verhaltensabhängige (Arbeits-)Verträge geschlossen werden, die stärker auf den Prozeß der Zielerreichung als auf das bloße Erfolgsziel ausgerichtet sind. Diese verhaltensabhängigen Verträge können auch weitergefaßte Kontrollgrößen aufnehmen und damit dem Manangement sowohl ein größeres Handlungsfeld schaffen als auch eine breitere Bemessungsgrundlage für die Arbeit des Managements geben.

Durch die verschiedenen Anreiz-, Kontroll- und Informationsmechanismen wird eine stärkere Konvergenz der Nutzenfunktionen des principal und des agent angestrebt. Die Nutzenfunktion des principal besteht in der Unternehmenspraxis im wesentlichen aus einer Erhöhung seiner Vermögensposition. Wie die verschiedenen empirischen Untersuchungen in Kapitel F verdeutlichen werden, läßt sich mit der Durchführung eines spin-off eine Erhöhung der Vermögensposition des Anteilseigners erzielen.[2] Damit ist gleichsam auch eine Verringerung des Residual-Verlustes durch die Verwirklichung einer Second-best-Lösung verbunden.

b.   Fremdkapitalgeber und Eigentümer-Geschäftsführer bzw. Eigenkapitalgeber

Ein Agency-Problem zwischen dem als principal interpretierten externen Fremdkapitalgebern und den als agent interpretierten Eigentümer-

---

[1] Vgl. *Woo, C.Y./Willard, G.E./Daellenbach, U.S.*, Performance, 1992, S. 435; *Eisenhardt, K.M.*, Agency Theory, 1989, S. 60: "Proposition 2: When the principal has information to verify agent behavior, the agent is more likely to behave in the interests of the principal."

[2] S. unten Kapitel F.I., S. 157-175.

Geschäftsführer bzw. den Eigenkapitalgebern entsteht, wenn letztere versuchen, den Wert ihrer Anteile zu Lasten von ersterem zu erhöhen. In der Literatur wird angenommen, daß durch einen spin-off ein solches Agency-Problem entstehen kann, weil es sich beim spin-off um eine außerordentliche Dividendenausschüttung an die Inhaber der Eigenkapitalanteile handelt.[1] Nach der Durchführung eines spin-off kann der Fremdkapitalgeber nur noch auf eine eingeschränkte Haftungsmasse zurückgreifen. Zudem wird bei einem spin-off in vielen Fällen das Fremdkapital erhöht und damit der Anspruch auf die Haftungsmasse weiter verringert. *D. Galai/M. Masulis* stellten als erste die Hypothese auf, daß Inhaber von Schuldverschreibungen (bondholder) der abspaltenden Gesellschaft einen Vermögensverlust hinnehmen müssen, weil die Vermögenswerte des abgespaltenen Unternehmens in einem spin-off ausschließlich an die Eigenkapitalgeber verteilt werden.[2] *D. Galai/R. Masulis* beschreiben den Vermögenstransfer wie folgt:

"The conventional procedure is to take a portion of a firm's assets, often a division relatively unrelated to the remaining operations of the firm and create a legally independent firm with these assets. The crucial facet of the procedure hinges on distributing the share of the new equity solely to the *stockholders* of the parent corporation. In effect, the stockholders have 'stolen away' a portion of the bondholders' collateral since they no longer have any claim on the assets of the new firm."[3]

Mit der Reduzierung der Sicherheitsgrundlage ist eine Verminderung des Wertes der Schuldverschreibungen und damit ein Agency-Konflikt verbunden. Eine Wertminderung der Schuldverschreibungen kann jedoch reduziert werden, wenn der Fremdkapitalgeber eine solche antizipiert, und bei Abschluß der Finanzierungsbeziehung berücksichtigt.

Die Hypothese eines Vermögenstransfers von *D. Galai/R. Masulis* wird durch zwei Überlegungen von *K. Schipper/A. Smith* in Frage gestellt.[4] Zum einen sind bei einem spin-off einer Tochtergesellschaft eines Unternehmens die Vermögenswerte bereits vor einem spin-off in einer rechtlich unabhängig Gesellschaft organisiert. Der Fremdkapitalgeber der Muttergesellschaft kann damit - außer im Fall besonderer Vereinbarungen - auch vor einem spin-off nicht auf die Vermögenswerte der Tochtergesellschaft durchgreifen. Zum

---

[1] Vgl. *Galai, D./Masulis, R.*, Model, 1976, S. 69 f.; *Miles, J.A./Rosenfeld, J.A.*, Effect, 1983, S. 1598.

[2] Vgl. *Galai, D./Masulis, R.*, Model, 1976, S. 69 f.

[3] *Galai, D./Masulis, R.*, Model, 1976, S. 69 (Hervorhebungen im Original).

[4] Vgl. dazu *Schipper, K./Smith A.*, Corporate, 1986, S. 439, 442.

anderen ist fraglich, inwieweit bei einem spin-off Verbindlichkeiten tatsächlich beim abspaltenden Unternehmen verbleiben, während vorwiegend Vermögenswerte übertragen werden. *K. Schipper/A. Smith* stellen fest, daß in der Unternehmenspraxis oftmals Verbindlichkeiten soweit auf die abgespaltene Gesellschaft übertragen werden, daß die Fremdkapitalgeber der abspaltenden Gesellschaft eine verbesserte oder vergleichbare Vermögensposition wie vor dem spin-off einnehmen.

K. Schipper/A. Smith stellen darüber hinaus fest, daß in vielen Anleihebedingungen Dividendenauszahlungen oder die Verfügung über Vermögenswerte reglementiert sind.[1] Nachdem es sich beim spin-off ebenfalls um eine (Sonder-)Dividende und Verfügung über Vermögenswerte handelt, müssen mögliche Reglementierungen beachtet werden.

In der unten dargestellten empirischen Untersuchungen von *G.L. Hite/J.E. Owers* wurde die Hypothese eines Vermögenstransfers durch die Veränderungen der Anleihenwerte der abspaltenden Unternehmen untersucht.[2] Es konnte jedoch kein signifikanter Vermögensnachteil für Fremdkapitalgeber nach einem spin-off festgestellt werden, der einen Anhaltspunkt für einen Vermögenstransfer von Fremdkapitalgebern zu Eigenkapitalgebern gegeben hätte.

Eine weitere Veränderung der Finanzierungsbeziehung zwischen principal und agent wird in bezug auf das Unterinvestitionsproblem festgestellt. *S.C. Myers* identfizierte ein Agency-Problem der Unterinvestition, wenn Investitionen nicht getätigt werden, weil der Ertrag aufgrund der Fremdfinanzierung ganz oder teilweise den Eigenkapitalgebern zufällt und der nutzenmaximierende Eigentümer-Geschäftsführer die Investition daher unterläßt. Die Durchführung eines spin-off kann dazu führen, daß die Erträge von Investitionsobjekten bei abgespaltenen Teileinheiten wieder den Eigenkapitalgebern zukommen und daher Investitionen wieder getätigt werden. *J.A. Miles/J.A. Rosenfeld* fassen die Reduzierung des Unterinvestitionsproblems durch einen spin-off wie folgt zusammen:

"For example, a subsidiary may have attractive investment opportunities which are rejected because they benefit the existing bondholders of the parent. If the subsidiary were spun-off, these investment oportunities could be undertaken with all of the benefits accruing to equity-holders. A spin-off

---

1 Vgl. *Schipper, K./Smith, A.*, Effects, 1983, S. 449 f.
2 Vgl. dazu *Hite, G.L./Owers, J.E.*, price, 1983, S. 434; s. unten Kapitel F.I.3., S. 164-167.

might then increase firm value by the net present value of these investment opportunities."[1]

7. Besonderheiten der Trennung von Eigentum und Kontrolle in der *Bundesrepublik Deutschland*

Wie in den vorstehenden Kapiteln dargestellt wurde, hat die Trennung von Eigentum und Kontrolle zu verschiedenartigen Agency-Problemen geführt, die durch die Verwendung von Anreiz-, Kontroll- und Informationsmechanismen eingeschränkt werden können. In der *Bundesrepublik Deutschland* wurden im Vergleich zu angelsächsischen Ländern unterschiedliche Bedingungen bezüglich der Eigentumsstruktur und der Kontrollmechanismen beobachtet, die m.E. auch für eine mögliche Durchführung eines spin-off von Bedeutung sind.

J. Franks/C. Mayer stellten in einer Vergleichsuntersuchung der Eigentümerstrukturen von größeren börsennotierten Unternehmen in verschiedenen Ländern grundlegende Unterschiede zwischen *Großbritannien* und den *USA* auf der einen und der Bundesrepublik Deutschland auf der anderen Seite fest.[2] In Großbritannien und den *USA* setzt sich die Eigentümerstruktur größerer börsennotierter Unternehmen vorwiegend aus einer größeren Zahl von Institutionen und Einzelunternehmen zusammen. In Großbritannien wird ein Großteil der Aktienanteile von institutionellen Anlegern gehalten, deren Anteil i.d.R. jedoch eher gering ist. Beispielsweise gehören nur in 16 v.H. Fällen mehr als 25 v.H. der Anteile eines Unternehmens einem einzelnen Anteilseigner. In den *USA* liegt der Großteil der Aktienanteile in der Hand von Einzelpersonen.

In der *Bundesrepublik Deutschland* hingegen werden bei 85 v.H. der größeren börsennotierten Unternehmen über 25 v.H. der Anteile durch einen einzelnen Anteilseigner gehalten. Im einzelnen sind das andere Unternehmen (27,5 v.H.), Familiengruppen (20,5 v.H.), Investmentfonds (12,9 v.H.) und ausländische Unternehmen (9,9 v.H.). Im Streubesitz befanden sich 14,6 v.H. der Anteile der untersuchten Unternehmen. Von (Groß-)Banken wurden hingegen nur 5,8 v.H. der Anteile gehalten. Die Bedeutung der Banken wird allerdings durch die Vollmachtsvertretung der Stimmrechte anderer

---

1 *Miles, J.A./Rosenfeld, J.A.*, Effect, 1983, S. 1598.
2 Vgl. *Franks, J./Mayer, C.*, Ownership, 1995, S. 174-184.

Anteilseigner verstärkt, die ihre Anteile in den Depots der Banken halten. Die Anteilseigner von Mehrheitsbeteiligungen sind vorwiegend andere Unternehmen und Familiengruppen. Banken halten in der Mehrzahl Minderheitsbeteiligungen (46,2 v.H. der Banken halten Beteiligungen zwischen 5 und 15 v.H. der Unternehmensanteile).

Aufgrund der Beobachtung der differenzierten (länderspezifischen) Eigentumsverhältnisse führen *J. Franks/C. Mayer* eine Unterscheidung zwischen Outsider- und Insider-Systemen der Unternehmenskontrolle ein (Abb. 15). Die *Bundesrepublik Deutschland* wird als Insider-System der Unternehmenskontrolle identifiziert, weil eine große Zahl von Unternehmensanteilen von anderen Unternehmen gehalten werden. Dagegen können die angelsächsischen Länder als Outsider-Systeme bezeichnet werden, weil sich hier die Mehrzahl der Unternehmensanteile in Streubesitz befinden.

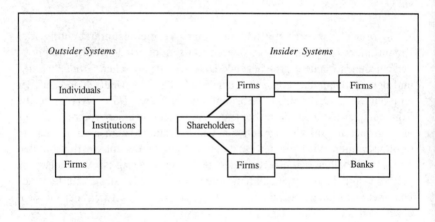

Abb. 15: Insider- und Outsider-Systeme
(Quelle: *Franks, J./Mayer, C.,* Ownership, 1995, S. 184)

Es herrschen jedoch widersprüchliche Meinungen, ob Insider-Systeme als Kontrollsysteme große Nachteile gegenüber Outsider-Systemen aufweisen. *K. Spremann* stellt dazu fest:

"Without doubt the allocation of control should be efficient in every economy. Looking at European experience, however, we have to ask whether the efficient allocation of corporate control requires a market that mirrors the American prototype. Perhaps the European way of allocating corporate control also deserves the term 'efficient.' Remember that the main task of a market for control is to make the shape and sizes of firms flexible."[1]

Die konzentriertere Eigentümerstruktur in der *Bundesrepublik Deutschland* ermöglicht beispielsweise eine Durchführung einer direkteren Kontrolle im Gegensatz zu der indirekten Kontrolle durch Kapitalmärkte bzw. den Markt für Unternehmungen.[2]

Die Eigentümerstruktur des deutschen Kapitalmarktes stellt m.E. eine mögliche Begründung dar, warum in der *Bundesrepublik Deutschland* bislang kein spin-off nach US-amerikanischem Vorbild durchgeführt wurde. Zu den Gründen hierfür zählen:

(1) Die Eigentümerstruktur in der *Bundesrepublik Deutschland* ist durch Großaktionäre (Unternehmen, Eigentümerfamilien, Banken/ Versicherungen) geprägt, die als sehr langfristige Anleger auf keine schnelle Realisierung ihrer Anlage und damit keine permanente Steigerung des Unternehmenswertes angewiesen sind, der die Durchführung eines spin-off begründen könnte.

(2) Aufgrund der Eigentümerstruktur der Großunternehmen haben die Anteilseigner keine indirekte Kontrolle des angestellten Managements durch Marktmechanismen. Es handelt sich vielmehr um Insider-Systeme von sich gegenseitig kontrollierenden Managern, die keinen wesentlichen Veränderungsdruck auf die kontrollierten Unternehmen ausüben, der zur Durchführung eines spin-off führen könnte.[3]

---

[1] *Spremann, K.*, Comment, 1995, S. 166.

[2] Vgl. zu den Vorteilen unterschiedlicher Kontrollsysteme *Demsetz, H./Lehn, K.*, Structure, 1985, S. 1155-1177.

[3] *M. Hellwig* beschreibt die Kontroll- und Disziplinierungssysteme in der *Bundesrepublik Deutschland* folgendermaßen: "When company A holds a stake in company B, we must not take it for granted that control is wielded in the interest of company A's shareholders. Company A's shareholders have an agency problem with whoever represents them on the supervisory board of company B; in the case of cross-holdings, there is effectively nothing they can do about this agency problem. If the chief executive officers of the different companies come to terms with each other, Herr Schmidt, using the voting power of company A in company B, can protect Herr Müller from interference by outside shareholders in company B, and Herr Müller, using the voting power of company B in company A, can return the favor." (*Hellwig, M.*, Comment, 1995, S. 197 f.)

(3)Entsprechend der Annahmen der Agency-Theorie versuchen angestellte Manager ihre Nutzenfunktion zu optimieren.1 Da Macht und Ansehen wichtige Faktoren dieser Nutzenfunktion darstellen, werden sie nach Möglichkeit die Macht über größere Unternehmensteile nicht abgeben. Als Restrukturierungsvariante werden sie eher die Neuemission von Tochtergesellschaften bevorzugen, bei der nur ein Teil der Aktienanteile der Tochtergesellschaft verkauft wird.

II. Signalling-Theorie
1. Gegenstand und Historie der Signalling-Theorie

Im Rahmen der Agency-Theorie wurde bereits auf den Prozeß der Negativauslese (adverse selection) eingegangen.[2] Zu einer Negativauslese zwischen zwei Marktseiten oder Parteien einer Agency-Beziehung kommt es aufgrund einer ex-ante Informationsasymmetrie, die zu opportunistischem Verhalten einer Vertragsseite vor Vertragsabschluß führt.[3] *G.A. Akerlof* hat am Beispiel des Gebrauchtwagenmarktes ("market for lemons") verdeutlicht, daß der Anbieter eines Gebrauchtwagens über Informationsvorteile bezüglich der Qualität seines Fahrzeuges verfügt.[4] Der Nachfrager des Gebrauchtwagens kann die Qualität des Fahrzeuges dagegen nicht einschätzen und muß von einer durchschnittlichen Qualität ausgehen. Es kommt daher zu einer Unterbewertung überdurchschnittlicher Qualitäten und einer Überbewertung unterdurchschnittlicher Qualitäten.[5] Damit verbunden ist eine Negativauslese, weil sich Anbieter guter Qualitäten vom Markt zurückziehen und nur noch schlechte Qualitäten (sogenannte "lemons") am Markt verbleiben. Nachdem durch die Negativauslese für beide Vertragsseiten Nutzenverluste auftreten, bestehen für beide Parteien Anreize, den Markt durch Übertragung von Informationen in unterschiedliche Qualitäten zu separieren und auf einem höheren Nutzenniveau ein Separating-Gleichgewicht zu erreichen.[6] Die

---

1 Dies bestätigt auch *Copeland, T.E.*, Value, 1994, S. 99: "in such an environment, managers are less likely to focus on value creation - a long-term performance metric-because market prices of shares are less likely to reflect good information. Therefore, the market price of equity is commonly disregarded as the best indicator of management performance."

2 S. oben Kapitel D.I.2.b., S. 68 f.

3 Vgl. *Milgrom, P./Roberts, J.*, Economics, 1992, S. 150.

4 Vgl. dazu *Akerlof, G.A.*, market, 1970, S. 488-500.

5 Vgl. *Wosnitzka, M.*, Kapitalstrukturentscheidung, 1995, S. 13 f.

6 Vgl. *Wosnitzka, M.*, Kapitalstrukturentscheidung, 1995, S. 14.

Informationsübertragung vom besser informierten agent zum schlechter informierten principal wird als "signalling" bezeichnet.

Als einer der ersten Autoren stellte *M. Spence* die Möglichkeiten der Überbrückung der Informationsassymmetrie durch signalling dar.[1] Zu seinen wesentlichen Feststellungen gehörte, daß ein Anbieter mit hoher Qualität Möglichkeiten finden muß, die Qualitäten seiner Güter durch Informationsübertragung zu verdeutlichen. Für den Anbieter hochwertiger Güter muß die Verdeutlichung der Eigenschaften zu niedrigeren Kosten möglich sein wie für den Anbieter niedriger Qualitäten. Darüber hinaus müssen die Käufer aus den Signalen entnehmen können, daß es sich um hochwertige Güter handelt, für die ein höherer Preis bezahlt werden kann. *M. Spence* wendet die Theorie bei einem einfachen Modell des Arbeitsmarktes an, in dem angenommen wurde, daß Arbeiter entweder eine hohe oder niedrige Produktivität haben können. Wenn keine Möglichkeit der Differenzierung besteht, werden die Arbeiter trotz unterschiedlicher Produktivität mit demselben Betrag entlohnt. Der hochproduktive Arbeiter wird daher versuchen, seine Produktivität dem Arbeitgeber deutlich zu machen, um eine "gerechte" Entlohnung zu erhalten. *M. Spence* argumentiert, daß die Ausbildung eines Arbeiters ein mögliches Signal für seine Produktivität darstellt. Der Arbeiter mit hoher Produktivität hat die Möglichkeit, eine Ausbildung zu niedrigeren Kosten zu erwerben als ein Arbeiter mit niedriger Produktivität. Für die Wirksamkeit eines Signals sind damit die folgenden Annahmen verbunden:[2]

(1) Das Signal muß Kosten verursachen.[3]

(2) Das Signal muß eine negative Korrelation der Kosten für die Signalerzeugung mit den signalisierten Qualitäten aufweisen, wodurch es für Anbieter guter Qualität leichter zu erzeugen ist als für Anbieter schlechter Qualität.[4]

---

[1] Vgl. dazu *Spence, M.*, Job Market, 1973, S. 355-374.

[2] Vgl. dazu auch *Wosnitzka, M.*, Kapitalstrukturentscheidung, 1995, S. 15.

[3] Der Signalkostenbegriff muß dabei weit gefaßt werden und umfaßt beispielsweise auch die Verwendung von Zeit, vgl. *Spence, M.*, Job Market, 1973, S. 359.

[4] Vgl. *Spence, M.*, Job Market, 1973, S. 358: " It is not difficult to see that a signal will not effectively distinguish one applicant from another, unless the cost of signalling are negatively correlated with productive capability. For if this condition fails to hold, given the offered wage schedule, everyone will invest in the signal in exactly the same way, so that they cannot be distinguished on the basis of the signal."

Die Signalling-Theorie fand zunächst Anwendung in der Versicherungstheorie und später in der Finanzierungstheorie.[1] In der Finanzierungstheorie wurde u.a. untersucht, auf welche Weise ein Manager, der einen Informationsvorsprung gegenüber dem Anleger hat, dem Anleger verdeutlichen kann, daß seine Investitionsprojekte von hoher Qualität sind. Als Signalisierungsmechanismen wurden hierbei beispielsweise die Finanzstruktur, die Dividendenpolitik oder die Wahl des Abschlußprüfers diskutiert.[2] Im weiteren werden die Signalling-Wirkungen bei Aufnahme von Eigenkapital und Fremdkapital sowie bei Durchführung eines spin-off analysiert.

2. Signalling-Wirkungen bei Aufnahme von Eigenkapital und Fremdkapital

Der Markt für Eigenkapital und Fremdkapital weist ähnliche Charakteristika auf wie der Gebrauchtwagenmarkt in der vorstehend genannten Darstellung von *G.A. Akerlof*. Unternehmen "guter" und "schlechter" Qualität konkurrieren am Kapitalmarkt, um für bestimmte Investitionen Eigen- und Fremdkapital aufzunehmen. Die guten Unternehmen werden daher versuchen, nach bestimmten Signalen zu suchen, deren Produktionskosten negativ mit der zu signalisierenden Qualität korrelieren, durch die sie sich von den "schlechten" Unternehmen separieren können. Durch die Separierung ist es den "guten" Unternehmen möglich, bessere Konditionen bei der Kapitalaufnahme zu erhalten.[3] Es wurde festgestellt, daß die Aufnahme von Eigenkapital und Fremdkapital selbst auch mit bestimmten Signalling-Wirkungen über die Qualität der kapitalsuchenden Unternehmung verbunden ist.

Bei kapitalsuchenden Eigentümer-Geschäftsführern wird angenommen, daß sie den Fremdkapitalgebern durch verstärkten Eigenkapitaleinsatz die positiven Zukunftsaussichten des Unternehmens und ihren Einsatz signalisieren müssen.[4]

---

[1] Vgl. für eine Anwendung in der Versicherungstheorie *Rothschild, M./Stiglitz, J.E.* Equilibrium, 1976, S. 629-649; und in der Finanzierungstheorie *Ross, S.A.*, Determination, 1977, S. 23-40.

[2] Vgl. für einen Überblick *Riley, J.G.*, signalling, 1992, S. 455. Für einen Überblick über Signalwirkungen bei Veränderungen der Dividendenpolitik *William, J.T.*, signalling, 1992, S. 458-460.

[3] Vgl. dazu *Süchting, J.*, Finanzmanagement, 1995, S. 503 f.

[4] Vgl. *Süchting, J.*, Finanzmanagement, 1995, S. 504.

Auf der anderen Seite wird die Aufnahme von Fremdkapital bei managergeführten Unternehmen als positives Signal über die Qualität des Unternehmens gewertet. Gründe für diesen positiven Signalling-Effekt sind:

- Fremdkapitalgeber haben die Möglichkeit das Management durch Abzug ihrer Kapitalmittel zu disziplinieren.[1] Weil der Abzug auch Zug um Zug durchgeführt werden kann, stellt er ein besseres Instrument der Disziplinierung dar als die Stimmrechte von Aktienanteilen.

- Ein höherer Fremdkapitalanteil steigert das Insolvenzrisiko, das aufgrund von Einkommenseinbußen bzw. Arbeitplatz- und Ansehensverlust motivierend auf den Manager wirken kann.[2]

- Die Aufnahme von Fremdkapital kann die Manager daran binden, zukünftigen cash-flow auszuzahlen.[3]

Der angestellte Manager eines Unternehmens, der von der guten Qualität des von ihm geführten Unternehmens überzeugt ist, wird einen höheren Fremdkapitalanteil in Kauf nehmen. "Gute" Unternehmen können eine höhere Fremdfinanzierung tragen als "schlechte" Unternehmen, weil für "gute" Unternehmen die Zinsbelastung der Fremdfinanzierung im Sinne einer "fixed obligation" weniger problematisch ist, und damit ein geringeres Insolvenzrisiko besteht. Nach Ansicht von *B. Greenwald/J.E. Stiglitz/A. Weiss* bedeutet eine stärkere Verwendung von Fremdkapital durch "gute" Unternehmen unter bestimmten Annahmen, daß Eigenkapital vorwiegend von "schlechten" Unternehmen nachgefragt wird.[4] Mit der Aufnahme von Eigenkapital wird daher ein stark negatives Signal über die Qualität des Unternehmens ausgesendet, das den Marktwert des Unternehmens entsprechend verringert. Die negativen Signalling-Wirkung führen zu hohen Kosten der Kapitalaufnahme, durch die es für viele Unternehmen nicht möglich ist, Eigenkapital aufzunehmen.

---

[1] Vgl. *Greenwald, B./Stiglitz, J.E./Weiss, A.*, Imperfections, 1984, S. 195.
[2] Vgl. *Greenwald, B./Stiglitz, J.E./Weiss, A.*, Imperfections, 1984, S. 195.
[3] Vgl. *Jensen, M.C.*, Agency Costs, 1986, S. 324: "Debt creation…enables managers to effectively bond their promise to pay out future cash flows. Thus, debt can be an effective substitute for dividends, something not generally recognized in the corporate finance literature. By issuing debt in exchange for stock, managers are bonding their promise to pay out future cash flows in a way that cannot be accomplished by simple dividend increases.".
[4] Vgl. *Greenwald, B./Siglitz, J.E./Weiss, A.*, Imperfections, 1984, S. 195 f. Das Problem der Kreditrationierung wurde bereits im Beispiel von *K. Spremann* (zurückgehend auf *J.E. Stiglitz/A. Weiss*) dargestellt, s. oben Kapitel D.I.2.b., S. 71 f.

Verschiedene empirische Ergebnisse unterstützen die Hypothese von *B. Greenwald/J.E. Stiglitz/A. Weiss*.[1] Beispielsweise konnte bei Ankündigung von Transaktionen, die ein Unternehmen wieder von der Börse weg zu einem privat gehaltenen Unternehmen führten (sogenanntes "going privat") Unternehmenswertsteigerung festgestellt werde.[2] Darüber hinaus stellt trotz der Gefahren der Fremdkapitalaufnahme (insbesondere des Insolvenzrisikos), der Eigenkapitalmarkt in den USA ein relativ unbedeutendes Finanzierungsinstrument dar.[3]

3. Signalling-Wirkungen des spin-off

M.B. Slovin/M.E. Sushka/S.R. Ferraro gehen in ihrer unten dargestellten empirischen Untersuchung explizit auf die Signalling-Wirkungen der unterschiedlichen Restrukturierungsformen ein, die anhand der Aktienentwicklung von Konkurrenzunternehmen der abspaltenden und der abgespaltenen Unternehmen untersucht werden.[4] Bei Ankündigung der Durchführung eines spin-off konnte eine signifikante Zunahme der Aktienpreise der Konkurrenzunternehmen der abgespaltenen Tochterunternehmen festgestellt werden. Konkurrenzunternehmen der abspaltenden Mutterunternehmen veränderten dagegen ihre Aktienbewertung nicht. *M.B. Slovin/M.E. Sushka/S.R. Ferraro* nehmen daher an, daß ein spin-off durchgeführt wird, wenn das Management von einer Unterbewertung der abgespaltenen Teileinheiten ausgeht, die bei einem Unternehmensverkauf zu einem zu niedrigen Verkaufspreis führen würde.[5] Ein spin-off kann folglich als ein positives Signal für das abspaltende und abgespaltene Unternehmen interpretiert werden.

V. Nanda stellt in einer Untersuchung der Signalling-Wirkungen der Neuemission von Tochtergesellschaften fest, daß es sich bei der Neuemission von Tochtergesellschaften um eine Form der Eigenkapitalaufnahme der

---

[1] Vgl. dazu zusammenfassend *Jensen, M.C.*, Agency, 1986, S. 324-329.

[2] Vgl. dazu *DeAngelo, H./De Angelo, L./Rice, E.M.*, Going Private, 1986, S. 444-452.

[3] Vgl. *Stiglitz, J.E.*, Capital markets, 1992, S. 278.

[4] Vgl. *Slovin, M.E./Sushka, M.E./Ferraro, S.R.*, comparison, 1995, S. 89-104; s. ausführlich unten Kapitel F.III., S. 179-182.

[5] Vgl. *Slovin, M.E./Sushka, M.E./Ferraro, S.R.*, comparison, 1995, S. 101: "The positive excess return for rivals of spin-offs...signals favorable information about the unit that has industry-common elements. This evidence is consistent with the view that a spin-off signals that managers of the parent believe the unit is undervalued and are unwilling to issue equity in the subsidary as part of the restructuring."

Muttergesellschaft handele.[1] In einer Fallkonstellation, in der das Management eines Konzernunternehmens eine Eigenkapitalerhöhung durchführen möchte, jedoch der Meinung ist, daß die Mutterunternehmung unterbewertet und die Tochterunternehmung überbewertet wird, ist die Neuemission der Tochterunternehmung zu bevorzugen. Für die Signalling-Wirkungen folgt daraus, daß die Neuemission der Tochtergesellschaft ein positives Signal über den Wert der Muttergesellschaft und ein negatives Signal des Wertes der Tochtergesellschaft impliziert.

M.E. verdeutlichen verschiedene Fälle der Unternehmenspraxis, daß auch der spin-off als Instrument zur Verbesserung der Eigenkapitalstruktur der Konzernunternehmung verwendet wird. Ein prominentes Beispiel - auf das unten ausführlicher eingegangen wird - ist der spin-off der biowissenschaftlichen Geschäftsbereiche von *Imperial Chemical Industries PLC* in der neugegründeten *Zeneca, Inc.*[2] In Verbindung mit dem spin-off wurde eine der größten Kapitalerhöhungen in Großbritannien durchgeführt. Bei der Verbindung einer Kapitalerhöhung mit einem spin-off werden m.E. (wissentlich) die positiven Signalling-Wirkungen des spin-off verwendet. Mit einer Kapitalerhöhung sind grundsätzlich negative Signalling-Wirkungen für die aufnehmende Unternehmung verbunden.[3] Für verschiedene Unternehmen ist es daher problematisch, weiteres Eigenkapital durch eine Kapitalerhöhung aufzunehmen. Die positiven Signalling-Wirkungen eines spin-off erlauben jedoch die negativen Signalling-Wirkungen der Kapitalerhöhung zu überlagern. Die Eigenkapitalgeber werden aufgrund der Durchführung eines spin-off eine sinnvolle Verwendung ihrer Kapitalmittel annehmen. Zudem wird die Kapitalerhöhung z.T. durch die Restrukturierungskosten begründet.

---

[1] Vgl. *Nanda, V.*, news, 1991, S. 1717-1737.
[2] S. dazu unten Kapitel E.IV.2., S. 148-155.
[3] S. dazu oben Kapitel D.II.2, S. 102 f.

E. Motive des spin-off

Für eine Untersuchung der Motive des spin-off muß unterschieden werden zwischen extern vorgegebener Abspaltung aufgrund einer Dekartellierung und der intern geplanten Abspaltung. Auf den spin-off zur Dekartellierung einer Konzernunternehmung soll aufgrund der unterschiedlichen Grundvoraussetzungen hier nicht eingegangen werden. Für den intern geplanten spin-off ist insbesondere der Umstrukturierungsanlass von Interesse. In der folgenden Darstellung wird zwischen organisatorischen, finanzwirtschaftlichen und rechtlichen Motiven unterschieden (Kapitel E.I.-III.). Im Rahmen einer Zusammenfassung der Motive soll darüber hinaus anhand der Fallbeispiele *General Mills, Inc.* und *Imperial Chemical Industries PLC* die Rolle der verschiedenen Motive verdeutlicht werden (Kapitel E.IV.). Es ist bei dieser Darstellungsweise vorab anzumerken, daß in den meisten Fällen ein Motiv nicht in seiner isolierten Form zur Durchführung eines spin-off geführt hat, sondern häufig verschiedene Motive zusammenwirken oder komplementär zueinander stehen.

I. Organisatorische Motive
1. Veränderung der Produkt-/Marktbereichsstrategie

Zu den bedeutendsten Motiven eines spin-off zählt die Veränderung der Produkt-/Marktbereichsstrategie einer Konzernunternehmung.[1] Die Abspaltung eines Geschäftsbereiches oder einer Tochtergesellschaft durch einen spin-off reduziert die Geschäftsaktivitäten in bestimmten Produkt-/Marktbereichen. Mit der Abspaltung können zwei unterschiedliche Detailziele verfolgt werden:

(1)Das abspaltende Mutterunternehmen kann sich auf ausgewählte Geschäftsbereiche - typischerweise das Stamm- bzw. Kerngeschäft - konzentrieren und sich von unrentablen Teileinheiten trennen.

(2)Durch den spin-off können bestimmte Geschäftsbereiche bzw. Tochtergesellschaften abgespalten werden, die durch die Unabhängigkeit und den größeren Handlungsspielraum in ihrer Geschäftsentwicklung profitieren sollen.

---

[1] Vgl. *Slovin, M.B./Sushka, M.E./Ferraro, S.R.*, comparison, 1995, S. 90; *Woo, C.Y./Willard, G.E./Daellenbach, U.S.*, Spin-Off, 1992, S. 433; *Hite, G.L./Owers, J.E.*, Restructuring, 1986, S. 423.

a. Konzentration auf bestimmte Geschäftsbereiche

Die Durchführung eines spin-off zur Konzentration auf bestimmte Geschäftsbereiche kann als eine Pendelbewegung der Konzernstrategie betrachtet werden.[1] Während vor allem in der US-amerikanischen Unternehmenspraxis seit den sechziger Jahren zahlreiche Unternehmen eine Diversifikation in nichtverwandte Produktbereiche durchführten, wird seit den achtziger Jahren eine zunehmende Reduzierung des Diversifikationgrades und Konzentration der Geschäftsaktivitäten auf das Stammgeschäft festgestellt.[2] In der Wirtschaftspresse und in der angelsächsischen wissenschaftlichen Literatur wurde dieses Phänomen unter verschiedenen Begriffen wie beispielsweise "de-conglomerating", "de-diversifying" oder "refocusing" analysiert.[3]

Nach Ansicht von *G.L Hite/J.E. Owers* verdeutlicht insbesondere die zunehmende Bedeutung des spin-off eine neue "arithmetic" in der strategischen Planung der Konzernunternehmungen:

"Whereas corporate management once seemed to behave as if 2+2 were equal to 5, especially during the conglomerate heyday of the 60s, the wave of reverse mergers seems based on the counter proposition that 5-1 is 5. And, as suggested, the market's consistently positive response to such deals seems to be providing broad confirmation of the 'new math'."[4]

Die Veränderung der Konzernstrategie war Untersuchungsgegenstand verschiedener empirischer Studien.[5] *M.E. Porter* untersuchte die Diversifikationsvorhaben von 33 großen US-amerikanischen Unternehmen in der Zeit von 1950 bis 1986 und stellte fest, daß die meisten Unternehmen große Teile der zugekauften oder neugegründeten Unternehmen wieder abgespalten bzw. verkauft hatten.[6] Die untersuchten Unternehmen diversifizierten im Durchschnitt in 80 neue Branchen, von denen 27 in keiner Beziehung zum Stammgeschäft standen. Im Durchschnitt wurden von den Unternehmen mehr als die Hälfte der zugekauften Tochtergesellschaften

---

[1] Vgl. *Hite, G.L./Owers, J.E.*, Restructuring, 1986, S. 418; o.V., Demergers, 1996, S. 46.

[2] Vgl. dazu beispielhaft *Bühner, R./Spindler, H.J.*, Synergieerwartungen, 1986, S. 601; *Markides, C.C.*, Characteristics, 1992, S. 91.

[3] Vgl. dazu beispielhaft *Markides, C.C.*, Characteristics, 1992, S. 91.

[4] *Hite, G.L./Owers, J.E.*, Restructuring, 1986, S. 419.

[5] Für einen Überblick der empirischen Untersuchungen vgl. *Ramanujam, V./Varadarajan, P.*, Research, 1989; *Löbler, H.*, Diversifikation, 1988, S. 55-97; *Kieser, A./Kubicek, H.*, Organisation, 1992, S. 233-235.

[6] Vgl. dazu *Porter, M.E.*, Diversifikation, 1992, S. 6-31.

insgesamt und 60 v.H. der Akquisitionen in neuen Geschäftsfeldern wieder abgestoßen. Die Untersuchungsergebnisse lassen nach Ansicht von *M.E. Porter* erkennen, "daß Diversifikationen offenbar eine höchst magere Erfolgsquote beschieden ist."[1] Bewertungsmaßstab für *M.E. Porters* Einschätzungen ist der Anteil der langfristig gehaltenen Geschäftseinheiten einer Unternehmung. Die in anderen Untersuchungen als Maßstab verwendete Veränderung des Börsenwertes (des akquirierten Unternehmens vor und nach der Übernahme), ist seines Erachtens nach ein unvollkommener Maßstab, um den Erfolg einer Diversifikation zu bewerten, weil in der Praxis nicht der tatsächliche Börsenwert mit dem ohne Diversifikation möglichen Aktienkurs verglichen werden kann.

Einen anderen Ansatz wählten *S.N. Kaplan* und *M.S. Weisbach* die (u.a. auf *M.E. Porters* Ergebnissen aufbauend) untersuchten, inwieweit es sich bei Abspaltungen von Tochtergesellschaften tatsächlich um wenig erfolgreiche oder fehlgeschlagene Akquisitionen gehandelt hat.[2] Als Maßstab wurde der Kaufpreis der Akquisition mit dem Verkaufswert verglichen. Von der Untersuchungsgruppe von 271 größeren Akquisitionen zwischen 1971 und 1982 wurden 44 v.H. der Unternehmen in den achtziger Jahren wieder verkauft. Im Gegensatz zu den Ergebnissen von *M.E. Porter* berichten nur 44 v.H. der verkaufenden Unternehmen, daß sie mit der Akquisition einen Verlust gemacht haben. Auch bei Unternehmen, bei denen der Kauf- und Wiederverkaufspreis öffentlich bekannt war, wurde eine größere Zahl der akquirierten Unternehmen zu einem höheren Preis wieder abgestoßen. Der um eine normale Kursentwicklung bereinigte durchschnittliche Wiederverkaufspreis betrug 90 v.H. des ursprünglichen Kaufpreises. Darüber hinaus erzielten die verkauften Unternehmen einen höheren Verkaufspreis (durchschnittlich bereinigte 143 v.H.) als bei der Bewertung innerhalb der Konzernunternehmung.[3]

1 *Porter, M.E.*, Diversifikation, 1992, S. 7.
2 Vgl. dazu *Kaplan, S.N./Weisbach, M.S.*, Success, 1992, S. 136. *S.N. Kaplan und M.S. Weisbach* zitieren auch Ergebnisse empirischer Untersuchungen von *Ravenscraft, D./Scherer, F.M.*, Sell-offs, 1987, die schätzen, daß 33% der Akquisitionen der sechziger und siebziger Jahre später wieder verkauft wurden. Vgl. *Kaplan, S.N./Weisbach, M.S.*, Success, 1992, S. 107.
3 Vgl. *Kaplan, S.N./Weisbach, M.S.*, Success, 1992, S. 136. Am selben Ort stellen *S.N. Kaplan/M.S. Weisbach* fest, daß Akquisitionen in unverbundene Geschäftsbereiche wesentlich häufiger wieder verkauft wurden als in verbundene Geschäftsbereiche (60 v.H. der unverbundenen Geschäftsbereiche versus 20 v.H. der verbundenen Geschäftsbereiche).

110

Die allgemeinen empirischen Ergebnisse von *M.E. Porter* und *S.N. Kaplan/M.S. Weisbach* sind m.E. in vergleichbarer Form für den spin-off gültig. Grundsätzlich können durch einen spin-off auch Teileinheiten abgespalten werden, die sich innerhalb des Konzernverbundes negativ entwickelt haben. Auch diese Teileinheiten können in der Eigenständigkeit eine positive Entwicklung vollziehen.[1] Während jedoch der spin-off in der Vergangenheit in vielen Fällen zur Abspaltung rentabilitätsschwacher Teileinheiten verwendet wurde, wird heute besonders auf die eigenständige Lebensfähigkeit der abgespaltenen Unternehmen geachtet.[2]

Darüber hinaus sind in der Unternehmenspraxis Fälle beobachtbar, in der Unternehmen ihre Kerngeschäftsaktivitäten gerade aufgrund von profitablen Tochterunternehmen vernachlässigt hatten.[3] Die Abspaltung eines profitablen Tochterunternehmens in einem spin-off ermöglicht den Mutterunternehmen, sich auf die vernachlässigten Kerngeschäftsaktivitäten zu konzentrieren. Die Rekonzentration der Geschäftsaktivitäten setzt allerdings voraus, daß die Kernaktivitäten sich in einem attraktiven und profitablen Geschäftsfeld befinden. Zum Teil wurde eine Diversifikation durchgeführt, weil die Kernaktivitäten des Unternehmens an Attraktivität verloren hatten.[4] Ein Unternehmen kann daher in einem spin-off auch Kernaktivitäten abspalten, um sich auf einen neuen Geschäftsbereich mit hohen Erfolgspotentialen zu konzentrieren.[5]

---

[1] Vgl. *Cusatis, P.J./Miles, J.A./Woolridge, J.R.*, Restructuring, 1993, S. 296: "The reasons cited by management for spinning off subsidiaries...include...a lack of strategic fit or synergy between the subsidary and the parent," Für prominente Beispiele von Unternehmungen, die sich außerhalb des Konzernverbundes positiv entwickelten vgl. *Lynch, P.*, Free, 1995, S. 27.

[2] Vgl. *Kahn, S.*, Bust Up, 1996, S. 46: "Today a bare minimum requirement is that the spin-off must be able to stand on its own." *C.C. Markides* stellt fest, daß der Rentabilitätseinbruch oder eine -schwäche ein Hauptmotiv bei Abspaltungen und Unternehmensverkäufen darstellt. Diese Situation entsteht nach seiner Auffassung entweder, wenn ein Unternehmen zu stark in die Diversifikation investiert hat oder, wenn der optimale Grad der Diversifikation für Unternehmen im allgemeinen gesunken ist. Vgl. dazu *Markides, C.C.*, 1992, Characteristics, 1992, S. 92.

[3] Vgl. beispielhaft den spin-off von *Dean Witter Financial Services Group* und *Coldwell Banker* von *Sears Roebuck & Co.*, s. unten Kapitel E.I.2., S. 114.

[4] Vgl. *Markides, C.C.*, Characteristics, 1992, S. 92. Ein Kernbereich zeichnet sich dadurch aus, daß er zu einem attraktiven Markt gehört, der Potential für dauerhafte Wettbewerbsvorteile aufweist. Vgl. dazu *Porter, M.E.*, Diversifikation, 1992, S. 28.

[5] Ein Beispiel ist das Computerunternehmen *Ceridian*, das den Kernbereich Computer in einem spin-off abgespalten hat, um sich auf die Nebenaktivitäten (insbesondere die Lohnbuchhaltung) zu konzentrieren. Vgl. *Lynch, P.*, Free, 1995, S. 28.

b. Verbesserung der Handlungsfähigkeit eines Tochterunternehmens

Das Motiv der Verbesserung der Handlungsfähigkeit durch einen spin-off wird insbesondere bezüglich der Vertriebsmöglichkeiten des Tochterunternehmens genannt. Ein Vorteil der Unabhängigkeit liegt für die abgespaltene Teileinheit darin, daß Kundengruppen angesprochen werden können, die zuvor in einem Konkurrenzverhältnis zum Mutterunternehmen standen und dadurch nicht zu Kunden werden konnten. Diese Beschränkung des Kundenkreises betrifft vor allem Tochterunternehmung, die EDV-Dienstleistungen sowohl an die Mutter- als auch an Konkurrenzunternehmen anbieten. Aufgrund der Gefahr einer Weitergabe von vertraulichen Informationen lassen sich EDV-Dienstleistungen i.d.R. erst nach einer vollkommenen rechtlichen und wirtschaftlichen Trennung an Konkurrenzunternehmen anbieten.[1] Ein praktisches Beispiel hierfür ist die Aufspaltung der *AT&T Corp.* (*AT&T*) in drei unabhängige Gesellschaften.[2] Mit einem spin-off wurden die *Lucent Technologies* (Geschäftsaktivitäten im Bereich der Produktion von Telekomgeräten aller Art) und die *NCR* (Geschäftsaktivitäten im Bereich Elektronische Kassen, Bankautomaten und Computer) von der alten *AT&T* abgespalten. Als wesentliches Motiv des spin-off wurde genannt, daß sowohl der Geschäftsbereich Computer als auch der Geschäftsbereich für Telekom-Apparate die Trennung von *AT&T* leichter auch Produkte an die Konkurrenz von *AT&T* im Telekommunikationsbereich verkaufen könnte:

"When announcing AT&T's split of its National business and its Communications Service Group in an employee memo on September 20, chairman Robert Allen alluded to the fact that equipment sales, an area of colossal opportunity, were being severly punished because communications companies throughout the world refused to place multimillion-dollar orders with a competitor."[3]

---

1 *General Motors* hat u.a. aus diesem Grund die EDV-Tochtergesellschaft *Electronic Data Systems Corp.* (*"EDS"*) in die Unabhängigkeit entlassen. Vgl. dazu O.V, EDS, 1996, S. 13; o.V., Unabhängigkeit, 1996, S. 23.

2 Vgl. dazu *Preissner, A.,* Wurzeln, 1996, S. 122-130; o.V., Telekom-Industrie, 1996, S. 20, o.V., Energie, 1995, S. 27.

3 *Kahn, S.,* Bust Up, 1996, S. 44.

2. Verbesserung der Transparenz

Ein weiteres bedeutendes Motiv der Durchführung eines spin-off ist die Verbesserung der Transparenz der Finanz- und Organisationsstruktur der Unternehmung.[1] Ein Hauptinteresse an einer Verbesserung der Transparenz der Finanzentwicklung einzelner Teilunternehmungen besteht von seiten der Anteilseigner.[2] Mit der Durchführung eines spin-off werden alle bilanzwirksamen und monetär quantifizierbaren Aktivitäten der Teileinheit in einem eigenständigen und selbständigen Rechnungswesen erfaßt und im Rahmen der Publizitätsvorschriften den Anteilseignern zugänglich gemacht. Damit können sowohl sämtliche Aufwands- und Erlösgrößen als auch die Vermögens- und Schuldenpositionen direkt den operativen Teileinheiten zugeordnet werden.

Durch die Auflösung der rechtlichen, organisatorischen und kapitalmäßigen Verbindungen werden darüber hinaus die Möglichkeiten zur Gewinnverlagerung zwischen den Teileinheiten einer Konzernunternehmung eingeschränkt.[3] Eine Methode der Gewinnverlagerung besteht beispielsweise in Holdingkonzernen in der Verrechnungspreispolitik bei Festlegung von Konzernverrechnungspreisen und Konzernumlagen.[4] Die mit der Abspaltung verbundene Zuordnung der Finanzierungsmittel und -kosten kann zudem die Exaktheit der Bewertung des Anteils einzelner Gruppen am Erfolg bzw. Mißerfolg der Unternehmung verbessern.

Für den Anteilseigner und für potentielle Anleger soll mit der getrennten Rechnungslegung und Veröffentlichung der Finanzdaten der einzelnen Teileinheiten eine verbesserte Bewertungsmöglichkeit der Aktienanteile ermöglicht werden.[5] Schwierigkeiten bei der Bewertung treten für den Anteilseigner vorwiegend im Bereich der stillen Reserven, insbesondere der

---

1 Vgl. dazu *Woo, C.Y./Willard, G.E./Daellenbach, U.S.*, Spin-Off, 1992, S. 435; *Schipper, K./Smith, A.*, Effects, 1983, S. 452.

2 Vgl. dazu beispielhaft *Kahn, S.*, Shareholders, 1996, S. 46; o.V., Financier, 1996, S. D7.

3 Vgl. *Brealey, R. A./Myers, S.C.*, Principles, 1991, S. 875: "If each business must stand on its own feet, there is no risk that funds will be siphoned off from one in order to support unprofitable investments in others, it is easy to see the value of each and to reward managers accordingly."; vgl. auch *Porter, M.E.*, Diversifikation, 1992, S. 10.

4 Für eine Übersicht der Möglichkeiten der Gewinnverlagerung vgl. *Theisen, M.R.*, Holding, 1995, S. 383.

5 Vgl. dazu beispielhaft *Woo, C.Y./Willard, G.E./Daellenbach, U.S.*, Spin-Off, 1992, S. 435: "As a publicly-traded firm, the spin-off unit would be required to disclose more in-depth and accurate assessment."

Immobilienvermögen, der Unternehmen auf.[1] Zur genaueren Erfassung der Immobilienvermögen wurden daher in verschiedenen Fällen das Immobilienvermögen durch einen spin-off in eine unabhängige Gesellschaft abgespalten.[2] Weitere Bewertungsprobleme werden bei Konzernunternehmen identifiziert, bei denen ein Geschäftsbereich aufgrund des Geschäftsverlaufes oder (Haftungs-)Risiken eine besonders volatile Geschäftsentwicklung aufweist.[3] Die Abspaltung des betroffenen Geschäftsbereiches kann in diesem Fall zu einer Verbesserung der Bewertungsmöglichkeiten beitragen. Die Bewertungsmöglichkeit für Anteilseigner wird weiterhin verbessert, weil die gespaltenen Unternehmen nach einem spin-off i.d.R. von einer größeren Zahl von Börsenanalysten untersucht werden.[4]

Darüber hinaus wird festgestellt, daß Anleger ein "reines Spiel" ("pure play") der einzelnen Teileinheiten am Aktienmarkt gegenüber einem komplexen, diversifizierten Konzernverbund bevorzugen und daher eine aufgespaltene Unternehmung höher bewerten als einen Konzernverbund.[5] Die Vorteile der Bewertbarkeit der unabhängigen Teileinheiten sind abhängig von der Informationssituation auf den jeweiligen Kapitalmärkten. *K. Schipper/A. Smith* stellen fest, daß auf einem informierten Kapitalmarkt ausreichend Spezialwissen vorhanden ist, um auch eine Konzernunternehmung anhand konsolidierter Jahresabschlüsse zu analysieren.[6]

Die Präferenz des Anlegers für ein "pure play" wird daher eher auf die

---

1 Vgl. *Hite, G.L./Owers, J.E.*, Restructuring, 1986, S. 424: "perhaps the most common [,] motive for spin-offs relies on the inability of investors to recognize the value of 'hidden' corporate assets - those assets whose market values, though substantially above book values, are not reflected in corporate financial statements. Companies with valuable real estate holdings are often held to be undervalued for this reason, and are thus cited as prime candidates for spin-off."

2 Vgl. dazu beispielhaft den spin-off von *Host Marriott Corp.* durch *Marriott Corp.* Vgl. *Kahn, S.,* Bust Up, 1996, S. 46.

3 Vgl. *Cusatis, P.J./Miles, J.A./Woolridge, J.R.*, Restructuring, 1993, S. 296.

4 Vgl. *Vijh, A.M.*, Spinoff, 1994, S. 582.

5 Vgl. dazu beispielhaft *Kahn, S.*, Bust Up, 1996, S. 47.

6 Für einen Überblick über die Theorie des effizienten Kapitalmarktes vgl. *LeRoy, S.*, Markets, 1989, S 1583-1621.

Verbesserung der organisatorischen Transparenz zurückgeführt.[1] Damit wird gleichsam die Frage aufgeworfen, inwieweit die Führung eines diversifizierten Großunternehmens mit den notwendigen Kontroll- und Anreizsystemen möglich ist. Die Vorteile einer organisatorischen Transparenz liegen damit vornehmlich in der Reduzierung der Unternehmensbereiche unter einem einheitlichen Management und in den motivationalen Wirkungen auf das Management bei kleineren Unternehmenseinheiten.

Ein Beispiel für die Verbesserung der innerorganisatorischen und der externen Transparenz stellt der US-amerikanische Einzelhandelskonzern *Sears Roebuck & Co.* (*"Sears Roebuck"*) dar, der sich im Juli 1993 durch einen spin-off von seinen im Bereich Finanzdienstleistungen tätigen Tochtergesellschaften *Dean Witter Financial Services Group* (*"Dean Witter"*) und *Coldwell Banker Residential Services* (*"Coldwell Banker"*) getrennt hatte.[2] Diese Tochtergesellschaften generierten im Gegensatz zur Konzernmutter in den Jahren vor Abspaltung hohe Gewinne. Während der Rumpfkonzern im Geschäftsjahr 1992 ohne die abzuspaltenden Tochtergesellschaften einen Reinverlust von $ 2,57 Milliarden erwirtschaftete, konnten die Tochtergesellschaften *Dean Witter* und *Coldwell Banker* einen Jahresüberschuß von $ 508 Millionen erzielen. Die Durchführung des spin-off wird zum Teil auf den Einfluß der großen Anteilseigner von *Sears Roebuck* und einflußreiche Analytiker von Banken der Wall Street zurückgeführt, die auf die Vernachlässigung des Stammgeschäftes zugunsten der Tochtergesellschaften hingewiesen hatten.[3] Aufgrund der profitablen Tochtergesellschaften, die zu einem positiven Konzernergebnis beigetragen hatten, wurde die notwendige Restrukturierung der Muttergesellschaft über längere Zeit verzögert.

---

[1] Vgl. *Schipper, K./Smith, A.*, spin-off, 1986, S. 440 f.: "This line of research highlights management incentive and performance problems that can arise when managers are spread too thin, are trying to operate several highly disparate segments, or when the exceptional performance of a given segment is lost in the consolidated financial statements. And, as this research would suggest, spin-offs may offer the most direct solution to these problems. By reducing the number of complexity of operations under a single management group, spin-offs may promise major improvements in management's efficiency in employing assets. The simplification of information flows may allow managers to exert tighter control over existing operations, and to allocate the resources of the firm more effectively."

[2] Vgl. dazu *Tzermias, N.*, Sears, 1993, S. 32; *Tzermias, N.*, Spin-Off, 1994, S. 27; *Kahn, S.*, Bust Up, 1996, S. 47.

[3] Vgl. *Tzermias, N.*, Sears, 1993, S. 32; *Tzermias, N.*, Spin-Off, 1994, S. 27.

Das Beispiel von *Sears Roebuck* verdeutlicht darüber hinaus die Verbesserung der Unternehmensinformationen durch eine verstärkte Unternehmensanalyse der Banken.[1] Im Monat vor dem spin-off von *Dean Witter* wurde *Sears Roebuck* von 21 Analysten regelmäßig untersucht. Im Februar 1996 wurde *Sears Roebuck* dagegen von 31 Analysten, *Dean Witter* von 15 Analysten und die ebenfalls durch einen spin-off abgespaltene Tochtergesellschaft *Allstate Insurance* von 26 Analysten - also insgesamt 72 Analysten - verfolgt.

3. Förderung der Motivation

In engem Zusammenhang mit der Verbesserung der finanziellen und organisatorischen Transparenz steht die Zielsetzung der Förderung der Motivation. Motivationale Wirkungen bei Durchführung eines spin-off werden im wesentlichen durch folgende Veränderungen begründet:

- Vereinfachung der Organisationsstruktur bzw. Anpassung der Organisations-struktur an die Aufgabe,[2]
- Verbesserung der Zurechenbarkeit von Erfolgen und Mißerfolgen an die Unternehmensführung bzw. einzelne Mitarbeiter,[3]
- Einführung oder Verbesserung von Anreizsystemen,[4]
- Verbesserung der Identifikation der Mitarbeiter mit dem Unternehmen.[5]

Eine Form der Konzernentstehung ist das externe Wachstum durch Erwerb und Eingliederung oder Zusammenschluß mit bestehenden Unternehmen.[6] Durch die Eingliederung des akquirierten Unternehmens in das Käufer-Unternehmen und den Verlust der wirtschaftlichen Selbständigkeit kann die Identität und Eigenmotorik von vormals erfolgreichen Unternehmen verloren gehen.[7] Gründe hierfür sind beispielsweise lange Kommunikations- und Entscheidungswege und hoher Abstimmungsbedarf, die mit einer Demotivierung des Managements und der Mitarbeiter verbunden sind. Mit der Durchführung eines spin-off werden kleinere und unabhängige Teileinheiten

---

[1] Vgl. dazu *Kahn, S.*, Bust Up, 1996, S. 47.

[2] Vgl. *Hite, G.L./Owers, J.E.*, Restructuring, 1986, S. 423.

[3] Vgl. *Woo, C.Y./Willard, G.E./Daellenbach, U.S.*, Spin-Off, 1992, S. 435.

[4] Vgl. *Hite, G.L./Owers, J.E.*, Restructuring, 1986, S. 423; *Cusatis, P.J./Miles, J.A./Woolridge, J.R.*, Creating, 1993, S. 296.

[5] Vgl. *Schipper, K./Smith, A.*, Spin-off, 1986, S. 441.

[6] Vgl. *Theisen, M.R.*, Konzern, 1991, S. 133-136.

[7] Vgl. *Müller-Stevens, G./Roventa, P./Bohnenkamp, G.*, Wachstumsfinanzierung, 1993, S. 55.

geschaffen, durch die Organisationsstrukturen vereinfacht und besser an die jeweilige Aufgabe angepaßt werden können.[1] Das Management der Teileinheit muß sich damit nicht mehr an Planungsverfahren, Richtlinien und die Personalpolitik der Muttergesellschaft anpassen.[2]

Für das Management und für die zweite Führungsebene der abgespaltenen Unternehmung können durch die Entkoppelung aus dem Konzernunternehmen "unternehmerische" Bereiche mit einer größeren Entscheidungsautonomie entstehen, die zu einer Verbesserung der Motivation beitragen.[3] Darüber hinaus wird durch die Verminderung der Hierarchiestufen in den unabhängigen Unternehmen das Status- und Aufstiegsempfinden des Managements und der Mitarbeiter gesteigert.[4] Eine verbesserte Anpassung an die Aufgabe ist beispielsweise durch den spin-off einer Technologieunternehmung möglich, bei der durch die veränderte Unternehmensorganisation die Innovationsfähigkeit der Mitarbeiter gefördert wird. Gerade die fehlende Innovationsfähigkeit bei großen Konzernunternehmungen wird als häufiges Motiv bei der Verselbständigung von Mitarbeitern gesehen.[5]

Die verbesserte Zurechenbarkeit von Erfolgen erlaubt es darüber hinaus, effizientere Anreizsysteme zu implantieren oder bestehende Anreizsysteme zu verbessern. Die Möglichkeiten der Verbesserung von Anreizsystemen beschreiben *G.L. Hite/J.E. Owers* wie folgt:

"An organizational structure that is well suited to certain operations may not profitably accomodate other, different business units. For one thing, compensation arrangements tied to the stock price of the parent may have little effect on the incentives of managers of a small division. If the division is spun-off, new contracts tied directly to the stock price of the unit may be used to provide a much more effective means of motivating managers."[6]

---

[1] *K. Schipper/A. Smith* stellen dazu fest: "spin-offs may improve management efficiency by sharpening focus and strengthening incentives. Breaking off a single segment from a diversified enterprise frees the segment managers and the parent firm managers to concentrate on fewer lines of business." (*Schipper, K./Smith, A.*, Spin-off, 1986, S. 443).

[2] Vgl. *Porter, M.E.*, Diversifikation, 1992, S. 10.

[3] Vgl. *Lynch, P.*, Free, 1995, S. 28.

[4] Vgl. dazu beipielhaft *Kahn, S.*, Bust Up, 1996, S. 47: "Stripping away layers of bureaucracy automatically makes division managers much more nimble."

[5] Vgl. *Szyperski, N./Klandt, H.*, Bedingungen, 1980, S. 354-370.

[6] *Hite, G.L./Owers, J.E.*, Restructuring, 1986, S. 423.

Durch die Börsennotierung der abgespaltenen Unternehmung kann der Aktienmarkt als Kontrollorgan der Unternehmensführung bei der Verwendung der Kapitalmittel eingesetzt werden.[1] Die Aktienkurse geben eine kollektive Einschätzung der Entwicklung des Unternehmens und damit auch der Fähigkeit der Unternehmensführung durch die Investoren wider.[2] Zwar stellen *K. Schipper/A. Smith* fest, daß bei einer Mehrzahl der Unternehmen bereits vor dem spin-off Anreizsysteme bestanden hätten, die Gehaltsboni entweder an der Entwicklung des Aktienpreises der Gesellschaft oder an Daten des Rechnungswesens festmachten.[3] Gerade in diversifizierten Unternehmen mit unterschiedlichen Geschäftsbereichen, die z.t. in unterschiedlichen Branchen tätig sind, kann die Durchführung eines spin-off zu einer direkteren Anbindung an die jeweiligen Bereichsergebnisse und damit verbesserten Motivation beitragen.[4]

Mögliche Formen von Anreizsystemen in Verbindung mit spin-off sind Aktienbeteiligungen oder Aktienoptionen, die an das Management abgegeben werden oder sogenannte "Employment Stock Ownership Programs" (sogenannte "ESOP's"), eine besondere Form der Aktienbeteiligung für Mitarbeiter eines Unternehmens.[5] Bei einem ESOP handelt es sich im allgemeinen um einen Pensionsplan, bei dem ein Unternehmen jährlich steuerlich abzugsfähige Zuzahlungen an seine Angestellten macht, die dazu genützt werden können, Aktien des Unternehmens zu kaufen oder einen Kredit für erworbene Aktien aus einer Aktienemission für Angestellte zu tilgen.[6] Bei US-amerikanischen Unternehmen werden in zunehmendem Umfang Anreizsysteme in Form von Aktienbeteiligungen für Mitarbeiter

---

[1] Vgl. *Slovin, M.B./Sushka, M.E./Ferraro, R.*, Asset, 1995, S. 91: "public trading in a spun-off subsidary facilitates adoption of market oriented managerial compensation plans and induces a permanent increase in public disclosure about the unit." Zur Kontrollfunktion des Aktienmarktes in der Finanzierungstheorie vgl. *Fama, E./Jensen, M.*, Seperation, 1983. S. dazu ausführlich Kapitel D.I.3.b., S. 78-80.

[2] *M.S. Scholes/M.A. Wolfson* stellen dazu fest: "It is useful to think of stock prices as an indirect monitor of employee inputs. The value of the firm can be viewed as being determined jointly by employee actions and actions chosen by others such as competitors, and nature (that is, random factors)." (*Scholes, M.S./Wolfson, M.A.*, Employee, 1991, S. 496)

[3] Vgl. *Schipper, K./Smith, A.*, Spin-off, 1986, S. 441.

[4] Vgl. *Hite, G.L./Owers, J.E.*, Restructuring, 1986, S. 423.

[5] Vgl. *Schipper, K./Smith, A.*, Spin-off, 1986, S. 441.

[6] Vgl. *Scholes, M.S./Wolfson, M.A.*, Employee, 1991, S. 486.

eingesetzt.[1] Ein ESOP kann in Verbindung mit einem spin-off eingeführt worden, indem Anteile der abgespaltenen Unternehmung zu einem geringen Teil an Mitarbeiter verteilt werden.[2] Nach Ansicht von *M.S. Scholes/M.A. Wolfson* ist dieses Anreizsystem aufgrund der indirekten Anbindung der Entlohnung an die Entwicklung des Aktienkurses jedoch eher für führende Angestellte wirksam, die durch ihr Handeln die Entwicklung des Unternehmens und damit den Aktienkurs tatsächlich beeinflussen können.[3]

4. Verbesserung der Innovationsfähigkeit und Marktnähe

Für verschiedene Unternehmen war die Verbesserung der Innovationsfähigkeit und der Marktnähe ein Motiv der Durchführung eines spin-off.[4] Die Grundidee der Verbesserung der Innovationsfähigkeit liegt darin, daß kleine Unternehmen aufgrund ihrer Flexibilität und Anpassungsfähigkeit größenbedingte Innovationsvorteile gegenüber Großunternehmen haben.

In der wissenschaftlichen Literatur wurde die Frage nach der Innovationsfähigkeit von Unternehmen vielfach thematisiert.[5] Ein Kernelement der Untersuchungen ist das Verhältnis zwischen Innovationsfähigkeit und Größe der Unternehmung. Die Ergebnisse in der Literatur zu diesem Thema variieren und reichen von der historischen "*Schumpeter*-Hypothese", daß technischer und wirtschaftlicher Fortschritt in erster Linie von Großunternehmen getragen wird, bis zu zahlreichen empirischen Untersuchungen, die diese These widerlegen und die Dominanz

---

1 Die Beliebtheit wird zum einen darauf zurückgeführt, daß das ESOP als Mittel zur Abwehr gegen feindliche Übernahmen eingesetzt wird, vgl. dazu *Bickseler J.L./Chen, A.H.*, Economics, 1991, S. 389. Zum anderen machten Steueränderungen von 1984 und 1986 (Deficit Reduction Act of 1984, Tax Reform Act of 1986) die Durchführung besonders interessant, vgl. dazu *Scholes, M.S./Wolfson, M.A.*, Employee, 1991, S. 508.

2 Auf diese Weise erhielten beispielsweise die Mitarbeiter von *Lehman Brothers* in Verbindung mit dem spin-off von der *American Express Company* Aktienanteile durch einen ESOP. Vgl. *American Express*, News Release, January 24, 1994, S. 2.

3 Vgl. *Scholes, M.S./Wolfson, M.A.*, Employee, 1991, S.496.

4 Vgl. dazu beispielhaft *Schipper, K./Smith, A.*, Spin-Off, 1986, S. 441. Nach Ergebnissen einer Befragung von 300 europäischen, japanischen und US-amerikanischen Führungskräften durch die Unternehmensberatung *Booz, Allen & Hamilton* gehört die Steigerung der Innovationsfähigkeit zur wichtigsten Managementaufgabe bis zum Jahr 2000. Vgl. *Servatius, H.-G.*, Venture, 1988, S. 1.

5 Vgl. beispielsweise *Witte, E.*, Innovationsfähige, 1973, S. 17-24; *Grochla, E.*, Voraussetzungen, 1980, S. 30-42. Für eine systemtheoretische Annäherung vgl. *Knyphausen, D. zu*, Unternehmen, 1988.

von Kleinunternehmen bei Innovationen hervorheben.[1] Als Vorteile von klein-
und mittelständischen Unternehmen, die auch in bezug auf den spin-off von
Bedeutung sind, werden im allgemeinen

* die Innovationsfähigkeit,
* die Flexibilität und Anpassungsfähigkeit,
* die Marktnähe,
* die hohe Motivation der Mitarbeiter,
* der "entrepreneurial spirit" der Unternehmensführung

hervorgehoben.[2] Mit der Durchführung eines spin-off können Teileinheiten
abgespalten werden, für die die Vorteile von kleinen und mittelständischen
Unternehmen von besonderer Bedeutung sind (beispielsweise
Technologieunternehmen). Gerade die Schaffung "unternehmerischer
Bereiche" mit einer engen Marktbeziehung wurde häufig im Zusammenhang
mit der Durchführung eines spin-off genannt.[3] Grundsätzlich wäre es
allerdings auch möglich, einen ähnlichen Effekt durch "corporate venturing"
zu erzielen. Als "corporate venture" werden neue, unternehmensintern
entwickelte Geschäftsaktivitäten (neue Produkte, neue Märkte, neue
Technologien) bezeichnet, die separat geführt werden und i.d.R. ein erhöhtes
Geschäftsrisiko tragen.[4] Die Ausgangsgesellschaft hält hierbei im Gegensatz
zum spin-off weiterhin eine Beteiligung an den ausgegliederten
Geschäftsaktivitäten.

---

[1] Der "*Schumpeter*-Hypothese" wurde in einer Vielzahl von Untersuchungen mit
unterschiedlichen Schwerpunkten und Ergebnissen nachgegangen. Die Vorteile von
Großunternehmen belegt beispielsweise eine Statistik der *National Science Foundation*,
nach der in den USA Industrieunternehmen mit mehr als 5'000 Mitarbeiter über 80% der
gesamten Forschungs- und Entwicklungsaufwendungen aufbrachten. Vgl. dazu *Kühner,
M.*, Gestaltung, 1990, S. 338-348. Für eine Darstellung der Vorteile kleiner Unternehmen
vgl. *Peters, T.*, Big, 1993, S. 93-104.

[2] Vgl. *Meffert, H.*, Flexibilität, 1985, S. 131; *Servatius, H.-G.*, Methodik, 1985, S. 11;
Nathusius, K., Formen, 1979, S. 512.

[3] Vgl. dazu beispielhaft *Kahn, S.*, Bust Up, 1996, S. 47.

[4] Vgl. dazu ausführlich *Block, Z./MacMillan, I.C.*, Venturing, 1993, S. 14.

II. Finanzwirtschaftliche Motive
1. Steigerung des shareholder value

Die Steigerung des "shareholder value"[1] wird häufig von der Unternehmensführung (auch) als Motiv der Durchführung eines spin-off genannt.[2] Gleichzeitig wurde von seiten der Anteilseigner in verschiedenen Fällen die Durchführung eines spin-off mit Nachdruck gefordert.[3] Die Steigerung des shareholder value hat in den letzten Jahren an Bedeutung gewonnen, weil die Kapitalgeber zunehmend auf eine angemessene Rendite ihrer eingesetzten Kapitalmittel bestehen. Die Rendite setzt sich bei Aktiengesellschaften sowohl aus Dividenden als auch aus der Steigerung des Aktienpreises und damit des Unternehmenswertes zusammen. Mit dem Konzept des shareholder value soll vor allem eine aktionärsfreundliche Unternehmenspolitik mit hohen Ausschüttungen und steigenden Aktienkursen erreicht werden.

Der Aktienpreis und die Dividende sind von verschiedenen Variablen abhängig, die mit dem shareholder value Ansatz systematisch untersucht werden sollen A. *Rappaport* analysiert Wertsteigerungspotentiale anhand der Veränderung der sogenannten Wertgeneratoren ("value drivers").[4] Zu den Wertgeneratoren zählen im wesentlichen:

• das Umsatzwachstum,
• die Erweiterungsinvestitionsrate für Anlage- und Umlaufvermögen,
• die Umsatzüberschußrate,
• die Ertragssteuerrate und
• die Kapitalkosten.

---

[1] Der shareholder value Ansatz wurde insbesondere durch die Arbeiten von *W.E. Fruhan* und *A. Rappaport* bekannt. Vgl. *Fruhan, W.E.*, Strategy, 1979; *Rappaport, A.*, Selecting, 1981; *Rappaport, A.*, Creating, 1986. Im Ansatz von *A. Rappaport* wird für die Unternehmensbewertung der cash flow zugrunde gelegt und das Unternehmen wie ein Investionsobjekt betrachtet, das durch die Kapitalwertmethode der Investitionsrechnung bewertet werden kann. Vgl. dazu *Rappaport, A.*, Creating, 1986, S. 149; *Weber, B.*, Unternehmensbewertung, 1990, S. 31 f.

[2] Vgl. dazu beispielhaft *Lynch, P.*, Free, 1995, S. 28; *Fehr, B.*, Kursnotiz, 1996, S. 15.

[3] Beispielsweise beim spin-off von *Dean Witter Financial Services* und *Coldwell Banker* durch *Sears Roebuck* und bei *RJR Nabisco*. Vgl. dazu *Tzermias, N.*, spin-off, 1994, S. 27; *Kahn, S.*, Shareholders, 1996, S. 46.

[4] Vgl. dazu *Rappaport, A.*, Creating, 1986, S. 50-55, *Bühner, R.*, Management-Holding, 1992, S. 112.

Die Einflußgrößen für die Höhe der value drivers werden als "indirekte value drivers" bezeichnet. Zu ihnen gehören beispielsweise Volumen- und Technikvorteile, gute Vertriebskanäle, F&E Investitionen oder qualifizierte Mitarbeiter.[1]

Der shareholder value hat eine besondere Bedeutung als Motiv des spin-off, weil bei zahlreichen diversifizierten Konzernunternehmen angenommen wird, daß der Wert der einzelnen Konzernteile höher ist als die Bewertung des Konzernverbundes an der Börse. Eine mögliche Unterbewertung des Konzernverbundes kann dazu führen, daß das Unternehmen zu einem Ziel für feindliche Unternehmensübernahmen wird. Darüber hinaus führt aber auch eine zunehmende Konkurrenz auf den Kapitalmärkten dazu, daß Unternehmen die „Spielregeln" des Kapitalmarktes akzeptieren müssen. Mögliche Ansatzpunkte zur Steigerung des Unternehmenswertes durch einen spin-off liegen beispielsweise in folgenden Bereichen:

- Verbesserung der Innovationspolitik gegenüber Anteilseignern,
- Förderung des Aktionärsbewußtseins beim Management durch geeignete Anreizsysteme,
- Steigerung des Umsatzwachstums durch eine verbesserte strategische Ausrichtung,
- Senkung der Kapitalkosten durch Reduktion des Risikos.

Die Verbesserung des shareholder value kann auch als ein Oberziel der Unternehmung interpretiert werden.[2] Die in den vorstehenden und nachstehenden Kapiteln genannten Motive sind dann Einzelzielsetzungen, die zu einer Steigerung des shareholder value beitragen.

Ein Beispiel für die Zielsetzung der Verbesserung des shareholder value ist der spin-off der Investmentbank-Tochtergesellschaft *Lehman Brothers* von der im Reise- und Finanzdienstleitungen tätigen *American Express Company* (*"American Express"*).[3] In einem ersten Schritt wurden zunächst 20 v.H. der Anteile in einer Neuemission einer Tochtergesellschaft verkauft. In einem zweiten Schritt wurden die verbleibenden 80 v.H. der Anteile in einem spin-

---

[1] Vgl. *Mirow, M.*, Value, 1991, S. 248.

[2] Die Verbesserung des shareholder value wird insbesondere in der amerikanischen Literatur vergleichbar mit dem Gewinnmaximierungsprinzip verwendet, vgl. beispielhaft *Copeland T.E.*, value, 1994, S. 97: "The fundamental goal of all business is to maximize shareholder value."

[3] Vgl. dazu *American Express*, Shareholders, January 24, 1994; *American Express*, Spin-Off, May 31, 1994; *American Express*, Lehman Brothers, April 29 1994.

off an die Aktionäre abgespalten. Der spin-off von *Lehman Brothers* wurde explizit mit der Verbesserung des shareholder value für die Anteilseigner begründet.[1] Durch den spin-off wurde die Börsenbewertung von *American Express* verbessert, weil die volatilen Geschäftsaktivitäten von *Lehman Brothers* den Aktienpreis nicht mehr beeinflussen können. In Zusammenhang mit dem spin-off wurde die Frage diskutiert, warum *American Express* zur Verbesserung des shareholder value einen spin-off gegenüber anderen Abspaltungsformen bevorzugte. Es wurde festgestellt, daß *American Express* mit der Durchführung eines spin-off weniger Kapital an *Lehman Brothers* übertragen mußte, um eine ausreichende Kapitalausstattung des abgespaltenen Unternehmens zu gewährleisten und damit den shareholder value in dieser Transaktion zunächst optimierte.[2]

2. Abwehr einer feindlichen Unternehmensübernahme

Bei einem feindlichen Übernahmeangebot ("unfriendly" oder "hostile takeover") handelt es sich um den Versuch einer Gesellschaft, durch Unterbreitung eines zeitlich begrenzten öffentlichen Kaufangebotes an die Aktionäre der Zielgesellschaft, gegen den Willen der Unternehmensführung der Zielgesellschaft, die Aktienmehrheit oder eine beherrschende Stellung zu sichern.[3] Die Möglichkeit der Durchführung einer feindlichen Unternehmensübernahme wurde insbesondere in den achtziger Jahren durch neue Finanzierungsinstrumente für Unternehmensübernahmen beeinflußt. Der Aufbau eines Marktes für "high yield bonds"[4], sogenannte junk bonds, Ende der siebziger Jahre leitete eine Welle von Fusionen, Firmenübernahmen und

---

[1] Vgl. o.V., Lehman, 1994, C 1: "It [American Express, G.S.] chose the strategy over an initial public offering because 'this maximizes value for shareholders,' said chairman/CEO Harvey Golub.' "

[2] Vgl. o.V., questions, 1994, S. 8: "Asked why American Express didn't go the IPO route, one source explained: 'The rating agencies basically indicated that much more capital was required than would have been the case if you simply did a 20% IPO, and spun off the rest.' " American Express hat Lehman Brothers mit ca. $ 1,1 Milliarden neuem Eigenkapital ausgestattet, im Gegenzug jedoch eine vertragliche Vereinbarung zur Übertragung von 50 v.H. der Gewinnanteile, die einen Gewinn von $ 400 Millionen bei *Lehman Brothers* übersteigen, vereinbart, vgl. dazu *American Express*, Shareholders, January 24, 1994.

[3] Vgl. *Herfort, C.*, Besteuerung, 1991, S. 51; vgl. auch *Stoll, J.*, Aspekte, 1989, S. 301.

[4] Der high yield Bond, häufig auch als junk bond betitelt, ist eine Anleihe, die von Adressen geringer Bonität begeben wird und entsprechend dem höheren Ausfallrisiko eine höhere Verzinsung hat. Ihre eigentliche Funktion bestand bis ca. 1977 darin, kleinen, innovativen, wachstumsstarken Unternehmen, die zu den herkömmlichen Märkten keinen Zugang hatten, Kapital zuzuführen.

Neustrukturierungen ein.[1] Die Bedeutung der Risikoanleihe wurde durch verschiedene Faktoren[2] verändert, und sie wurde zum Finanzierungsinstrument für sogenannte "corporate raiders", die Risikoanleihen emittierten, um ihre "leveraged buy outs"[3] zu finanzieren. Die corporate raider versuchten, Ineffizienzen aufzuspüren, schlechtes Management unter Druck zu setzen oder auszutauschen und nach erfolgreicher Übernahme eine bessere Nutzung des Kapitals (durch Neubewertung des Fremd-/Eigenkapital-Verhältnisses) zu erreichen.[4]

Aufgrund der Gefahr einer feindlichen Übernahme haben sich nach und nach unterschiedlichste Abwehrmaßnahmen entwickelt, mit denen feindliche Übernahmeversuche sowohl präventiv als auch reaktiv verhindert werden sollen.[5] Gleichzeitig konnte auch eine Veränderung der Unternehmensstrukturen beobachtet werden, die *J.C. Coffee* wie folgt zusammenfaßt:

"With little warning, takeovers changed in the 1980s from a force that produced expansion in firm size to one that, at least frequently, produced contraction. With the appearance of junk bond financing, takeovers became a disciplinary force that contributed to the downsizing of the conglomerate form of business organization. Diversification became a vice, not a virtue, and a host of corporations in the 1980s undertook voluntary divestiture programs under the threat of hostile takeover. Spinoffs, restructurings, and asset sales also became commonplace."[6]

---

[1] Während der Junk Bond Markt 1970 nur 4 v.H. am gesamten Bondmarkt erreichte, erzielte er 1989 bereits 25 v.H. und einen Gesamtwert von ca. $ 200 Milliarden. Vgl. *Asquith, P./Mullens, D./Wolff, E.*, Issue, 1989, S. 923.

[2] Im wesentlichen haben drei Faktoren die Bedeutung der Risikoanleihe verändert: 1) Der Aufbau des junk bond Marktes durch die Investment Bank Drexel Burnham Lambert. 2) Die Vielzahl von Unternehmensübernahmen, Fusionen und Umstrukturierungen in den USA in den 80er Jahren. 3) Ein weitverbreiteter Irrtum über das Risk/Yield-Verhältnis von junk bonds. Vgl. dazu *Asquith, P./Mullens, D./Wolff, E.*, Issue, 1989, S. 923-952.

[3] Beim leveraged buy-out handelt es sich um einen fremdfinanzierten Unternehmenskauf, bei dem die übernehmende Partei zur Kaufpreisfinanzierung ein Darlehen aufnimmt. Das Verschuldungsvolumen wird sodann durch Zugriff auf den cash-flow und die stillen Reserven sowie durch Verkauf betriebswirtschaftlich nicht notwendiger Vermögensteile reduziert. Vgl. dazu *Picot, G.*, Kauf, 1995, S. 70.

[4] Zu dieser Entwicklung wurde festgestellt, daß mit dieser Übernahmepraxis ein wettbewerbsfähigeres "corporate america" entstanden sei, vgl. *Dobrzynski, J. et al.*, Drexel, 1990, S. 24. Die Interessen der Käufer sind dadurch allerdings stärker auf die Realisierung einer hohen und schnellen Rendite durch Verkauf der betrieblichen Substanz im Gegensatz zur Sicherung der Unternehmenskontinuität gerichtet. Vgl. *Peltzer, M.*, Problematik, 1987, S. 973.

[5] Für einen Überblick der Abwehrmaßnahmen aus rechtlicher Sicht vgl. *Knoll, H.-C.*, Übernahme, 1992, S. 215-219.

[6] *Coffee, J.C.*, Coalitions, 1991, S. 13.

Ausschlaggebend für einen feindlichen Übernahmeversuch ist damit die Annahme, daß der Börsenwert der Konzernunternehmung aufgrund eines Konglomeratsabschlages den potentiellen Marktwert der einzelnen Teileinheiten unterschreitet.

Der spin-off kann als Abwehrmaßnahme gegen eine feindliche Unternehmensübernahme benutzt werden, indem von der Zielgesellschaft bestimmte Vermögensgegenstände abgespalten werden, von denen angenommen wird, daß sie für den potentiellen Übernehmer besonders bedeutsam sind (sogenannte "crown jewels").[1] Zum einen werden durch die eigenständigen Bilanzierungs- und Veröffentlichungspflichten in einer abgespaltenen Gesellschaft für den Anleger Vermögenswerte "sichtbar", die den Börsenwert des Unternehmens steigern können.[2] Gerade die besonders profitablen Unternehmensteile können in einer unabhängigen börsennotierten Gesellschaft eine hohe Bewertung am Aktienmarkt erreichen. Für den Kaufinteressenten, der in vielen Fällen aufgrund der Finanzierungskosten einen beschränkten Spielraum hat, kann die Verteuerung der Zielgesellschaft den Übernahmeversuch scheitern lassen. Zum anderen werden die Anteile der abgespaltenen Gesellschaft zunächst an die einzelnen Aktionäre übertragen, die nicht in jedem Fall ihre Anteile bei einem nachfolgenden Unternehmensverkauf abgeben.

---

[1] Vgl. dazu *Bickseler, J.L./Chen, A.H.*, Economics, 1991, S. 385: "They (split-up and spin-off, Anmerkung des Verfassers) have been used as a response to actual and potential takeover threat. By placing the firm's 'crown jewel' divisions or assets in a new seperate corporation...a firm may focus the financial market's attention on its assets and enhance the shareholder value. The shares of the new corporation are or could be distributed to 'friendly' shareholders in the event of a takeover of the parent company." Analog zum spin-off wird auch der Verkauf dieser Bereiche als Abwehrmaßnahme verwendet.

[2] Vgl. *Bickseler, J.L./Chen, A.H.*, Economics, 1991, S. 385. Vgl. dazu auch *Bohnenblust, P.*, Spin-off, 1990, S. 297."Ein Spin-off bedingt die Zuteilung stiller Reserven. Diese Zuteilung erlaubt recht präzise Rückschlüsse auf die Grösse der stillen Reserven. Für die Unternehmensleitung kommt dies demnach einer Offenlegung dieser diskreten Werte gleich. Bestünde das Gebot der Bilanztransparenz, so müssten die Unternehmen diese hohe Hürde gar nicht erst überwinden, nicht mehr über ihren eigenen Schatten springen. Sie müssten die Abneigung gegen einen Spin-off wohl nur dann überwinden, wenn sich der Spin-off als Abwehrmaßnahme gegen einen Übernahmeversuch aufdrängt - ein Motiv, das mehr bewegen kann als die betriebswirtschaftliche Analyse."

3. Vorbereitung einer Unternehmensübernahme

In verschiedenen Fällen wurde ein spin-off zur Vorbereitung einer Unternehmensübernahme durchgeführt.[1] Bei einer Unternehmensübernahme, bei der die Zielgesellschaft nur einen Unternehmensteil verkaufen möchte bzw. die übernehmende Gesellschaft nur einen bestimmten Unternehmensteil kaufen möchte, kann durch einen spin-off der zu übernehmende Unternehmensteil abgespalten werden. Die Verhandlungen über den Kaufpreis werden vom Interessenten im Anschluß an den spin-off direkt mit den Aktionären bzw. einem Vertreter der Aktionäre geführt.[2] Für Aktionäre besteht i.d.R. die Möglichkeit eine Akquisitionsprämie auszuhandeln, die ihnen als direkter Gewinn ihres Anteilsverkaufes zukommt.

Die Durchführung des spin-off vor einem Unternehmensverkauf auf der Gesellschaftsebene kann zu einem Steuervorteil führen.[3] Ein Unternehmensverkauf führt auf der Ebene der verkaufenden Gesellschaft zu Kapitalertragssteuern (capital gains tax). Die Durchführung eines spin-off erlaubt hingegen unter den Voraussetzungen der Sec. 355 des Internal Revenue Code eine steuerneutrale Abspaltung.[4] Ein Beispiel hierfür ist das US-amerikanische Unternehmen *W.R. Grace & Co.* (*"W.R. Grace"*), das seit 1995 plante, seine Tochtergesellschaft *National Medical Care Inc.* (*"National Medical"*) entweder zu verkaufen oder in einem spin-off abzuspalten.[5] *National Medical* ist ein Anbieter von Dialysedienstleistungen, der im Geschäftsjahr 1995 einen Umsatz von $ 2,1 Milliarden erwirtschaftete. Im Juni 1995 erhielt *W.R. Grace* ein Kaufangebot für *National Medical* in Höhe von $ 3,5 Milliarden. Nachdem mit dem Verkauf eine Steuerverbindlichkeit von über $ 860 Millionen verbunden ist, hat das Unternehmen im Interesse ihrer Anteilseigner beschlossen, zunächst einen spin-off durchzuführen.[6]

---

[1] Vgl. dazu *Hite, G.L./Owers, J.E.*, Restructuring, 1986, S. 424.

[2] Vgl. dazu *Hite, G.L./Owers, J.E.*, Restructuring, 1986, S. 424; *Hite, G.L./Owers, J.E.*, spinoff, 1983, S. 431.

[3] Vgl. *Kahn, S.*, Bust Up, 1996, S. 45: "A spin-off of a division valued at $ 1 billion that meets IRS rule 355 triggers taxes for neither the company nor the shareholders. In contrast, a $ 1 billion sale can generate $ 360 million in direct taxes for a US company in the highest tax bracket."

[4] S. dazu oben Kapitel B.III.2., S. 18-23.

[5] Vgl. dazu o.V., Power Play, 1995, S. 44; o.V., Konglomeratsidee, 1995, S. 27.

[6] Vgl. o.V., Decides, 1995, S. D1: "'A spinoff works better as a maximum generator of shareholder value than the sale of the assets,' said Albert J. Costello, who was named Grace's chairman...Because Grace would have faced capital gains taxes of nearly $1 billion if it agreed to a sale of National Medical, Mr. Costello had been leaning toward a tax-free spinoff".

Darüber hinaus kann ein spin-off zur Vorbereitung einer Unternehmensübernahme verwendet werden, wenn für den potentiellen Übernehmer aufgrund eines Teilbereiches des Zielunternehmens kartellrechtliche, insbesondere fusionsrechtliche Schwierigkeiten bzw. Verzögerungen entstehen. Durch einen spin-off des betroffenen Teilbereiches vor einem spin-off kann die Unternehmensübernahme ermöglicht bzw. beschleunigt werden.

4. Verbesserung der Kapitalstruktur

In der Definition des spin-off wurde dargestellt, daß bei der Durchführung eines spin-off keine Kapitalmittel als Gegenleistung für die Übertragung von Vermögensgegenständen fließen.[1] In der Unternehmenspraxis waren jedoch in Verbindung mit der Durchführung eines spin-off z.T wesentliche Verbesserungen der Kapitalstruktur beobachtbar und verschiedene Unternehmen verwendeten den spin-off sogar explizit als Instrument zur Verbesserung der Kapitalstruktur.[2] S. *Kahn* stellt fest, daß ca. die Hälfte der abspaltenden Unternehmen den spin-off auch zur Verbesserung der Kapitalstruktur durchgeführt haben.[3] Zum einen können bei einem spin-off Verbindlichkeiten des abspaltenden Mutterunternehmens auf das abgespaltene Tochterunternehmen übertragen werden. Zum anderen können in Verbindung mit der Durchführung eines spin-off Kapitalerhöhungen bei abspaltenden oder

---

[1] Vgl. dazu beispielhaft *Slovin, M.B./Sushka, M.E./Ferraro, S.R.*, comparison, 1995, S. 91: "In a spin-off, the parent transfers its ownership of the subsidary to existing shareholders without any element of external financing." Die Finanzierung wurde daher in der wissenschaftlichen Literatur nicht als explizites Motiv des spin-off angeführt. Vgl. beispielsweise die fehlenden Ausführungen im Überblicksartikel von *Hite, G.L./Owers, J.E.* Restructuring, 1986, S. 424.

[2] Vgl. dazu beispielhaft die Ankündigung eines spin-off von *Hanson Plc.*, die explizit mit dem Abbau von Verbindlichkeiten durch Verlagerung auf die abgespaltene Gesellschaft in Höhe von ca. $ 1,4 Milliarden abzubauen Vgl. *Tzermias, N.*, Plan, 1995, S. 21; o.V., Hanson, 1995, S. 20.

[3] Vgl. *Kahn, S.*, Bust Up, 1996, S. 45: "While spin-offs don't raise cash for the parent directly, at least half find a way to put some money in the corporate pocket by putting debt on the spin-out."

abgespaltenen Unternehmen durchgeführt werden.[1] Die Durchführung einer Kapitalerhöhung kann direkt mit den Restrukturierungskosten des spin-off begründet werden.[2]

In verschiedenen Fällen wurde eine Verbesserung der Kapitalstruktur des abspaltenden Unternehmens erzielt, indem das abgespaltene Unternehmen vor dem spin-off Kapitalmittel in Form einer Dividende übertragen hat.[3]

Darüber hinaus wird in Verbindung mit der Durchführung eines spin-off zum Teil neues Fremdkapital aufgenommen.[4] Die Notwendigkeit zur Aufnahme von Fremdkapital für das abgespaltene Unternehmen ergibt sich vor allem aus dem Wegfall konzerninterner Finanzierungsmöglichkeiten. Nachdem ein kleineres Kreditnachfragevolumen i.d.R. zu höheren Fremdkapitalkosten durch höhere Sollzinsen führt, sind mit der eigenständigen Finanzierung der Teileinheiten auch Nachteile verbunden. Zu höheren Finanzierungskosten für die eigenständigen Teileinheiten kann es zudem bei Ausgabe neuer Aktien und Anleihen kommen, weil Größendegressionseffekte nicht mehr genutzt werden können.

Eine weitere Möglichkeit der Verbesserung der Finanzstruktur ist die Kombination der Durchführung eines spin-off mit der Neuemission von Anteilen der abzuspaltenden Tochtergesellschaft. Hierbei werden in zeitlichem Abstand vor dem spin-off Anteile einer Tochtergesellschaft in einer Neuemission verkauft.[5] Durch den Verkauf der Anteile erhält das abspaltende Unternehmen direkt neues Kapital. Der Zeitraum von der Neuemission bis zum spin-off beträgt im Durchschnitt ca. 4 bis 6 Monate.[6] Damit der spin-off weiterhin steuerneutral durchgeführt werden kann, dürfen maximal 20 v.H.

---

[1] Vgl. dazu beispielhaft eine der größten englischen Kapitalerhöhungen bei *Imperial Chemical Industries PLC* im Zusammenhang mit dem spin-off von *Zeneca PLC*. Vgl. dazu *Henderson, D.*, Countdown, 1994, S. 1.

[2] Im Fall von *Imperial Chemical Industries PLC ("ICI")* fielen Restrukturierungskosten in Höhe von £ 949 bei *ICI* an; *Zeneca* bezahlte für seinen Anteil durch die Übernahme eines großen Teils der Verbindlichkeiten von *ICI*. Im Anschluß wurde eine Kapitalerhöhung bei *Zeneca PLC* durchgeführt. Vgl. dazu *Davidson. R.*, ICI, 1992, S. 13.

[3] Vgl. dazu *Kahn, S.*, Bust Up, 1996, S. 46 f.

[4] Vgl. dazu beispielhaft *Crystal Brands, Inc.*, Information Statement, 1985, S. 10.

[5] Ein Beispiel ist der spin-off der *Allstate Corporation* durch *Sears Roebuck & Co.*, bei dem zunächst 19,9 v.H. der Anteile in einer Neuemission einer Tochtergesellschaft an das Publikum verkauft wurden, vgl. dazu *Tzermias, N.*, spin-off, 1994, S. 28. Für den bevorstehenden spin-off des Unternehmens *Lucent* durch *AT&T* wurden ebenfalls bereits 17 v.H. des Aktienkapitals in einer Neuemission plaziert. Vgl. dazu o.V., Lucent, 1996, S. 24.

[6] Vgl. *Kahn, S.*, Bust Up, 1996, S. 47.

der Anteile der abzuspaltenden Gesellschaft in einer Neuemission vor dem spin-off verkauft werden. In dem darauffolgenden spin-off können dann die für eine steuerneutrale Durchführung eines US-spin-off vorausgesetzten 80 v.H. der Anteile einer Tochtergesellschaft abgespalten werden. Die Kombination des spin-off mit einer Neuemission von Anteilen hat den Vorteil, daß ein Teil der Anteile einer Tochtergesellschaft in einer Neuemission verkauft werden kann, jedoch nicht das Plazierungsrisiko einer größeren Börseneinführung besteht. Darüber hinaus wurden in der Unternehmenspraxis zum Teil Unternehmen mit einer hohen Börsenkapitalisierung in einem spin-off abgespalten, für die eine gesamthafte Neuemission schwierig durchzuführen gewesen wäre.[1] Durch die Verbindung mit einem spin-off können damit auch bei schwächerer Nachfrage am Kapitalmarkt und am Markt für Unternehmen Beteiligungen an Teileinheiten veräußert werden. Durch eine Neuemission kann gleichzeitig bereits das Interesse von Börsenanalysten und Anlegern für eine positive Einschätzung des später folgenden spin-off geweckt werden.

Ein Beispiel für die Verbesserung der Kapitalstruktur ist der US-amerikanische Hotel- und Restaurantbetreiber *Marriott Corp.* (*"Marriott"*), der im Oktober 1992 einen spin-off der Immobilienaktivitäten ankündigte, die in einer eigenständigen Gesellschaft mit Namen *Host Marriott Corp.* (*"Host Marriott"*) abgespalten werden sollten.[2] Die zurückbleibende Hotel- und Restaurantbetreibergesellschaft sollte in *Marriott International, Inc.* (*"Marriott International"*) umbenannt werden. Im Zuge dieses spin-off sollte ein Großteil der Verbindlichkeiten an die weniger profitable Immobiliengesellschaft *Host Marriott Corp.* übertragen werden. Der spin-off stieß zunächst auf Widerstand von seiten der Schuldscheinbesitzer (bondholder) von *Marriott*, die diese erst im April 1992 in einer Neuemission in Höhe von $ 400 Millionen erworben hatten. Die Schuldscheinbesitzer fürchteten einen Wertverlust ihrer Anteile aufgrund einer Verschlechterung der Kreditwürdigkeit. Nachdem die Schuldscheinbesitzer eine Klage eingereicht hatten, mußte *Marriott* auf bestimmte Bedingungen eingehen und einen größeren Anteil an Verbindlichkeiten als ursprünglich vorgesehen bei

---

[1] *S. Kahn* nennt beispielhaft den spin-off der *Allstate Insurance* mit einer Börsenkapitalisierung von ca. $ 12 Millionen. Vgl. *Kahn, S.*, Bust Up, 1996, S. 45.
[2] Vgl. dazu o.V., Marriott, 1993, S. C3.

Marriott International zurückbehalten.[1] Der spin-off von *Host Marriott* wurde im Oktober 1993 durchgeführt.

Im August 1995 kündigte *Host Marriott* zum Abbau der Verbindlichkeiten einen weiteren spin-off seiner Geschäftsaktivitäten als Restaurantbetreiber an Flughäfen, Autobahnen und Sportstätten an, die in einer Gesellschaft mit Namen *Host Marriott Services Corp.* (*"Host Marriott Services"*) abgespalten werden sollten.[2] Mit einem Umsatzanteil von ca. $ 1,1 Milliarden im Gegensatz zu ca. $ 360 Millionen bei *Host Marriott* wurden damit ein Großteil der Geschäftsaktivitäten abgespalten. Der spin-off von *Host Marriott Services* wurde im Dezember 1995 durchgeführt.[3]

I. Rechtliche Motive
1. Einschränkung von Unternehmensrisiken und Haftungsdurchgriffen

In den letzten Jahren haben verschiedene Unternehmen aufgrund von Unternehmens- und Haftungsrisiken einen spin-off gefährdeter Unternehmensbereiche öffentlich diskutiert bzw. bereits durchgeführt.[4] Für Konzernunternehmungen gehört die Gestaltung der Form der Segmentierung von Haftungsrisiken und des Ausgleichs der Ergebnisse der verschiedenen Konzerngesellschaften zu einer konzernkonstituierenden und permanenten Organisationsaufgabe.[5] Konzernunternehmungen sind in ihren unterschiedlichen Geschäftsaktivitäten mit internen wie externen Risikofaktoren konfrontiert, die bei der Konzernaufbau- und Ablaufplanung zu berücksichtigen sind. Der Eintritt eines Risikofalles in einer Teileinheit kann bei einem Einheitsunternehmen aufgrund der haftungsrechtlichen Vermögensgemeinschaft andere Teilbereiche oder die Gesamtunternehmung mitgefährden, die unter bestimmten Voraussetzungen zur Übernahme der

---

[1] Eine Klage wurde eingereicht, weil der Kläger annahm, daß die Restrukturierungspläne bereits bei Ausgabe der Schuldscheine bekannt war. Nach Ankündigung des spin-off fielen die Schuldverschreibungen um 30 v.H. Die Klage wurde in einem Vergleich zugunsten von *Host Marriott Corp.* entschieden. Vgl. dazu o.V., Class Action, 1996, S. 3.
[2] Vgl. dazu o.V., Concessions Business, 1995, S. B12.
[3] Vgl. *Kahn, S.*, Bust Up, 1996, S. 46.
[4] Beispielsweise wurde der Plan für eine Aufspaltung von *Philip Morris* und *Kraft Foods* zunächst aufgehoben, jedoch wurde bereits eine personelle Aufspaltung vorgenommen, die einen spin-off zu einem späteren Zeitpunkt möglich macht, vgl. o.V., Philip Morris, 1994, S. 18. Für einen Überblick vgl. o.V., legal liability, 1995, S. 63-68.
[5] Vgl. *Theisen M.R.*, Konzern, 1991, S. 429.

Verluste verpflichtet sind sowie durch eine (Ausfall-)Haftung auch Haftungsrisiken der Teileinheiten übernehmen müssen.[1]

Grundsätzlich kann eine Konzernunternehmung durch eine rechtsformkongruente Konzernorganisationsstruktur riskante Geschäftsbereiche, wie z.b. besonders innovative Bereiche, in rechtlich eigenständige Unternehmen gliedern und somit den Haftungsrahmen für bestimmte Risiken auf diese Unternehmen beschränken.[2] Die Rechtsgrenzen der juristischen Person bilden sowohl im deutschen wie im amerikanischen Recht zunächst die Grenzen der Haftung der Gesellschaft.[3] Zu einer Haftungserweiterung kommt es bei juristischen Personen im deutschen Recht, wenn entweder die Gesellschafter zusätzliche Verpflichtungen eingehen, wie beispielsweise dem Abschluß eines Beherrschungsvertrages im Vertragskonzern, oder durch faktische Konzernverbindungen, die durch tatsächliche einheitliche Leitung konstituiert werden.[4] Es muß daher für eine wirksame Haftungssegmentierung darauf geachtet werden, daß weder vertragliche Verpflichtungen noch andere haftungsbegründende Verbindungen mit rechtlich selbständigen Teileinheiten bestehen.[5]

In der Rechtsprechung der *USA* besteht analog zur deutschen Rechtsprechung[6] die Gefahr einer Durchgriffshaftung auf die Muttergesellschaft insbesondere dann, wenn trotz Vorliegen eigenständiger juristischer Personen eine Beziehung zwischen Mutter- und Tochtergesellschaft aufgrund einer gemeinsamen Wirtschafts- und

---

1 Vgl. *Keller, T.,* Unternehmensführung, 1993, S. 218; *Theisen M.R.,* Konzern, 1991, S. 429.

2 Vgl. *Theisen M.R.,* Konzern, 1991, S. 431.

3 Zur Übereinstimmung von Verantwortungs- und Haftungsrahmen im deutschen Recht vgl. § 1 Abs. 1 Satz 1 AktG; § 13 Abs. 2 GmbHG; *Theisen M.R.,* Konzern, 1991, S. 429; in der US-amerikanischen Rechtsprechung vgl. *Blumberg, P.I.,* Konzernrecht, 1991, S. 329-331.

4 Gegenwärtig wird die Frage der Haftungserweiterung in der rechtswissenschaftlichen Literatur intensiv diskutiert und soll aufgrund des Umfangs und der Aktualität hier nicht dargestellt werden. Zur Verantwortlichkeit des herrschenden Unternehmens beim Vertragskonzern bzw. beim faktischen Konzern und qualifiziert faktischen Konzern vgl. *Raiser, T.,* Recht, 1992, S. 608-625 bzw. 580-597. Für eine Diskussionen zur Haftung im faktischen Konzern vgl. beispielsweise *Kropff, B.,* TBB-Urteil, 1993, S. 485-495; *Kleindieck, D.,* Haftung, 1992, S. 574-584; *Timm, W.,* Entwicklungen, 1992, S. 213.

5 Vgl. *Theisen, M.R.,* Konzern, 1991, S. 431.

6 In der deutschen Rechtsprechung wird in diesem Zusammenhang vom Institut des qualifiziert faktischen Konzerns gesprochen. Vgl. dazu *Raiser, T.,* Recht, 1992, S. 590-597.

Willensbildungsstruktur besteht.[1] Folgende Faktoren werden in neueren Entscheidungen als Hinweis auf eine Konzernverbindung zwischen zwei Gesellschaften herangezogen:[2]

(1) Die ausgeübte Kontrolle der Muttergesellschaft über die Tochtergesellschaft,
(2) die wirtschaftliche Verflechtung, insbesondere der Umfang von An- und Verkäufen zwischen den Gesellschaften,
(3) die finanzielle Interdependenz zwischen den Gesellschaften,
(4) die Interdependenz in den Verwaltungen der Gesellschaften,
(5) die gleichartige Beschäftigungsstruktur und Karrieremöglichkeit von Mitarbeitern im Konzern,
(6) das einheitliche Auftreten im Geschäftsverkehr der Gesellschaften.

Im amerikanischen Recht muß derzeit eine intensiv aufeinander abgestimmte Wirtschaftsstruktur der Konzernglieder vorliegen, die weit über die Kontrolle und sich überschneidende Vermögensverhältnisse hinausgeht, um vom Bestand einer einheitlichen Unternehmung zu sprechen.[3]

Obgleich eine Konzernunternehmung Risiken von Teileinheiten durch eine rechtsformkongruente Organisationsgestaltung grundsätzlich beschränken kann, besteht für Konzernunternehmen z.T. die wirtschaftliche bzw. „moralische" Verpflichtung, die Haftung von Tochtergesellschaften zu übernehmen. Dies ist beispielsweise der Fall, wenn ein wesentlicher Geschäftsbereich von einem Risiko betroffen ist. Wenn die Muttergesellschaft

---

[1] Die Rechtsprechung zur Durchgriffshaftung auf Konzernsachverhalte im amerikanischen Recht befindet sich gegenwärtig am Anfang einer neuen Entwicklung. In zahlreichen Fällen, bei denen überwiegend natürliche Personen als Mehrheitsgesellschafter betroffen waren, bildete sich die traditionelle Rechtsprechung zur Durchgriffshaftung, die anschließend auf Konzernsachverhalte übertragen wurde. Eine Durchgriffshaftung auf den Gesellschafter setzte dabei im wesentlichen eine betrügerische, ungerechte oder "moralisch schuldhafte" oder unangemessene Handlung zum Nachteil des Gläubigers voraus. Die Entscheidungsgründe waren jedoch sehr allgemein gehalten und gaben wenig Aufschluß über generelle Leitlinien. Heute versuchen Gerichte immer häufiger, den Zielen des spezifischen Rechtsgebietes gerecht zu werden und wenden eine freiere Form der Rechtsprechung zur Durchgriffshaftung an. Damit wird versucht, ein "enterprise law" zu definieren, das an die Anforderungen eines Rechtssystems angepaßt ist und sich von Fall zu Fall weiterentwickelt. Die Darstellung im Text hält sich an die freiere Form der Rechtsprechung zur Durchgriffshaftung. Vgl. dazu *Blumberg, P.I.,* Konzernrecht, 1991, S. 335-341.

[2] Vgl. *Blumberg, P.I.,* Konzernrecht, 1991, S. 339. Diese Faktoren bilden gegenwärtig wesentliche Bausteine bei der Formulierung des oben beschriebenen "enterprise law".

[3] Vgl. *Scherrer, G.,* Grundlagen, 1996, S. 218-221; *Blumberg, P.I.,* Konzernrecht, 1991, S. 341.

nicht die Haftung für ihre Tochtergesellschaft übernimmt, kann aufgrund des Ansehensverlustes und der Wirkung auf Kunden, Lieferanten und Gläubiger das Mutterunternehmen mit betroffen werden. Erst eine vollkommene Trennung der Geschäftsbereiche, wie sie beispielsweise mit der Durchführung eines spin-off erzielt wird, kann die Muttergesellschaft von der wirtschaftlichen Notwendigkeit der Haftung oder der Verlustübernahme für ihre Tochtergesellschaften entbinden.[1]

Eine Risikoart in diesem Zusammenhang ist das Produkthaftungsrisiko, das in den *USA* bei Haftungseintritt Unternehmen ernsthaft in ihrer Existenz bedrohen kann.[2] Die Durchführung des spin-off zur Eindämmung von Unternehmensrisiken wird insbesondere von amerikanischen Tabakunternehmen erwogen, die durch Produkthaftungsklagen geschädigter Raucher konkret gefährdet sind. Zu den betroffenen Unternehmen gehört beispielsweise der *Phillip Morris* Konzern, der eine Aufspaltung durch einen spin-off in einen Tabakbereich und einen Nahrungsmittelbereich diskutiert.[3] Die Begründung hierfür ist namentlich die Befürchtung, daß der Nahrungsmittelbereich durch eventuelle Schadensersatzforderungen von Rauchern in Milliardenhöhe mitgefährdet wäre. Es wird davon ausgegangen, daß die Unsicherheiten und die anhaltende Diskussion in der Öffentlichkeit den Börsenwert des Gesamtunternehmens belasten. Mit einer Aufspaltung in eine "unsichere" Tabak- und eine "sichere" Nahrungsaktie könnte damit zudem der Börsenwert des Unternehmens gesteigert werden.[4] Weiteres Beispiel ist der US-amerikanische Tabak- und Nahrungsmittelkonzern *RJR Nabisco*, bei dem insbesondere von seiten der Anteilseigner eine Aufspaltung gefordert wurde.[5] Darüber hinaus kündigte auch der US-amerikanische

---

[1] *P. Lynch* stellt am Beispiel des spin-off von *Columbia Pictures* durch *Coca Cola* fest, daß für gewisse Unternehmen eine solche Verpflichtung selbst bei einem spin-off besteht, so daß das abgespaltene Unternehmen eine gute Kapitalausstattung erhält: "The parent company may have a financial stake in the success of the spin-off. Certainly, it has an emotional stake. The last thing a parent company wants is for one of its own projects to flop. So it tries to do everything possible to help the fledgling enterprise, from cleaning up the balance sheet to installing good management. A company that has to jettison divisions in a fire sale to raise cash may not care about the consequences, but a powerhouse like Coca Cola certainly does. Coca Cola spun off Columbia Pictures in late 1987 (keeping a 49 percent interest), and when Columbia proved to be a disappointment, Coke did what it could to turn things around." (*Lynch, P.*, Free, 1995, S. 28).

[2] Für Vorschläge zur Beschränkung des Haftungsdurchgriffes bei Produkthaftung in deutschen Konzernunternehmungnen vgl. *Hommelhoff, P.*, Probleme, 1991, S. 223 f.

[3] Vgl. dazu o.V., Philip Morris, 1994, S.18; *Philip Morris*, Immediate Release, 1994.

[4] Vgl. dazu o.V., Philip Morris, 1994, S.18.

[5] Vgl. o.V., Tobacco, 1996, S. D7; *Kahn, S.*, Shareholders, 1996, S. 46.

Papierproduzent *Kimberly Clark* einen spin-off der Aktivitäten im Tabak-bereich an.[1]

Zu den möglichen Risikoarten, die durch einen spin-off segmentiert werden sollen, zählt aber auch das allgemeine Geschäftsrisiko, das eine Muttergesellschaft unter den oben genannten Voraussetzungen zur Übernahme der Verluste der Tochtergesellschaft verpflichten kann.

2. Nutzung von Steuer- und Regulierungsvorteilen

Eine besondere Funktion erhielt der spin-off in den achtziger Jahren mit der Abspaltung von Teileinheiten in sogenannte "Natural Resource Trusts" und durch Abspaltung staatlich regulierter Geschäftsbereiche. In den *USA* können Unternehmen, die im Besitz von bestimmten Anlagevermögen, (vorwiegend Öl- und Gasvorkommen) sind, durch den spin-off dieser Bereiche in einen Natural Resource Trust (auch als "Royalty Trust" bezeichnet) steuerliche Vorteile geltend machen.[2] Ein Trust ist zwar Steuersubjekt, kann aber Ausschüttungen von seinem Einkommen abziehen. Der Ertrag ist direkt auf Ebene der Begünstigten zu versteuern.[3]

In verschiedenen Fällen wurde ein spin-off durchgeführt, um staatlich bezuschußte Geschäftsbereiche der öffentlichen Versorgung von anderen Geschäftsbereichen zu trennen.[4] Die Trennung wird vorwiegend durchgeführt, um für die abgespaltenen Bereiche höhere staatliche Zuschüsse zu erhalten, die im Konzernverbund aufgrund einer konzerninternen Subventionierung einen geringeren Zuschuß erhielten.[5]

---

[1] Vgl. o.V., Paper Maker, 1995, S. C1: "The move would create a clear definition between the company's nontobacco business and the company's American ad French businesses that manufacture cigarette papers. Many shareholders believe that a company that is purported to be involved in health care should not be involved in tobacco."

[2] Vgl. dazu *Schipper, K./Smith, A.*, Spin-off, 1986, S. 439, o.V., Oil, 1981, S. D8.

[3] Vgl. *Bellstedt, C.*, US-Trusts, 1995, S. 809-822.

[4] Vgl. dazu *Hite, G.L./Owers, J.E.*, Restructuring, 1986, S. 423.

[5] Ein Beispiel sind Unternehmen der öffentliche Versorgung, wie z.B. die *Philadelphia Suburban Corporation*, die in einem spin-off ihre Wasseraktivitäten abspaltete, weil diese durch andere Geschäftsbereiche subventioniert wurden und nicht ausreichend staatliche Zuschüsse erhielt. Vgl. dazu *Hite, G.L./Owers, J.E.*, Restructuring, 1986, S. 423.

IV. Bedeutung verschiedener Motive

Die Bedeutung der vorstehend dargestellten Zielsetzungen wurde bislang in der wissenschaftlichen Literatur nicht untersucht. Einen Anhaltspunkt zur Beurteilung der Bedeutung der einzelnen Motive können jedoch zwei empirischen Untersuchungen von *K. Schipper/A. Smith* und *G.L. Hite/J.E. Owers* zu Veränderungen des Unternehmenswertes geben. *K. Schipper/A. Smith* untersuchten die Auswirkungen unterschiedlicher Motive auf den Unternehmenswert. Zu diesem Zweck wurde die Untersuchungsgruppe von 93 Unternehmen nach genannten Motiven geordnet. Die Ergebnisse für 58 Unternehmen, für die ein Motiv des spin-off festgelegt werden konnte, sind in Abb. 16 dargestellt.

	Motive	Number of firms with stated motive, total 58 (in percent)
(1)	Loosen constraints of institutional or regulatory environment (taxation, price or other regulation)	18 (31 %)
(2)	Improve managerial efficiency	
	• Separate subsidiary so that management can concentrate on primary line(s) of business	8 (14%)
	• Remove subsidiary which does not fit with other lines of business and/or long-run strategy of parent	11 (19%)
	• Facilitate growth of subsidiary as an independent concern	5 (9%)
	• Improve management incentives (usually mentioned in context of dissimilar lines of business)	6 (10%)
(3)	Other	
	Enhance investor evaluation of parent and subsidiary by separating them	7 (12%)
	Remove a source of fluctuation in net income	3 (5%)

Abb. 16: Bedeutung unterschiedlicher Zielsetzungen
(Quelle: *Schipper, K./Smith, G.*, Effects, 1993, S. 452)

Als Motiv des spin-off wurde von 31 v.H. Unternehmen die Lösung von Regulierungen angegeben. Dies betrifft insbesondere Unternehmen, die staatlich regulierte von unregulierten Bereichen trennen, sowie die steuerlichen Vorteile eines Trusts nutzen möchten.[1] Dieses Motiv war jedoch vorwiegend Anfang der achtziger Jahre von Bedeutung, als verschiedene öl- und gasfördernde Unternehmen ihre Organisationsstrukturen (steuer-) optimierten.[2] Zum anderen waren mit einem Anteil von 52 v.H. organisatorische Motive ausschlaggebend für die Durchführung eines spin-off. Eine besondere Rolle spielt dabei die Konzentration auf bestimmte Geschäftsbereiche (14 v.H.) sowie die Abtrennung von Unternehmensteilen, die nicht zu den übrigen Geschäftsaktivitäten paßten (19 v.H.). Von 17 v.H. der Unternehmen wurden mit der Verbesserung der Bewertungsmöglichkeit (12 v.H.) und der Abtrennung von Unternehmensteilen mit großen Ergebnisschwankungen (5 v.H.) vorwiegend finanzwirtschaftliche Motive angegeben.

In einer vergleichbar angelegten Untersuchung von *G.L. Hite/J.E. Owers* mit einer Untersuchungsgruppe von 123 Unternehmen nannten 29 Unternehmen das Motiv Spezialisierung (24 v.H.), 19 Unternehmen das Motiv Nutzung von Regulierungsvorteilen (15 v.H.), 12 Unternehmen Vorbereitung oder Abwehr einer Unternehmensübernahme (10 v.H.) und 63 Unternehmen kein Motiv bzw. machten keine Angaben zum Motiv (51 v.H.).[3] Auch bei dieser Untersuchung zeigt sich ein Schwerpunkt des Motivs Spezialisierung (Konzentration) auf bestimmte Geschäftsbereiche.

Nachdem mit den empirischen Untersuchungen andere Zielsetzung verfolgt wurden, läßt sich aus den Ergebnissen allerdings nur eingeschränkt die Bedeutung der unterschiedlichen Zielsetzungen ableiten. Die Aussagefähigkeit zeigt auch der Vergleich der beiden ähnlich angelegten Untersuchung, die bei einem vergleichbaren Untersuchungsaufbau zu abweichenden Ergebnissen gelangen.

Zur weiteren Verdeutlichung der unterschiedlichen Motive sollen im folgenden Abschnitt Fallstudien von zwei Unternehmen dargestellt werden, die aus zwei unterschiedlichen Motiven einen spin-off durchführten. Auf der einen Seite wird am Beispiel von *General Mills, Inc.* der spin-off zweier Teileinheiten (*Crystal Brands, Inc.* und *Darden Restaurants, Inc.*) analysiert, die im Rahmen eines selbstverordneten Umstrukturierungsprogramms zur Konzentration auf bestimmte Geschäftsbereiche abgespalten wurden. Daher

---

[1] Vgl. *Schipper, K./Smith, G.*, Effects, 1993, S. 452.

[2] Vgl. *Hite, G.L./Owers, J.E.*, Restructuring, 1986, S. 431, 433.

[3] Vgl. *Hite, G.L./Owers, J.E.*, Restructuring, 1986, S. 432.

136

wird in diesem Zusammenhang insbesondere auf die Unternehmensstrategie von *General Mills, Inc.* eingegangen, um die Grundstrategie des Unternehmens zu untersuchen. Auf der anderen Seite wird mit dem spin-off von *Zeneca PLC* durch *Imperial Chemical Industries PLC* ein Fallbeispiel aufgeführt, bei welchem kurzfristig, aufgrund einer möglichen feindlichen Unternehmensübernahme die Entscheidung zur Durchführung eines spin-off gefällt wurde. Nachdem im letztgenannten Fall durch das Management auch andere Zielsetzungen genannt wurden, können durch das Fallbeispiel die Schwierigkeiten der Abgrenzung zwischen einzelnen Motiven besonders verdeutlicht werden.

1. **Fallbeispiel *General Mills, Inc.***
a. **Ausgangssituation**

General Mills, Inc., *Minneapolis* (*"General Mills"*) wurde im Jahre 1928 als Zusammenschluß von sieben regionalen Mehl- und Getreidemühlen gegründet, die zusammen den größten Mehlproduzenten der Welt bildeten.[1] Eine Besonderheit des neugegründeten Unternehmensverbundes lag in der Schaffung eines nationalen Absatz- und Marketingsystems für Mehl und Getreide, das später als Grundstein für eine Expansion in den Konsumgütermarkt für Lebensmittel (auf der Basis von Mehl und Getreide) diente. Die Entwicklung von *General Mills* von den Anfängen bis heute kann anhand von fünf strategischen Phasen beschrieben werden, die jeweils durch den amtierenden chief executive officer ("CEO") bestimmt waren:[2]

(1)1928 - 1945 (CEO: *J.F. Bell*) - Vorwiegende Geschäftsaktivitäten im Bereich der Mehlerzeugung. *General Mills* durchläuft eine schwierige Phase aufgrund der Rezessionsjahre. 1929 erzielte das Unternehmen einen Umsatz von $ 127 Millionen. Von 1929 bis 1946 betrug das durchschnittliche Umsatzwachstum lediglich 3 v.H.

(2)1945 - 1959 (CEO ab 1952: *C.H. Bell*) - Wachsendes Mehlgeschäft mit zunehmendem Wachstum bei verpackten Lebensmitteln und anderen Bereichen. Das Unternehmen verfolgt eine Diversifikationsstrategie in neue Geschäftsbereiche (u.a. Chemie und Militärelektronik), in denen z.T. schon während der Kriegsjahre verschiedene Produkte hergestellt wurden. Die

---

1 Vgl. *Donaldson, G.*, restructuring, 1990, S. 119.
2 Vgl. dazu *General Mills, Inc.*, Annual Report, 1985, S. 4; *Donaldson, G.*, restructuring, 1990, S. 119-128.

Diversifikation führte zu hohen Verlusten und einer Verwässerung des Stammgeschäftes Lebensmittelverarbeitung. Zwischen 1948 und 1958 stieg der Umsatz insgesamt nur um 15 v.H., und der Gewinn je Aktie erhöhte sich lediglich von $ 0.49 auf $ 0.50.

(3)1960 - 1966 (CEO ab 1961: *E. Rawlings*) - Wechsel vom Rohstoffgeschäft zu Konsumgütern, Schließung von 9 von 17 Mehlmühlen. Das Unternehmen vollzog zum erstenmal eine selbstverordnete Restrukturierung und verkaufte verschiedene unprofitable Tochtergesellschaften (u.a. die Elektronikunternehmen). Darüber hinaus wurde beschlossen, die Geschäftsaktivitäten auf Lebensmittelkonsumgüter mit guten Wachstumsaussichten und auf ausgewählte andere Konsumgüter zu konzentrieren. Zu diesem Zweck wurden verschiedene Unternehmenskäufe getätigt (*Tom's Foods* -Snacks-, *Gorton* -tiefgefrorener Fisch-, *Kenner Products* -Spielzeug-). Der Gewinn pro Aktie verdoppelte sich in dieser Periode.

(4)1966 - 1976 (CEO ab 1968: *J. Mc Farland*) - Eine Phase mit einer aggressiven Diversifikationsstrategie in verschiedenste Konsumgüter. *General Mills* verfolgte eine Strategie der "all-weather growth company"[1] und diversifizierte vorwiegend in angestammte Geschäftsbereiche. Die strategische Weichenstellung bis 1966 hin zu verpackten Lebensmittelprodukten führte dazu, daß das Unternehmen aus der gewöhnlichen Geschäftstätigkeit einen Kapitalüberschuß hatte, für den es keine ausreichenden Investitionsmöglichkeiten im Lebensmittelbereich gab. Daraufhin wurde in die Bereiche Spielzeug, Kleidung, Spezialhandel, Touristik sowie Münzen und Briefmarken diversifiziert. Zwischen 1968 bis 1975 stieg der Umsatz pro Jahr durchschnittlich um 14 v.H. und der Jahresüberschuß pro Jahr um durchschnittlich 13,5 v.H.

(5)1976 bis heute (CEO 1976-1981: *E.R. Kinney*; ab 1981 bis heute: *B. Atwater*) - Reduzierung der Geschäftsbereiche und Konsolidierung. Das Unternehmen startete ein weiteres Restrukturierungsprogramm, das mit dem Verkauf der Chemieaktivitäten 1977 begann. Es folgte der Verkauf der Geschäftsbereiche Touristik, Münzen, Briefmarken, Gepäck und bestimmter Lebensmittelbereiche, die nicht in das strategische Konzept paßten. Zugleich kündigte das Unternehmen 1981 eine Verdoppelung der Investitionen über die nächsten fünf Jahre an, die zu 75 v.H. in die

---

[1] Vgl. dazu *Donaldson, G.*, restructuring, 1990, S. 121-125.

Geschäftsbereiche Lebensmittelkonsumgüter und Restaurants investiert werden sollten.

Im April 1985 wurde ein historischer Restrukturierungsplan für *General Mills* verabschiedet, der vor allem einen spin-off der Geschäftsbereiche Spielzeug (in der Gesellschaft *Kenner Parker Toys, Inc.*) und Bekleidung (*Crystal Brands, Inc.*) vorsah. Das Portfolio von *General Mills* sollte darüber hinaus durch Verkauf weiterer Tochtergesellschaften bereinigt werden.

1995 führte *General Mills* einen weiteren spin-off durch und spaltete sich in zwei unabhängige börsennotierte Gesellschaften.[1] *General Mills, Inc.* wurde zu einem konzentrierten Lebensmittelkonsumgüteranbieter mit einem Umsatz von ca. $ 5,5 Milliarden im Geschäftsjahr 1995. Der Geschäftsbereich Restaurants wurde in einem spin-off in einer eigenständigen, neugegründeten Gesellschaft mit Namen *Darden Restaurants, Inc.* an die Anteilseigner von *General Mills* verteilt. *Darden Restaurants, Inc.* generierte im Geschäftsjahr 1995 einen Umsatz von ca. $ 3,2 Milliarden.

In Anlehnung an eine Darstellung von *D. Donaldson* wird in Abb. 17 die Entwicklung der Diversifikation- und Konzentration des Konzernportfolios von *General Mills* von 1968 bis heute dargestellt.

b.   Unternehmensstrategie

In der Darstellung der Entwicklungsphasen von *General Mills* wurden bereits Veränderungen in der Produkt-/Marktbereichsstrategie des Unternehmens deutlich, die u.a. zur Durchführung verschiedener spin-off geführt haben. Hervorzuheben ist, daß *General Mills* die Veränderungen der strategischen Grundhaltung und die Durchführung von Restrukturierungsplänen jeweils selbst initiiert hat.[2] Während zahlreiche empirische Untersuchungen die externen Einflußfaktoren bei Restrukturierungen, insbesondere feindliche Übernahmeangebote hervorheben, wurden die Veränderungen bei *General Mills* durch interne strategische Überlegungen bestimmt. Anlaß zur

---

1   Vgl. dazu *Darden Restaurants, Inc.*, Information Statement, May 5, 1995.
2   Vgl. *Donaldson, G.*, restructuring, 1990, S. 129, 131.

strategischen Neubetrachtung des Konzernportfolios gaben (1) der anhaltende Kulturunterschied zwischen den traditionellen Geschäftsbereichen und neuakquirierten Aktivitäten, verbunden mit der Schwierigkeit, einen Gesamtüberblick zu erhalten; (2) die Vorbehalte, daß der cash flow der Kernbereiche anhaltend in "Wachstumssegmente" investiert wird, (3) eine Spannung aufgrund der Zurechnung von Erfolgen im Unternehmen.[1] Erst zu einem späteren Zeitpunkt wurde auch die Gefahr einer feindlichen Übernahme als Motiv einer Unternehmensrestrukturierung in Betracht gezogen.

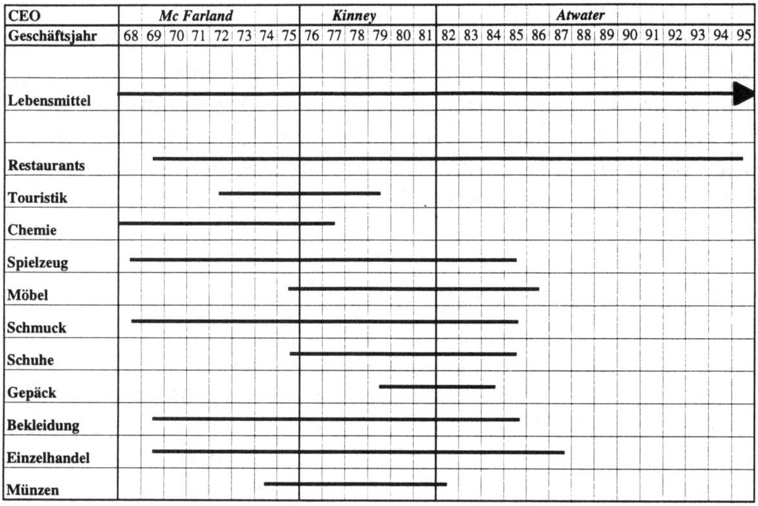

CEO	Mc Farland	Kinney	Atwater
Geschäftsjahr	68 69 70 71 72 73 74 75	76 77 78 79 80 81	82 83 84 85 86 87 88 89 90 91 92 93 94 95

Lebensmittel

Restaurants

Touristik

Chemie

Spielzeug

Möbel

Schmuck

Schuhe

Gepäck

Bekleidung

Einzelhandel

Münzen

Abb. 17: Entwicklung des Konzernportfolios von *General Mills, Inc.* von 1968 bis 1995
(Quelle: in Anlehnung an *Donaldson, G.*, restructuring, 1990, S. 124)

Nachdem *B. Atwater* in 1981 als CEO ernannt wurde, führte er zusammen mit seinem Finanzchef *M. Willes* (vormals Präsident der *Federal Reserve Bank* von *Minneapolis*) eine vergleichende Konkurrenzanalyse durch, um objektive Kriterien des Erfolges von *General Mills* zu finden.[2] Zu diesem Zweck untersuchten sie 6.000 börsennotierte Gesellschaften nach Ähnlichkeiten zu General Mills, insbesondere in den folgenden Faktoren: Eigenkapitalrendite

---

[1] Vgl. *Donaldson, G.,* restructuring, 1990, S. 131 f.
[2] Vgl. dazu ausführlich *Donaldson, G.,* restructuring, 1990, S. 129-132.

(return on equity) über 19 v.H., stabiles Umsatzwachstum, über eine halbe Milliarde Aktiva und niedriges Eigenkapital/Fremdkapital-Verhältnis. Anhand von 88 Unternehmen mit ähnlichen Rahmenbedingungen wurde ihre Annahme bestätigt, daß eine Zunahme an Diversifikation zu einer durchschnittlichen Rentabilität führt. Die Unternehmen mit der höchsten Rentabilität waren in ein bis zwei Branchen tätig (2/3 der Untersuchungsgruppen), nur fünf Unternehmen hatten wie *General Mills* in mehr als fünf Branchen Geschäftsaktivitäten. Aufgrund dieser Ergebnisse wurde zum einen das Konzernportfolio von *General Mills* anhand der Eigenkapitalrendite der Beteiligungen neu bewertet. Zum anderen wurde das Anreizsystem des Managements grundlegend verändert. Das bestehende Anreizsystem, das ausschließlich auf dem Ergebnis per Aktie basierte, wurde in ein System verändert, das Umsatzwachstum, Ertrag und Eigenkapitalrendite für die Bewertung des Managements heranzieht. Gleichzeitig wurde für *General Mills* das Ziel festgesetzt, bei der Eigenkapitalrendite zum oberen Viertel der 500 größten US-amerikanischen Unternehmen zu gehören.

c.   **Der spin-off von *Crystal Brands, Inc.***

Im Januar 1985 beschloß *General Mills,* sich von den Geschäftsbereichen Spielzeug und Bekleidung zu trennen. Zunächst wurde erwogen, diese Geschäftsbereiche, die ca. 25 v.H. des Umsatzes und Gewinns von *General Mills* und ca. 32 v.H. der Aktiva darstellten, zu verkaufen.[1] Im April 1985 kündigte *General Mills* an, daß weite Teile des Spielzeug- und Bekleidungsgeschäfts in einem steuerfreien spin-off an die Aktionäre abgespalten werden sollten.[2] Das abzuspaltende Bekleidungsunternehmen sollte den Namen *Crystal Brands, Inc.* tragen.

c.a.   **Das Unternehmen**

Crystal Brands, Inc. ("*Crystal Brands*"), *Delaware* ist ein Hersteller von Konsumgütern, insbesondere Bekleidung, der sich aus den operativen Gesellschaften *Izod*, *Ship'n Shore* und *Monet* zusammensetzt.[3] Das Unternehmen produziert und vertreibt u.a. die Marken *Izod* und *Lacoste*

---

[1] Vgl. *General Mills, Inc.,* News/Information, January 28, 1985.
[2] Vgl. *General Mills, Inc.* News/Information, April 25, 1985.
[3] *Crystal Brands, Inc.,* Information Statement, 1985, S. 1; *General Mills, Inc.* News/Information, April 25, 1985.

Actionwear und Sportswear, *Ship'n Shore* und *Haymaker* Damenblusen und Sportswear und *Monet* Schmuck. Im September 1985 wurde zusätzlich die Marke *Evoke* für die Distribution von Schmuck eingeführt. Darüber hinaus hat das Unternehmen eine Eigenmarke und betreibt eine Kette von Fabrikverkaufsläden. Die verschiedenen Produktlinien hatten im Geschäftsjahr 1985 folgenden Umsatzanteil: Herrenbekleidung 27 v.H., Damenbekleidung 28 v.H., Jugendkleidung 21 v.H. und Accessoires 24 v.H. Abb. 18 stellt eine Entwicklung ausgewählter Finanzdaten des Unternehmens dar.

In $ Millionen	1981	1982	1983	1984	1985
Netto Umsatz	501,8	569,3	545,4	515,0	481,9
Rohertrag	180,8	216,9	208,9	192,5	107,4
Restrukturierungskosten	-	-	-	5,7	28,0
Gewinn (Verlust) vor Zinsen und Steuern (EBIT)	93,2	99,6	70,1	28,0	(78,3)
Jahresüberschuß (-verlust)	47,6	48,3	36,7	12,7	(43,4)
Bilanzsumme	273,2	310,8	296,5	340,8	275,3

Abb. 18: Finanzentwicklung von *Crystal Brands, Inc.* von 1981 bis 1985 (Quelle: *Crystal Brands, Inc.*, Information Statement, 1985, S. 3)

c.b. Motive des spin-off

Im Börsenzulassungsprospekt von *Crystal Brands* werden vom Management von General Mills verschiedene Motive für die Durchführung eines spin-off angeführt:

"(i) General Mills' decision to concentrate on fewer industry areas to enhance the likelihood of attaining its corporate goals;
(ii) General Mills' decision to invest heavily in its larger Consumer Foods and Restaurant groups;
(iii) the need to devote a substantial amount of management time to these investments while the fashion business would require attention out of proportion to General Mills' capital investment; and
(iiii) General Mills' desire to establish both itself and Crystal as distinct investment alternatives in the financial community."[1]

---

[1] *Crystal Brands, Inc.*, Information Statement, 1985, S. 6.

G. *Donaldson* stellt in seiner Untersuchung der Entwicklung von *General Mills* zusätzlich fest, daß die Geschäftsbereiche Spielzeug und Bekleidung im Herbst 1984 in eine ernsthafte Krise geraten waren.[1] 1982/83 betrug der Anteil dieser Bereich am Jahresgewinn von *General Mills* noch 35 v.H. Die operative Gesamtkapitalrendite im Bekleidungsbereich fiel von 29 v.H. im Jahr 1983 auf 12 v.H. im Jahr 1984 (und im Spielzeugbereich von 23 v.H. 1983 auf 13 v.H. 1984). Nach Ansicht von G. *Donaldson* war es daher der richtige Zeitpunkt für das Management von *General Mills,* Maßnahmen zur Bereinigung des Konzernportfolios einzuleiten. Die Unternehmensführung von *General Mills* entschied, sich von allen Bereichen, die nicht mit dem Lebensmittelbereich verwandt waren, zu trennen. Nachdem der Verkaufszeitpunkt für die Geschäftsbereiche Bekleidung und Spielzeug ungünstig waren, wurde beschlossen, diese zu weiten Teilen durch einen spin-off an die eigenen Aktionäre abzuspalten.

d.   Der spin-off von *Darden Restaurants, Inc.*

Im Dezember 1994 kündigte *General Mills* an, daß das Unternehmen beabsichtigt, sich in einem steuerfreien spin-off in zwei unabhängige börsennotierte Gesellschaften aufzuspalten.[2] Während *General Mills* nach dieser Aufspaltung ausschließlich im Konsumgüterlebensmittelbereich tätig sein wird und in der Gesellschaftsform der alten *General Mills* fortbesteht, wird der Restaurantbereich in der neugegründeten Gesellschaft *Darden Restaurants, Inc.* überführt, die ebenfalls an der *New York Stock Exchange* notiert wird. Damit wurde die Aufspaltung des Unternehmens dadurch vollzogen, daß die Restaurantaktivitäten durch einen spin-off an die Aktionäre abgespalten wurden. *General Mills* wird nach der Aufspaltung im Geschäftsjahr 1995 einen Umsatz von ca. $ 5,5 Milliarden generieren, der Umsatz von *Darden Restaurants, Inc.* wird dagegen ca. $ 3,2 Milliarden betragen.

---

[1]   Vgl. dazu *Donaldson, G.,* restructuring, 1990, S. 133. Die Ertragsschwäche von *Crystal Brands, Inc.* verdeutlicht auch der geringe Jahresüberschuß bzw. Jahresverlust im Geschäftsjahr 1984 bzw. 1985, s. oben Abb. 18, S. 141.

[2]   Vgl. *General Mills, Inc.,* News/Information, December 14, 1994.

d.a. Das Unternehmen

Durch den spin-off von *General Mills* wurde *Darden Restaurants, Inc.* ("*Darden Restaurants*") der weltweit größte "full-service" Gastronomiebetreiber.[1] Das Unternehmen betreibt drei Gastronomiekonzepte: *Red Lobster* ist die weltgrößte full-service Gastronomiekette für Meerestiere, unter dem Namen *The Olive Garden* wird eine Gastronomiekette in italienischem Restaurantstil betrieben und *China Coast* ist ein neueres Gastronomiekonzept für chinesische Restaurants. In Abb. 19 wird die Entwicklung verschiedener Finanzdaten von *Darden Restaurants, Inc.* dargestellt. Der Geschäftsbereich Restaurants von *General Mills* erzielte von 1984-1994 ein durchschnittliches Wachstum des operativen Ergebnisses von 17,3 v.H. p.a. Das Unternehmen beschäftigt 107'500 Mitarbeiter.

In $ Millionen	1989/90	1990/91	1991/92	1992/93	1993/94
Umsatz	1'928	2'212	2'542	2'737	2'963
Jahresergebnis	90	100	112	92 [2]	127
Bilanzsumme	1'038	1'266	1'433	1'612	1'859

Abb. 19: Finanzentwicklung von *Darden Restaurants, Inc.* von 1989/90 bis 1993/94
(Quelle: *Darden Restaurants, Inc.*, Information Statement, 1995, S. 14)

d.b. Motive des spin-off

Vergleichbar mit den Motiven des spin-off von *Crystal Brands* basiert die Abspaltung von *Darden Restaurants* auf der Grundstrategie, daß Unternehmen am effizientesten sind, wenn die Geschäftsbereichsstrategie, die Organisation und die Anreizsysteme nur auf ein bis zwei Branchen fokussiert sind.[3] Wie das Management von *General Mills* feststellte, können durch die Fokussierung die Organisationsstruktur, die Personalwahl und die Anreizsysteme auf

---

[1] Vgl. dazu *Darden Restaurants, Inc.*, Information Statement, May 5, 1995, S. 5-9.

[2] Mit Restrukturierungskosten von $ 26,9 Millionen nach Steuern, vgl. *Darden Restaurants, Inc.*, Information Statement, 1995, S. 14.

[3] Vgl. *Darden Restaurants, Inc.*, Information Statement, May 5, 1995, S. 17: "General Mills is distributing the shares of the restaurant company to its stockholders based on its belief that corporations perform optimally when business strategy, organization and employee incentives are tightly focused on a single industry."

bestmögliche Art und Weise an die jeweiligen Unternehmensstrategien und die Marktgegebenheiten angepaßt werden.

Im Gegensatz zum spin-off von *Crystal Brands* folgt der spin-off von *Darden Restaurants* auf eine Phase kontinuierlichen Unternehmenswachstums der Teileinheit und einer positiven Ertragsentwicklung.[1] Die Durchführung des spin-off ist damit im Gegensatz zum spin-off von *Crystal Brands* vorwiegend auf die Überzeugung der Vorteile einer Ein-Branchen-Unternehmung zurückzuführen.

e. Finanzentwicklung von *General Mills, Inc., Crystal Brands, Inc.* und *Darden Restaurants, Inc.*

Die vorstehenden Ausführungen haben verdeutlicht, daß ein wesentliches Motiv den Abspaltungen von *Crystal Brands* und *Darden Restaurants* in der Verbesserung der (Finanz-)Situation der Muttergesellschaft *General Mills* durch Konzentration der Geschäftsaktivitäten auf ein bzw. zwei Geschäftsbereich lag. Im Folgenden soll daher anhand der Entwicklung verschiedener Finanzdaten untersucht werden, ob tatsächliche Vorteile für *General Mills* generiert werden konnten. Abb. 20 zeigt die Entwicklung einer Auswahl von Finanzdaten von *General Mills* der Geschäftsjahre 1983/84 bis 1996/97.

Die Verkürzung der Bilanzsumme in den Geschäftsjahren 1985/86 und 1995/96 spiegelt die Abspaltung von *Crystal Brands* und *Darden Restaurants* wider. Der Jahresüberschuß ist in den Jahren der Abspaltung durch Restrukturierungskosten belastet. Darüber hinaus hatten die durch spin-off oder Verkauf abgeteilten Geschäftsbereiche einen Jahresverlust von $ 188,3 Millionen im Geschäftsjahr 1984/85.[2] Die Entwicklung des Aktienpreises von *General Mills* ist in Abb. 21 dargestellt.

---

[1] S. dazu die Entwicklung der Finanzdaten oben Abb. 19, S. 143.
[2] Vgl. General Mills, *Inc.*, Annual Report, 1985, S. 25.

In $ Millionen	83/84	84/85	85/86	87/88	..	93/94	94/95	95/96	96/97
Umsatz	5'601	4'285	4'587	5'189		8'135	8'517	5'027	5'416
Jahresergebnis	233	(73)	184	222		506	470	367	467
Bilanzsumme	2'858	2'663	2'086	2'280		4'651	5'198	3'358	3'295
Anlagevermögen	1'229	956	1'085	1'250		2'860	3'093	1'457	1'312
Eigenkapital[1]	1'225	1'023	683	730		1'151	2'690	1'542	1'529
Mitarbeiter in									
Tausend	80	63	62	66		121	126	9,9	9,9

Abb. 20: Finanzentwicklung von *General Mills, Inc.* von 1983/84 bis 1996/97
(Quelle: *General Mills*, Annual Report, 1994; 1995; *Securities and Exchange Comission*, General Mills, 1997)

Abb. 21:   Aktienpreisentwicklung von *General Mills, Inc.*
(Quelle: *General Mills,* Annual Report, 1994;1995; *Securities and Exchange Comission*, General Mills, 1997)

---

[1] Durch den spin-off von *Darden Restaurants* wurde im Geschäftsjahr 1995 Eigenkapital in Höhe von $ 1,3 Milliarden als Dividende an die Anteilseigner ausgesschüttet. Vgl. *General Mills*, Annual Report, 1995, S. 25.

Während die Muttergesellschaft *General Mills* sich nach den Abspaltungen sowohl im Unternehmensergebnis als auch in der Aktienpreisentwicklung positiv entwickelte, konnte bei den abgespaltenen Gesellschaften keine nachhaltig positive Entwicklung festgestellt werden. Bei *Crystal Brands* wurden in den Jahren von 1986 bis 1990 nur leicht positive Ergebnisse ausgewiesen. Von 1991 bis 1993 erzielte das Unternehmen hohe Jahresverluste. 1994 mußte *Crystal Brands* Vergleichsantrag (Chapter 11) stellen und wurde nach Veräusserung der wesentlichen Aktiva in liquidiert.[1] Abb. 22 zeigt die Entwicklung ausgewählter Finanzdaten des Unternehmens von 1986 bis 1993.

In $ Millionen	1986	1987	1988	1989	1990	1991	1992	1993
Umsatz	395	360	391	857	868	827	589	444
Jahresergebnis	2	16	15	19	29	-71	-75	-216
Bilanzsumme	296	305	734	683	688	659	479	248
Anlagevermögen	93	93	150	143	144	146	96	86
Eigenkapital	186	186	187	188	266	194	117	-92

Abb. 22: Finanzentwicklung von *Crystal Brands, Inc.* von 1986 bis 1993 (Quelle: O.V., Crystal Brands, 1993; *Securities and Exchange Comission*, Crystal Brands, 1995)

Die Abspaltung von *Darden Restaurants* wurden unter anderen Grundvoraussetzungen als der spin-off von *Crystal Brands* durchgeführt, da das Unternehmen vor dem spin-off positive Geschäftsergebnisse erzielte. *Darden Restaurants* mußte jedoch in den Geschäftsjahren nach der Abspaltung hohe Restrukturierungskosten aufwenden, die zu einem negativen Geschäftsergebnis im Geschäftsjahr 1996/97 führten. Abb. 23 verdeutlicht die Finanzentwicklung von *Darden Restaurants* nach dem spin-off im Geschäftsjahr 1994/95.

Die Beobachtung der Finanzentwicklung der abspaltenden Muttergesellschaft *General Mills* sowie der abgespaltenen Gesellschaften *Crystal Brands* und *Darden Restaurants* unterstützt die Feststellung, daß ein Hauptmotiv der Spaltungen darin bestand, unrentable oder zunüftig unrentable Unternehmensbereiche von der Muttergesellschaft abzutrennen, um die Finanzsituation der Muttergesellschaft zu verbessern.

---

[1] Vgl. *Securities and Exchange Commission*, Crystal, 1995.

In $ Millionen	1994/95	1995/96	1996/97
Umsatz	3'163	3'192	3'172
Restrukturierungskosten	99	75	230
Jahresergebnis	52	74	-91
Bilanzsumme	2'074	1'964	2'089
Anlagevermögen	1'735	1'702	1'533
Eigenkapital	1'134	1'266	1'269

Abb. 23: Finanzentwicklung von *Darden Restaurants Inc.* von 1994/95 bis 1996/97 (Quelle: *Securities and Exchange Comission*, Darden, 1997)

2. Fallbeispiel *Imperial Chemical Industries PLC*

a. Ausgangssituation

Imperial Chemical Industries PLC ("ICI") wurde 1926 als Zusammenschluß der vier größten Chemieunternehmen Großbritanniens (*Brunner, Mond & Co. Ltd.*; *Nobel Industries Ltd.*; *British Dyestuffs Corp. Ltd.*; *Unites Alkali Company Ltd.*) gegründet.[1] Das Ziel dieses Zusammenschlusses war, eine britische Gesellschaft zu formen, die fähig ist, auf den Weltmärkten mit den Großunternehmen, wie z.B. *DuPont* in den *USA* oder *IG Farben* in *Deutschland,* zu konkurrieren.

Am 30. Juli 1992 teilte das Board of Directors von *ICI* mit, daß Vorschläge zur Teilung der Unternehmensgruppe in zwei unabhängige Gesellschaften geprüft werden.[2] Die Anteile der neugegründeten und in einem spin-off abgespaltenen *Zeneca PLC ("Zeneca")* wurden am 1. Juni 1993 an der *New York Stock Exchange* und *London Stock Exchange* als eigenständige Gesellschaft notiert.

Vor der Abspaltung von *Zeneca* war *ICI* in sieben Hauptgeschäftsbereichen organisiert, die sich im wesentlichen auf die Märkte *Europa, Nordamerika* und *Pazifisches Asien* konzentrierten.[3] Die Geschäftsbereiche waren:

---

1 Vgl. dazu *Imperial Chemical Industries PLC,* ICI Fact Book, 1995, S. 4.

2 Vgl. *Henderson, D.*, Countdown, 1994, S. 1.

3 Vgl. *Imperial Chemical Industries PLC,* ICI World Data, April 1992, S. 1.

- Agrochemie und Saatgut
- Sprengstoffe
- Industriechemie
- Kunststoffe und Polymere
- Lacke und Farben
- Pharma
- Spezialchemikalien

Darüber hinaus werden regionale Gesellschaften in den Ländern wie *Australien, Kanada, Argentinien, Malaysia, Indien* und *Pakistan* geführt.

Nach dem spin-off besteht *ICI* aus den fünf Geschäftsbereichen Lacke und Farben, Kunststoffe, Sprengstoffe, Industriechemie und Regionalgeschäft. Die neugegründete *Zeneca* führt dagegen die Geschäftsbereiche Pharma, Agrochemie/Saatgut und Spezialprodukte weiter. Eine Aufteilung der Umsatzanteile und des Betriebsergebnisses zwischen beiden Unternehmensgruppen ist in Abb. 20 dargestellt.

ICI beschäftigte vor der Spaltung ca. 130'000 Mitarbeitern in 500 Unternehmen in über 45 Ländern. Nach dem spin-off hatte *ICI* 70'400 Mitarbeiter und *Zeneca* 31'400 Mitarbeiter.[1]

b. Motive des spin-off von *Zeneca PlC*

Den Presse-Informationen von *ICI* ist zu entnehmen, daß der spin-off von *Zeneca* zum Ziel hatte, den unabhängigen Gesellschaften zum Nutzen von Kunden, Aktionären und Mitarbeitern eine bessere Einstellung auf die wirtschaftlichen Bedingungen und Umwälzungen im Bereich der Chemie und Biowissenschaften zu ermöglichen.[2] In der jüngeren Vergangenheit kam es zu

---

[1] Vgl. *Imperial Chemical Industries PLC,* Annual Review 1993, S. 13.
[2] Vgl. dazu *Deutsche ICI GmbH*, Presse-Information, 30. Juli 1992, S. 1-4; *Deutsche ICI GmbH*, Presse-Information, 25. Februar 1993, Anlage 1.

ZENECA						
	Umsatz			Betriebsgewinn vor außerordentlichen Posten		
In Millionen £	**1990**	**1991**	**1992**	**1990**	**1991**	**1992**
Pharmazeutika	1'375	1'552	1'607	473	536	488
Agrarchemikalien/Saatgut	1'298	1'316	1'288	108	145	85
Spezialitäten	938	916	936	34	29	26
Verschiedenes	208	145	148	-15	-28	-12
Gesamt	3'810	3'929	3'979	600	682	587
ICI-GRUPPE (OHNE ZENECA)						
Lacke/Farben	1'632	1'582	1'580	111	119	115
Werkstoffe	2'040	2'012	1'863	-5	-13	-25
Sprengstoffe	530	556	549	50	56	59
Industriechemikalien	4'108	3'884	3'547	198	144	-17
Regionale Geschäftsbereiche	1'602	1'394	1'346	39	18	8
Gesamt	9'912	9'428	8'885	393	324	140
Segmentinterne Eliminierungen	-517	-611	-502	-	-	8
Gesamt	9'395	8'817	8'383	393	324	148

Abb. 24: Aufteilung von Umsatz und Betriebsgewinn zwischen *Zeneca* und *ICI* (Quelle: *Deutsche ICI GmbH*, Presse-Information, 1993, Anlage III)

einer Expansion der biowissenschaftlichen Aktivitäten von *ICI*, die sich zunehmend von den übrigen Geschäftsaktivitäten von *ICI* in Hinblick auf Kapitalbedarf (Forschungsintensität), Technologien und Kunden unterscheiden. Das Board of Directors von *ICI* ist daher der Ansicht, daß die Chancen und Herausforderungen der unterschiedlichen Bereiche als unabhängige Unternehmensgruppen besser wahrgenommen werden können. Es wird festgestellt, daß eine Teilung des Unternehmens es beiden Unternehmensgruppen ermöglicht, durch eine Konzentration der Finanz-, Management- und Forschungsressourcen auf eine kleinere Anzahl von Geschäftsfeldern, ihre Strategien besser umzusetzen und Wettbewerbsvorteile auszunützen. Zugleich könne durch die Teilung das laufende

Kostensenkungsprogramm und die Umstrukturierungsmaßnahmen der *ICI* unterstützt werden.

Der Chairman von *ICI, D. Henderson*, führt allerdings ein weiteres entscheidendes Motiv der Konzernaufspaltung an, das den direkten Anstoß zur Spaltung gab.[1] Im Jahre 1990 wurde für die Unternehmensführung von *ICI* deutlich, daß sich das Unternehmen trotz zufriedenstellender Ergebnisse vor einer besonders schweren Entwicklungsphase befindet, die durch den Beginn einer Rezession, wachsende Umweltauflagen, zunehmende asiatische Konkurrenz und Überkapazitäten in *Europa* beeinflußt ist. Das Board of Directors von *ICI* verabschiedete daraufhin im Januar 1991 tiefgreifende strategische Restrukturierungsmaßnahmen, die u.a. eine Auflösung der organisatorischen Trennung zwischen divisionalen und regionalen Zuständigkeiten und die Freistellung von 40'000 Mitarbeitern vorsahen. Die Aufspaltung von *ICI* wurde zu diesem Zeitpunkt angedacht, jedoch wurde aufgrund der Rezession auf die kurzfristigeren Maßnahmen der Kostenreduktion und operativen Restrukturierung zurückgegriffen. Im Mai 1991 erwarb das für feindliche Unternehmensübernahmen bekannte Unternehmen *Hanson PlC* 2,8 v.H. der Aktienanteile von *ICI*, wodurch im Unternehmen und in der Öffentlichkeit Diskussionen über die Möglichkeit eines feindlichen Übernahmeangebotes für das Gesamtunternehmen ausgelöst wurde. Obgleich *D. Henderson* die Chance für ein feindliches Übernahmeangebot für gering einschätzte, wurde auf Vorschlag der beratenden Investment Bank *S.G. Warburg* die Abspaltung der biowissenschaftlichen Aktivitäten im Januar 1992 eingeleitet. *G. Owen /T. Harrison*[2] stellen daher in einer strategischen Bewertung der Spaltung von *ICI* fest, daß zum einen der direkte, kurzfristige auslösende Faktor in der Gefahr einer feindlichen Übernahme lag, zum anderen jedoch eine langfristige Entwicklung der Organisationsstruktur die Aufspaltung notwendig machte. Durch den spin-off wurde eine entscheidende Verbesserungen der Finanzstruktur der beiden Unternehmen möglich, die sich auch in einer signifikanten Steigerung der Aktienbewertung des Unternehmens auswirkten.[3] *D. Henderson* betont daher ebenfalls, daß der spin-off von *Zeneca* vorwiegend organisatorisch motiviert sein sollte. Die Gründe für die Durchführung eines spin-off faßt er wie folgt zusammen:

---

[1] Vgl. dazu *Henderson, D.*, Countdown, 1994, S. 4-8.
[2] *T. Harrison* war von 1989 bis 1993 General Manager of Planning bei *Imperial Chemical Industries PLC.*
[3] Vgl. *Owen, G./Harrison, T.*, ICI, 1995, S. 141.

"a) we had to operate in a drastically changing world within which new visions were required;
b) Within ICI there had developed through the '80s two quite different groups of businesses, with little in common. ICI's bioscience businesses had grown dramatically through the '80s and were fully capable of standing alone;
c) each group was likely to do better seperately - they would be more fleet of foot in an ever more competitive world and they would be freer to pursue the different strategic relationships relevant to their individual market-places;
d) a major change of culture was required if we were to make even more radical restructuring moves. Our business CEOs had by and large not delivered their promises through the recession, and they certainly did not identify with the major corporate problems;
e) the individual businesses would be forced to become more focussed and better managed in seperate groups;
f)demerger would probably deliver better shareholder value."[1]

c. **Finanzentwicklung von *Imperial Chemical Industries PLC* und *Zeneca PLC***

Ein wesentliches Element der Verbesserung der Kapitalstruktur in Verbindung mit der Spaltung der Unternehmensgruppen war die Durchführung einer Bezugsrechtsemission bei *Zeneca* in Höhe von £ 1,3 Milliarden.[2] *Zeneca* wurde zunächst als Tochtergesellschaft von *ICI* gegründet, auf die im Zuge des spin-off Verbindlichkeiten von £ 1,7 Milliarden der alten *ICI* übertragen wurden. Der spin-off wurde durch eine Sonderdividende am 1. Juni 1993 abgewickelt, in der jeder Aktionär von *ICI* eine Aktie von *Zeneca* erhielt.[3] Die Verbindlichkeiten von *Zeneca* gegenüber *ICI* wurden anschließend z.T. durch das aufgenommen Kapital der Bezugsrechtsemission vom 22. Juni 1993 abgebaut. Die Bezugsrechtsemission wurde auch an der *New York Stock Exchange* angeboten.[4] Die Kosten der Durchführung des spin-off von £ 75 Millionen wurden im Jahresabschluß 1992 von *ICI* zurückgestellt.[5]

[1] *Henderson, D.*, Countdown, 1994, S. 8.
[2] Es handelte sich dabei um die größte Bezugsrechtsemission in *Großbritannien* bis zu diesem Zeitpunkt, vgl. *Henderson, D.*, Countdown, 1994, S. 1.
[3] Vgl. *Imperial Chemical Industries*, Annual Review 1993, S. 15, 20.
[4] Vgl. o.V., Imperial, 1993, S. 28.
[5] Vgl. *ICI*, Annual Review 1993, S. 16.

Die Verbesserung der Finanzstruktur führte zu einer höheren Börsenkapitalisierung des Unternehmens.[1] Während *ICI* Ende 1992 eine Börsenkapitalisierung von £ 7,6 Milliarden erreichte, betrug diese zwei Monate später für beide Gesellschaften inklusive der Bezugsrechtsemmission £ 13,7 Milliarden. Für eine feindliche Unternehmensübernahme beider Gesellschaften hat sich damit der Kaufpreis über diesen Zeitraum um ca. 80 v.H. verteuert.

Die Abb. 25 und 26 verdeutlichen die Finanzentwicklung von *ICI* und *Zeneca* nach der Spaltung.

In £ Millionen	1993	1994	1995	1996
Umsatz	8'430	9'189	10'269	10'520
Jahresüberschuß	25	188	535	340
Eigenkapital	3'888	3'766	3'951	3'626
Bilanzsumme	9'229	9'004	9'472	9'115

Abb. 25: Finanzentwicklung von *Imperial Chemical Industries PLC* von 1993 bis 1996
(Quelle: *Securities and Exchange Comission*, Imperial, 1997)

In £ Millionen	1993	1994	1995	1996
Umsatz	4'440	4'480	4'898	5'363
Jahresüberschuß	431	443	336	643
Eigenkapital	1'499	1'685	1'861	2036
Bilanzsumme	5'019	4'681	5'093	5'000

Abb. 26: Finanzentwicklung von *Zeneca Group PLC* von 1993 bis 1996
(Quelle: *Securities and Exchange Comission*, Zeneca, 1997)

Die Finanzentwicklungen der Unternehmen verdeutlichen, daß bei der Spaltung versucht wurde, für beide Unternehmen eine finanzielle Stabilität zu erreichen. Hierzu hat u.a. die Kapitalerhöhung bei *Zeneca* und die damit verbundene Senkung der Finanzierungskosten des Unternehmens beigetragen. Darüber hinaus konnten auch Anpassungen in der Organisations- und Führungsstruktur durchgeführt werden, die zu dieser Entwicklung beigetragen haben. Die Spaltung von *ICI* und *Zeneca* eröffnet weiterhin für beide

---

[1] Vgl. dazu *Owen, G./Harrison, T.*, ICI, 1995, S. 141.

Gesellschaften neue finanzielle Möglichkeiten.[1] Für *Zeneca* besteht die Möglichkeit, aufgrund allgemein höherer Börsenbewertungen für Pharmaunternehmen aggressive Unternehmensübernahmen zu finanzieren. Dadurch können beispielsweise Defizite in der Forschung und Entwicklung von Pharmaprodukten gedeckt werden oder eine Konsolidierung im Agrochemiebereich erzielt werden. *ICI* hat nach dem spin-off durch die verbesserte Bilanzstruktur ebenfalls die Möglichkeit, weitere Akquisitionen zu finanzieren oder sich weitergehend auf die Kostenstruktur der bestehenden Aktivitäten zu konzentrieren.

d. Veränderungen der Organisations- und Führungsstruktur

Mit der Spaltung von *ICI* waren grundlegende Veränderungen der Organisations- und Führungsstruktur verbunden. Zu den von der Unternehmesführung beider Gesellschaften besonders hervorhobenen Veränderungen, zählt der sogenannte "parenting style", also die Art der Führung und Kommunikation zwischen den einzelnen Tochterunternehmen und der Mutterunternehmen.[2] Vor der Spaltung war *ICI* eine multidivisionale Konzernunternehmung, bei der strategische Entscheidungen unabhängig von den Divisionen in der Unternernehmensführung getroffen wurden.[3] In den 80er Jahren erhielten die Divisionen eine zunehmende Eigenständigkeit und Verantwortung für die Profitabilität ihrer Bereiche. Dies führte nach Ansicht von *G. Owen* und *T. Harrison* dazu, daß das Unternehmen weder Vorteile einer Holdingstruktur noch eines konzentrierten Ein-Branchen-Unternehmens nutzen konnte:

"ICI was poised uneasily between ... a *strategic planning* and a *financial control* orientation. It was neither a financially driven holding company like Hanson, which leaves business strategy to its businesses; nor a single-industry company like Glaxo Holdings, which is intimately involved in setting business strategy."[4]

---

1 Vgl. dazu *Davison, R.*, ICI, 1992, S. 13.

2 Vgl. *Owen, G./Harrison, T.,* ICI, 1995, S. 138: "The change in parenting style is the aspect of demerger on which the top management of the two companies now place most emphasis."

3 "The ICI Board is responsible for determining the objectives and broad policies of the Group consistent with the primary objective of enhancing long-term shareholder value. It provides the overall strategic direction necessary to ensure that these policies are carried out, and exercise stewardship of the Group's resources in a manner that enables the objectives to be met." (*ICI*, World Data, 1992, S. 18).

4 *Owen, G./Harrison, T.*, ICI, 1995, S. 139 (Hervorhebungen im Original).

Während *ICI* vor der Spaltung noch aus 9 Hauptgeschäftsbereichen und zusätzlichen Regionalunternehmen bestand, setzt sich *ICI* nach der Spaltung aus fünf und *Zeneca* aus drei Hauptgeschäftsbereichen zusammen.[1] Die jeweiligen Vorstände sind verkleinert worden. Das Board der alten *ICI* bestand aus 9 Board-Mitgliedern und 12 Bereichsleiter.[2] Die Unternehmensführung von *Zeneca* setzt sich dagegen nur aus dem Chief Executive Officer und drei Direktoren für Finanzen, Forschung und Entwicklung und Personal zusammen. Bei der neuen *ICI* besteht die Unternehmensführung ebenfalls aus einem Chief Executive Officer und drei Direktoren für Finanzen, Forschung und Entwicklung und Personal die eng mit den Chief Executive Officer der fünf Hauptgeschäftsbereiche zusammenarbeiten.[3] Dies führt zu kürzeren Kommunikationslinien und einem fortwährenden Dialog zwischen den Mitgliedern des Boards und der Führung der Geschäftsbereiche.[4] *R. Hampel*, der Chief Executive der neuen *ICI*, stellt zu den Veränderungen fest:

> "One of our first moves after demerger was to streamline our top management structure, introducing shorter lines of communication and making it easier to implement new ideas more rapidly. In the following months, our culture has, I believe, become more entrepreneurial at every level. I see a new willingness to challenge traditional habits, to accept change and to get things done."[5]

Vor der Spaltung wurden beispielsweise in einem der Hauptbereiche, der Industriechemie, Strategiesitzungen nur in einem Abstand von zwei Jahren abgehalten, deren Ergebnisse wiederum nur in jährlichen Budgetmeetings und in Quartalsabschlüssen diskutiert wurden.[6]

G. Owen/T. Harrison heben hervor, daß die Spaltung insbesondere ermöglicht, daß die jeweiligen Organisationsstrukturen an die Aufgaben der unterschiedlichen Branchen angepasst werden können.[7] Für *Zeneca* besteht

---

1 Vgl. *Imperial Chemical Industries,* ICI World Data, 1992, S. 1; *Imperial Chemical Industries ,* ICI Fact Book, 1995, S. 3; o.V.; Teile, 1994, S. 88.

2 Vgl. O.V., Teile, 1994, S. 88; *ICI*, World Data, 1992, S.18 - 21.

3 Vgl. *Imperial Chemical Industries,* ICI Fact Book, 1995, S. 2.

4 Vgl. O.V., Teile, 1994, S. 88 f.: *D. Barnes,* der Chief Executive Officer von *Zeneca*, stellt am selben Ort fest: "Damals war es leicht, in ein Business Meeting zu gehen und einfach dazusitzen, weil einen viele Dinge gar nichts anzugehen schienen. Heute müssen bei uns alle Mitglieder dieses obersten Führungskreises auf Fragen des Gesamtunternehmens achten. Sie selbst sind Teil der Lösung."

5 *Hampel, R.,* Review, 1993, S. 5.

6 Vgl. *Owen, G./Harrison, T.,* ICI, 1995, S. 1.

7 Vgl. dazu *Owen, G./Harrison, T.,* ICI, 1995, S. 139; *Davison, R.,* ICI, 1993, S. 13.

die Hauptaufgabe in einem hohen Wachstum durch innovative Produkte. Dazu muß die weltweite Verkaufsorganisation ausgebaut und die Produktivität der Forschung und Entwicklung verbessert werden. Eine Verbesserung der Forschungstätigkeit konnte z.T. bereits erreicht werden. Um mit dem Branchenwachstum mithalten zu können, muß *Zeneca* zwischen 10 bis 15 v.H. in Umsatz und Ertrag pro Jahr wachsen. Dieses Wachstum kann letztendlich nur durch Akquisitionen erreicht werden. Im Gegensatz dazu sind die verbleibenden Geschäftsbereiche der *ICI* (konjunktur-)zyklischen Schwankungen der verschiedenen Branchen (u.a. der Bergbau-, Textil- und Baubranche) unterworfen. Es handelt sich vorwiegende um kapitalintensive Bereiche die weniger auf Forschung und Entwicklung angewiesen sind. Zu den Hauptaufgaben zählt daher zum einen die Erreichung der Marktführerschaft in den Bereichen, in denen ein technologischer Wettbewerbsvorteil besteht, und zum anderen eine fortwährende Kostenreduzierung und Profitabilitätssteigerung der Produktion.

Verbundvorteile des vormals integrierten Konzernunternehmens *ICI*, vor allem in der Forschung und Entwicklung, können z.T. auch trotz der Spaltung aufrechterhalten werden. So kauft beispielsweise *ICI* Dienstleistungen von *Zenecas* zentraltoxikologischem Labor, das auch externen Kunden Leistungen anbietet.[1]

---

[1] Vgl. *Owen, G./Harrison, T.*, ICI, 1995, S. 140.

F. Empirische Untersuchungen der Veränderungen des Unternehmenswertes bei einem spin-off

In der finanzierungstheoretischen Literatur wurden verschiedene Untersuchungen zum spin-off durchgeführt, die vorwiegend Veränderungen des Unternehmenswertes des Gesamtunternehmens in Form von Aktienpreisveränderungen analysieren. Mit diesen Untersuchungen wurde zugleich nach den Ursachen der Veränderungen des Unternehmenswertes gesucht und verschiedene Hypothesen hierzu aufgestellt. Die im folgenden dargestellten Untersuchungen haben jeweils einen unterschiedlichen Forschungsschwerpunkt. Daher werden zunächst sechs verschiedene empirische Untersuchungen der Veränderungen des Unternehmenswertes der Gesamtunternehmung dargestellt (Kapitel F.I.1.-6.). Kapitel F.II. zeigt dann eine empirische Untersuchung der Veränderung des Unternehmenswertes abgespaltener Unternehmen. Im Gegensatz zu den empirischen Untersuchungen der Gesamtunternehmungen werden hier verschiedene bilanzielle Größen zur Bewertung der Veränderungen des Unternehmenswertes herangezogen, um einen direkten Vergleich mit der abgespaltenen Teileinheit vor Durchführung eines spin-off zu ermöglichen. Abschließend wird eine empirische Untersuchung der Veränderungen der Unternehmenswerte von Konkurrenzunternehmen bei einem spin-off dargestellt (Kapitel F.III.).

I. Empirische Untersuchungen der Veränderungen des Unternehmenswertes der Gesamtunternehmung

1. Untersuchung *J.A. Miles/J.D. Rosenfeld*, 1983

Eine der ersten empirischen Untersuchungen der Wirkungen eines spin-off auf den Unternehmenswert führte *J.A. Miles/J.D. Rosenfeld* im Jahre 1983 durch.[1] Zuvor hatten bereits *R.J. Kudla/T.H. McInish* die Veränderung der Aktienpreise nach einem spin-off untersucht und eine grundsätzlich positive Entwicklung festgestellt.[2] Die Aussagekraft dieser Ergebnisse war allerdings eingeschränkt, da die Untersuchungsgruppe nur sechs Unternehmen umfaßte und zudem nur Veränderungen nach der Börseneinführung des abgespaltenen Unternehmens untersucht wurden. Im Gegensatz dazu untersuchten *J.A. Miles/J.D. Rosenfeld* die Veränderungen der Aktienpreise von 55 an der *New York Stock Exchange* ("*NYSE*") oder der *American Stock Exchange* ("*ASE*")

---

[1] Vgl. dazu *Miles, J.A./Rosenfeld, J.D.*, Effect, 1983, S. 1597-1606.

[2] Vgl. dazu *Kudla, R.J./McInish, T.H.*, spin-off, 1981, S. 41-46.

notierten Unternehmen, die einen spin-off zwischen 1963 und 1980 ankündigten. Als Maßstab der Veränderungen wurde der sogenannte "mean-adjusted return"-Ansatz gewählt, durch den Veränderungen der Aktienpreise der Untersuchungsgruppe um eine normalen Entwicklung der Aktienpreise bereinigt wurden.[1] Im weiteren wird der mean-adjusted return als bereinigte Aktienpreisveränderung bezeichnet. Die Veränderungen der Aktienpreise wurden in einem Untersuchungszeitraum von 120 Tagen vor bis 60 Tage nach Ankündigung eines spin-off beobachtet.

Am Tag der Ankündigung eines spin-off stellten *J.A. Miles/J.D. Rosenfeld* eine bereinigte Zunahme der Aktienpreise des Gesamtunternehmens von 2,5 v.H. fest, zusammen mit dem folgenden Tag wurde eine Steigerung um 3,3 v.H. beobachtet. Über den gesamten Untersuchungszeitraum von 181 Tagen betrug die bereinigte Zunahme des Aktienpreises 22,1 v.H.. Abb. 27 zeigt Veränderungen der Aktienpreise in verschiedenen Zeitintervallen.

Zeitintervall in Tagen (Interval) (0 = Ankündigungszeitpunkt)	Kumulierte bereinigte Veränderungen der Aktienpreise (CAAR[2])
-120 bis +60	22,14 %
-120 bis -61	07,43 %
-60 bis -11	05,96 %
-10 bis -1	03,26 %
-10 bis +10	07,64 %
0 bis +1	03,34 %
+2 bis +10	01,04 %
+11 bis +60	01,11 %

Abb. 27: Bereinigte Aktienpreisveränderungen bei einem spin-off in der Untersuchung von *J.A. Miles/J.D. Rosenfeld* (Quelle: *Miles, J.A./Rosenfeld, J.D.*, Effect, 1983, S. 1602)

Im Zeitraum von 120 Tagen bis 11 Tage vor Ankündigung eines spin-off wurde bereits eine bereinigte Zunahme des Aktienpreises um 13,42 v.H. festgestellt. Dies führte zu der Annahme, daß ein spin-off i.d.R. nach einer Phase positiver Entwicklungen des Aktienpreises durchgeführt wird. *J.A. Miles/J.D. Rosenfeld* verweisen in diesem Zusammenhang auf Untersuchungen über den Verkauf von Unternehmensteilen, in denen

---

[1] Der mean-adjusted return Ansatz wird daher auch als "comparison-period" Ansatz bezeichnet. Die Ergebnisse werden bei *J.A. Miles/J.D. Rosenfeld* bereinigt, indem die Veränderungen einer Vergleichsperiode im Zeitintervall von 240 bis 120 Tage vor der Ankündigung des spin-off abgezogen werden, vgl. dazu *Miles, J.A./Rosenfeld, J.D.*, Effect, 1995, S. 1598 f.

[2] CAAR = cumulative average adjusted returns (bereinigte Veränderung der Aktienpreise).

festgestellt wird, daß einem Unternehmensverkauf durchschnittlich Phasen negativer Entwicklung der Aktienpreise vorausgehen.[1] Zudem können bei Unternehmensverkäufen im Mittel keine signifikanten Preissteigerungen der Aktien des verkaufenden Unternehmens festgestellt werden. Aufgrund dieser gegensätzlichen Ergebnisse wird angenommen, daß den Restrukturierungsformen des Unternehmensverkaufes und dem spin-off unterschiedliche Motive zugrunde liegen.

J.A. Miles/J.D. Rosenfeld untersuchten darüber hinaus, welchen Einfluß die Größe der abgespaltenen Unternehmung auf die Veränderungen des Unternehmenswertes hat.[2] Zu diesem Zweck wurde die Untersuchungsgruppe in zwei Klassen aufgeteilt, die zum einen aus großen abgespaltenen Unternehmen ("large spin-offs") mit einer Börsenkapitalisierung von über 10 v.H. des abspaltenden Gesamtunternehmens und zum anderen aus kleinen abgespaltenen Unternehmen ("small spin-offs") mit einer Börsenkapitalisierung von unter 10 v.H. des abspaltenden Gesamt-unternehmens bestand. Aus der Untersuchungsgruppe zählten 34 zu großen und 21 zu kleinen abgespaltenen Unternehmen. Für große abgespaltene Unternehmen konnte über den gesamten Untersuchungszeitraum eine Zunahme von 30,07 v.H. festgestellt werden, die signifikant höher war als die Zunahme von 9,31 v.H. bei kleinen abgespaltenen Unternehmen. Abb. 28 zeigt bereinigte Veränderungen der Aktienpreise großer und kleiner abgespaltener Unternehmen für verschiedene Zeitintervalle.

Als Ursachen für die Durchführung eines spin-off und die Veränderungen der Unternehmenswerte führen *J.A. Miles/J.D. Rosenfeld* folgende Möglichkeiten an:[3]

- Mit der Durchführung eines spin-off können negative Synergien zwischen Teileinheiten des Gesamtunternehmens eliminiert werden, wodurch der zukünftige cash flow der einzelnen Unternehmen erhöht wird.

---

1 Vgl. *Miles, J.A./Rosenfeld, J.D.*, Effect, 1983, S. 1606. Für einen Überblick über weitere Untersuchungen zu den Auswirkungen von Unternehmensverkäufen vgl. *Alexander, G. J./Benson, P. G./Kampmeyer, J.M.*, sell-offs, 1987, S. 503-517.

2 Vgl. dazu *Miles, J.A./Rosenfeld, J.D.*, Effect, 1983, S. 1602-1605.

3 Vgl. dazu *Miles, J.A./Rosenfeld, J.D.*, Effect, 1983, S. 1598.

Zeitintervall in Tagen (0 = Ankündigungszeitpunkt)	Große Unternehmen	Kleine Unternehmen
-120 bis +60	30, 07 %	9,31 %
-120 bis - 61	8,35 %	5,94 %
-60 bis -11	7,56 %	3,36 %
-10 bis -1	4,37 %	1,47 %
-10 bis +10	10,55 %	2,94 %
0 bis +1	4,26 %	1,85 %
+2 bis +10	1,93 %	-0,38 %
-11 bis + 60	3,61 %	-2,93 %

Abb. 28: Kumulierte bereinigte Veränderungen der Aktienpreise bei einem spin-off großer und kleiner Unternehmen (Quelle: *Miles, J.A./Rosenfeld, J.D.*, Effect, 1983, S. 1605)

- Für den Kapitalanleger können durch einen spin-off die Anlagemöglichkeiten und Flexibilität verbessert werden. Kapitalanleger können nach der Durchführung eines spin-off beispielsweise zwischen einer Anlage mit höherem Dividendengewinn oder einem möglicherweise höheren Kapitalgewinn wählen. Anleger, die nur in einen Bereich ihr Kapital anlegen wollen, warten daher bis nach der Durchführung eines spin-off einer Teileinheit, wodurch der Aktienpreis nach der Abspaltung steigt.

- Die Abspaltung einer Teilunternehmung durch einen spin-off kann dazu führen, daß bestimmte Investitionsvorhaben durchgeführt werden, die vor dem spin-off nicht begonnen wurden, weil der Ertrag nur Fremdkapitalgebern (bondholder) und nicht den Anteilseignern bzw. dem Management zugekommen wäre.[1] Auf dieses Phänomen der Unterinvestition wurde oben im Rahmen der Principal-Agent-Theorie nochmals eingegangen.[2]

Die möglichen Ursachen werden bei *J.A. Miles/J.D. Rosenfeld* nur theoretisch thematisiert. In den folgenden Untersuchung werden diese theoretischen Annahmen jedoch durch empirische Untersuchungen weiter vertieft.

---

[1] Vgl. *Miles, J.A./Rosenfeld, J.D.*, Effect, 1983, S. 1598: "For example, a subsidiary may have attractive investment opportunities which are rejected because they benefit the existing bondholders of the the parent. If the subsidiary were spun-off, these investment opportunities could be undertaken with all of the benefits accruing to equity-holders. A spin-off announcement might then increase firm value by the net present value of these investment opportunities."

[2] S. dazu Kapitel D.I.5.c., S. 92 f.

2. Untersuchung *K. Schipper/A. Smith,* 1983

Zur gleichen Zeit wie *J.A. Miles/J.D. Rosenfeld* veröffentlichten *K. Schipper/A. Smith* eine Untersuchung über Veränderungen der Vermögensposition der Anteilseigner eines Unternehmens bei Durchführung eines spin-off, die insbesondere auf die Ursachen von Wertveränderungen der Anteile eingeht.[1] Die Untersuchungsgruppe besteht aus 93 an der *NYSE* und der *ASE* notierten Unternehmen, die zwischen 1963 und 1981 einen spin-off ankündigten. Vergleichbar mit der Untersuchung von *J.A. Miles/J.D. Rosenfeld* wurden bereinigte Veränderungen der Aktienpreise für einen Zeitraum von 90 Tagen vor bis 40 Tage nach Ankündigung eines spin-off beobachtet.

Am Ankündigungstag des spin-off wurde eine bereinigte Zunahme des Aktienpreises im Vergleich zum Vortag um 2,84 v.H. festgestellt, die mit den Ergebnissen von *J.A. Miles/J.D. Rosenfeld* konsistent ist. Im Gegensatz zu *J.A. MilesJ.D. Rosenfeld* konnte jedoch weder eine signifikante Zunahme des Aktienpreises im Zeitraum vor noch im Zeitraum nach Durchführung eines spin-off festgestellt werden. Abb. 29 zeigt die Ergebnisse für verschiedene Zeitintervalle.

Zeitintervall in Tagen (0 = Ankündigungszeitpunkt)	Kumulierte bereinigte Veränderungen der Aktienpreise (CPE[2])
-90 bis -2	+0,67 %
-1 bis 0	+2,84 %
+1 bis +40	-1,97 %

Abb 29: Bereinigte Aktienpreisveränderungen bei einem spin-off in der Untersuchung von *K. Schipper/A. Smith* (Quelle: *Schipper, K./Smith, A.*, Effects, 1983, S. 445)

Nachdem der spin-off in den *USA* - wie in der Begriffsdarstellung erläutert wurde - vor Einführung einer Registrierungspflicht bei der *Securities and Exchange Commission* verschiedentlich zur Vereinfachung des Börsenganges

---

[1] Vgl. dazu *Schipper, K./Smith, A.*, Effects, 1983, S. 437-467. Ergebnisse dieser Untersuchung wurden auch für einen weiteren Aufsatz von *K. Schipper/A. Smith* verwendet. Vgl. dazu *Schipper, K./Smith, A.*, Spin-off, 1986, S. 437-443.

[2] CPE = cumulative prediction errors. Der CPE entspricht weitgehend dem oben dargestellten market-adjusted return Ansatz. Bei *K. Schipper/A. Smith* werden die Ergebnisse um Veränderungen in einer Vergleichsperiode von 280 bis 161 Tage vor Ankündigung eines spin-off bereinigt, vgl. dazu *Schipper, K./Smith, A.*, Effects, 1983, S. 466.

mßbraucht wurde, untersuchten *K. Schipper/A. Smith* die Untersuchungsgruppe zunächst auf Unterschiede der Aktienpreisveränderungen im Zeitraum vor bzw. nach der Einführung der Registrierungspflicht im Jahre 1969/1970.[1] Es konnten hierbei jedoch keine signifikant abweichenden Ergebnisse festgestellt werden.

Als mögliche Ursachen der Zunahme des Unternehmenswertes und damit der Vermögensposition der Anteilseigner untersuchten *K. Schipper/A. Smith* durch einen spin-off ausgelöste Veränderungen bei drei wesentlichen Vertragsbeziehungen:[2]

(1) Eine Vermögensverschiebung in der Vertragsbeziehung zwischen Gläubigern, insbesondere Besitzern von Schuldscheinen (bondholder), und Anteilseignern. Nach einer Hypothese von *D. Galai/R. Masulis* - auf die unten noch ausführlich eingegangen wird[3] - profitierten die Anteilseigner bei einem spin-off von der Möglichkeit, eine höhere Fremdkapitalquote einzugehen, die einen höheren leverage-Effekt für das eingesetzte Eigenkapital ermöglicht.[4] Es wird angenommen, daß das damit verbundene gesteigerte Insolvenzrisiko zu großen Teilen der Fremdkapitalgeber zu tragen hat.

(2) Eine Neuverhandlung der Vertragsbeziehung des Unternehmens mit verschiedenen Interessengruppen, wie beispielsweise staatlichen (Steuer-) Behörden, Gewerkschaften bei Tarifverhandlungen oder Lieferanten.

(3) Eine verbesserte Auftragsbeziehung zwischen Anteilseigner und Management, die zu einer besseren Kontroll- und Informationsmöglichkeit führt.

ad. (1): Um festzustellen, inwiefern Gläubiger bei einem spin-off einen Vermögensverlust erleiden, untersuchten *K. Schipper/A. Smith* bei ausgewählten Unternehmen die Entwicklung der öffentlich gehandelten

---

[1] Vgl. dazu *Schipper, K./Smith, A.*, Effects, 1983, S. 446 f. Zur Einführung einer Registrierungspflicht s. Kapitel B.III.1., S. 17 f.

[2] Vgl. dazu *Schipper, K./Smith, A.*, Effects, 1983, S. 447 f.

[3] Vgl. dazu *Galai, D./Masulis, R.*, model, 1976, S. 53-82; s. dazu auch Kapitel D.I.6.b., S. 94-97.

[4] Zudem wird angenommen, daß eine Vermögensverschiebung auch eintreten kann, wenn Investitionen mit einem höheren Risiko durchgeführt werden, deren Erfolg den Eigenkapitalgebern zufließt, das Risiko jedoch zu größeren Teilen durch die Fremdkapitalgeber getragen werden muß, vgl dazu *Schipper, K./Smith, A.*, Effects, 1983, S. 449 f.

Schuldscheine.[1] Es konnten keine signifikanten Anzeichen für eine Schlechterstellung der Schuldscheine in der Risikoklassifizierung oder der Bewertung zugunsten der Anteilseigner festgestellt werden, die die Hypothese unterstützt hätten.

ad. (2): Für die Untersuchung dieser Hypothese wurden die Veränderungen der Aktienpreise am Tag der Ankündigung des spin-off zum Vortag für die Unternehmen verglichen, die als Abspaltungsmotiv explizit die Nutzung vertraglicher Neuverhandlungen angegeben hatten.[2] Nachdem bei diesen Unternehmen eine bereinigte Steigerung der Aktienpreise um 5,07 v.H. festgestellt wurde, nehmen *K. Schipper/A. Smith* an, daß ein Teil des Wertzuwachses auf ein verbessertes Vertragsverhältnis mit den genannten Interessensgruppen zurückzuführen ist. Gleichwohl verbleibt auch ohne die Unternehmen, die als Motiv die Verbesserung dieser Vertragsverhältnisse angegeben hatten, eine bereinigte Aktienpreisveränderung bei Ankündigung eines spin-off von 2,29 v.H.

ad. (3) Als Möglichkeiten zur Verbesserungen der Auftragsbeziehung zwischen Anteilseigner und Management identifizieren *K. Schipper/A. Smith* die Einschränkung der Größe und Diversifikation der durch das Management kontrollierten Unternehmungen.[3] Um mögliche Größennachteile ("diseconomies of scale") nachzuweisen, wurde das Wachstum der Unternehmen in bezug auf Umsatz, Anlagevermögen und Mitarbeiterzahl für einen Zeitraum bis zu fünf Jahre vor der Ankündigung eines spin-off untersucht. Es konnte dabei ein überdurchschnittliches Wachstum in den ausgewählten Kategorien festgestellt werden, das die Annahme von Größennachteilen vor einem spin-off bestätigen konnte. Abb. 30 stellt das Wachstum der ausgewählten Größen in den einzelnen Jahren vor einem spin-off dar.

---

[1] Vgl. dazu *Schipper, K./Smith, A.*, Effects, 1983, S. 449 f.

[2] Vgl. dazu *Schipper, K./Smith, A.*, Effects, 1983, S. 450-458.

[3] *K. Schipper/A. Smith* beziehen sich hierbei auf Theorien von *R.H. Coase* und *E.T. Penrose*, die feststellen, daß eine Erhöhung der Transaktionsanzahl für das Management zu Effizienzverlusten führt. Vgl. dazu *Schipper, K./Smith, A.*, Effects, 1983, S. 458 f.; *Coase, R.H.*, nature, 1937, S. 386-405; *Penrose, E.T.*, Theory, 1959.

164

Wachstum in v.H. p.a.	Jahre vor Ankündigung eines spin-off					
	-5	-4	-3	-2	-1	ø
Umsatz	21	21	30	19	10	20
Anlagevermögen	31	50	40	17	13	30
Mitarbeiter	20	30	19	17	9	19

Abb. 30: Wachstum von Umsatz, Anlagevermögen und Mitarbeiterzahl vor
einem spin-off
(Quelle: *Schipper, K./Smith, A.*, Effects, 1983, S. 460)

Bei der Untersuchungsgruppe von 30 Unternehmen, die explizit eine
Reduzierung der Größe des Unternehmens als Motiv des spin-off angegeben
hatten, konnten 65 Unternehmenskäufe in einem Zeitraum von zwei Jahren
vor dem spin-off festgestellt werden. Bei 17 Unternehmen, die in einem spin-
off abgespalten wurden, handelte es sich um die Rückabwicklung eines
Unternehmenskaufes.

Die Diversifikation der Unternehmen wurde u.a. anhand der
Branchenzugehörigkeit der Mutter- und Tochterunternehmen gemessen.[1] Bei
72 von 93 Unternehmen, die in einem spin-off abgespalten wurden, war das
abgespaltene Unternehmen in einem unverwandten Geschäftsbereich mit dem
Mutterunternehmen tätig.

3. Untersuchung *G.L. Hite/J.E. Owers*, 1983

Ebenfalls im Jahr 1983 veröffentlichten *K. Hite/G. Owers* eine empirische
Untersuchung der Wirkungen des spin-off auf den Unternehmenswert, mit der
insbesondere eine mögliche Vermögensverschiebung von Gläubigern zu
Anteilseignern und die Auswirkungen unterschiedlicher Abspaltungsmotive
erforscht werden sollte.[2] Es wurden Aktienpreisveränderungen von 116
Unternehmen untersucht, die im Zeitraum von 1962 bis 1981 in einem spin-off
123 Unternehmen abgespalten hatten. Das Untersuchungsintervall reichte von
50 Tage vor der Ankündigung bis zur tatsächlichen Durchführung des spin-
off, die im Durchschnitt 62 Tage nach der Ankündigung stattfindet. Mit einer
Zunahme von 3,3 v.H. am Ankündigungstag zum Vortag sind die Ergebnisse
vergleichbar mit den vorstehend referierten Untersuchungen. Über das
gesamte Untersuchungsintervall wird für die Untersuchungsgruppe eine

[1] Zu Nachteilen der Diversifikation vgl. *Coase, R.H.*, nature, 1937, S. 343.
[2] Vgl. dazu *Hite, G.L./Owers, J.E.*, spinoff, 1983, S. 409-436.

Zunahme der Aktienpreise des Gesamtunternehmens um 7,7 v.H. ermittelt. Allerdings wird angemerkt, daß die Ergebnisse nicht homogen sind, denn bei 38 der 123 spin-offs wurde eine negative Entwicklung des Unternehmenswertes am Ankündigungsdatum festgestellt. Vergleichbar mit den Ergebnissen von *J.A. Miles/J.D. Rosenfeld* wird in der Phase vor dem spin-off bereits eine Zunahme der Unternehmenswerte festgestellt. Nach der Ankündigung konnte keine signifikante Veränderung nachgewiesen werden. Abb. 31 stellt die Ergebnisse der Untersuchung von *G.L. Hite/J.E. Owers* für verschiedene Zeitintervalle dar.

Zeitintervall in Tagen (0 = Ankündigungstag)	Kumulierte bereinigte Aktienpreisveränderungen (CPE[1])	Davon positiv in %
-50 bis Durchführung	7,0 %	59
-50 bis 0	7,3 %	58
-4 bis 0	4,7 %	69
-1 bis 0	3,3 %	69
-1	2,3 %	67
0	1,0%	63
+1 bis Durchführung	-0,5%	43

Abb. 31: Bereinigte Aktienpreisveränderungen bei einem spin-off in der Untersuchung von *G.L. Hite/J.E. Owers* (Quelle: *Hite, G.L./Owers, J.E.,* Spin-Off, 1983, S. 421)

Die Annahme einer Vermögensverschiebung wurde anhand einer Untergruppe von 31 Unternehmen untersucht, die 53 öffentlich gehandelte Anleihen notiert hatten.[2] Es konnte keine signifikante Veränderung der Anleihewerte festgestellt werden. Vielmehr wurden bei 29 von 53 Anleihen, die mit den Veränderungen der Aktienpreise der emittierenden Unternehmen direkt verglichen wurden, bei Durchführung eines spin-off sowohl Zunahmen für die Anleihen als auch der Aktienpreise festgestellt. Es wurde damit die Annahme einer Vermögensverschiebung von Gläubigern zu Anteilseignern als Erklärung der Zunahme des Aktienpreises der Unternehmen zurückgewiesen.

---

[1] S. dazu S. 161, Fn. 2. Bei *G.L. Hite/J.E. Owers* werden die Ergebnisse um Veränderungen in einer Vergleichsperiode von 200 bis 50 Tage vor Ankündigung eines spin-off bereinigt. Vgl. *Hite, G.L./Owers, J.E.,* spinoff, 1983, S. 417-419.

[2] Nur 31 Unternehmen der Untersuchungsgruppe hatten überhaupt öffentlich gehandelte Anleihen. Für Auswahl und Ergebnisse vgl. *Hite, G.L./Owers, J.E.,* spinoff, 1983, S. 423.

Weitergehend untersuchten *G.L. Hite/J.E. Owers* den Einfluß der Größe des abgespaltenen Unternehmens und kommen zu vergleichbaren Ergebnissen wie *J.A. Miles/J.D. Rosenfeld.*[1] Die Abspaltung großer Unternehmen führt zur durchschnittlichen Zunahme des Aktienpreises am Tag der Ankündigung von 5,2 v.H., im Gegensatz zur Ankündigung der Abspaltung kleiner Unternehmen, die zu einer Zunahme um nur 0,8 v.H. führt.

Darüber hinaus unterteilen *G.L. Hite/J.E. Owers* ihre Untersuchungsgruppe in vier weitere Untergruppen, um Veränderungen der Unternehmenswerte bei unterschiedlichen Motiven des spin-off zu untersuchen.[2] In einer ersten Untergruppe wird für 12 Unternehmen, die als Motiv des spin-off die Vorbereitung einer Unternehmensübernahme einer Teileinheit angegeben hatten, eine Zunahme des Aktienpreises über den Untersuchungszeitraum von 11,6 v.H. festgestellt.

Bei einer zweiten Untersuchungsgruppe von 29 Unternehmen, die als Motiv des spin-off die Reduzierung der Diversifikation ("undiversification") und Rekonzentration auf das Stammgeschäft angaben, wurde die stärkste Zunahme des Aktienpreises in Höhe von 14,5 v.H. über den gesamten Untersuchungszeitraum festgestellt.

Die dritte Untergruppe bestand aus 19 Unternehmen, die einen spin-off durchführten, um einer staatlichen Regulierung oder einer möglichen Dekartellierung vorzugreifen. Es wurde für diese Untersuchungsgruppe zwar eine Zunahme des Aktienpreises am Ankündigungstag zum Vortag um 3,4 v.H. festgestellt, jedoch nahm der Aktienpreis bereits vor der Ankündigung um durchschnittlich 3,2 v.H. ab. Über den gesamten Untersuchungszeitraum wurde eine Abnahme des Aktienpreise um 4,2 v.H. beobachtet.

In einer vierten Vergleichsgruppe von 63 Unternehmen, die kein explizites Motiv der Durchführung eines spin-off angaben, wurde erwartungsgemäß ein Ergebnis festgestellt, das einem Portfolio der drei vorausgehenden Untergruppen entspricht. Abb. 32 stellt die Veränderungen der Aktienpreise in verschiedenen Zeitintervallen bei unterschiedlichen Motiven des spin-off zusammenfassend dar.

---

[1] S. oben Kapitel F.I.1., S. 157 f.

[2] Vgl. dazu *Hite, G.L./Owers, J.E.*, spinoff, 1983, S. 430-434.

Zeitintervall in Tagen	Alle Unternehmungen	Motiv Unternehmensübernahme	Motiv Rekonzentration	Rechtliche Motive	Andere/ Keine Motive
- 50 bis Ende	7,0 %	11,6 %	14,5 %	-4,7 %	6,6 %
- 50 bis 0	7,3 %	9,5 %	11,8 %	0,2 %	7,8 %
- 4 bis 0	4,7 %	9,3 %	3,2 %	2,9 %	5,2 %
- 1 bis 0	3,3 %	5,6 %	1,4 %	3,4 %	3,6 %
- 1	2,3 %	1,3 %	1,3 %	1,5 %	2,9 %
0	1,0 %	4,3 %	0,1 %	1,9 %	0,7 %

Abb. 32: Bereinigte Veränderungen der Aktienpreise bei verschiedenen Motiven des spin-off (Quelle: *Hite, G.L./Owers, J.E.*, spin-off, 1983, S. 432)

4. Untersuchung *T.E. Copeland/E.F. Lemgruber/D. Mayers*, 1987

Im Jahr 1987 veröffentlichten *T.E. Copeland/E.F. Lemgruber/D. Mayers* eine Untersuchung über Veränderungen von Aktienpreisen bei Ankündigung und Durchführung eines spin-off, die sich in verschiedener Hinsicht von den vorstehend dargestellten Untersuchungen unterscheidet.[1] In allen vorstehend referierten Untersuchungen wurden die Untersuchungsgruppen anhand von bereits abgeschlossener spin-off ausgewählt. Damit wurden Veränderungen bei Unternehmen, die einen spin-off ankündigten, schließlich aber nicht durchführten, aus der Betrachtung ausgeschlossen. Um diese Unternehmen mit in die Betrachtung einzubeziehen, untersuchten *T.E. Copeland,/E.F. Lemgruber/D. Mayers* zunächst mit einer kleineren Untersuchungsgruppe von 73 börsennotierten Unternehmen, die zwischen 1962 und 1981 einen spin-off ankündigten, den Anteil der Unternehmen, die den spin-off tatsächlich durchführten. Es wurde dabei festgestellt, daß bei 11 v.H. Unternehmen der angekündigten spin-off nicht durchgeführt wurden. Bei dieser kleineren Untersuchungsgruppe, die die nicht durchgeführten Ankündigungen eines spin-off mitberücksichtigt, wird eine geringere Zunahme der Aktienpreise festgestellt, als bei der größeren Untersuchungsgruppe, die nur von tatsächlich

---

[1] Vgl. dazu *Copeland, T.E./Lemgruber, E.F./Mayers, D.*, spinoffs, 1987, S. 114-137.

168

durchgeführten spin-off ausgehen (vom Tag der Ankündigung zum folgenden Tag eine Zunahme der Aktienpreise um 2,49 v.H. versus 3,03 v.H.).[1] Die geringere Zunahme wird darauf zurückgeführt, daß die Anleger die Möglichkeit einer Nichtdurchführung des spin-off antizipieren.

T.E. Copeland/ E.F. Lemgruber/D. Mayers stellen weiterhin fest, daß die erste Ankündigung eines spin-off nicht alle für die Bewertung der Umstrukturierung notwendigen Informationen beinhaltet. Informationen, die in vielen Fällen zunächst nicht veröffentlicht werden, sind beispielsweise die steuerlichen Auswirkungen des spin-off, der tatsächliche Zeitpunkt der Abwicklung oder die Anzahl der Aktien, die jeder Aktionär erhält.[2] Mit einer größeren Untersuchungsgruppe von 188 Unternehmen, die in einem spin-off zwischen 1962 und 1983 abgespalten wurden, wurde daher die Veränderung der Aktienpreise bei zusätzlichen Ankündigungen untersucht. Wie in Abb. 33 dargestellt, konnten bei zusätzlichen Ankündigungen der geplanten Durchführung eines spin-off signifikante Zunahmen des Aktienpreises beobachtet werden.

Darüber hinaus untersuchten *T.E. Copeland/E.F. Lemgruber/D. Mayers* die Entwicklung der Aktienpreise bei einem spin-off am sogenannten "ex-date", dem Zeitpunkt, an dem die verschiedenen Aktienanteile als Dividende ausgekehrt und daher vom Aktienwert der abspaltenden Unternehmung abgezogen werden.[3] Weil der "ex-date" im vornhinein bekannt ist, und zu diesem Datum keine neuen Informationen veröffentlicht werden, wurde angenommen, daß keine signifikante Veränderung der Aktienpreise eintritt. Es konnte trotzdem eine bereinigte Zunahme der Aktienpreise um 2,19 v.H. nachgewiesen werden. Als eine mögliche Begründung für die Zunahme zum Zeitpunkt des ex-date wird der Unterschiedsbetrag zwischen Geld- und Briefkurs angeführt, der möglicherweise bei einem spin-off zunimmt.

---

[1] Durch den Einbezug aller Ankündigungen eines spin-off hat die Untersuchungsgruppe keinen sogenannten "post-selection bias". Vgl. dazu *Copeland, T.E./Lemgruber, E.F./Mayers, D.*, spinoffs, 1987, S. 116 f.

[2] Vgl. dazu *Copeland, T.E./Lemgruber, E.F./Mayers, D.*, spinoffs, 1987, S. 121-128.

[3] Vgl. dazu *Copeland, T.E./Lemgruber, E.F./Mayers, D.*, spinoffs, 1987, S. 128-130.

Ankündigung[1]	Bereinigte Aktien- preisveränderung (A.A.R.[2])	Anzahl der Unternehmen
erste	3,03 %	188
zweite	1,60 %	127
dritte	1,78 %	71
vierte	0,81 %	37
letzte	1,76 %	188

Abb. 33: Bereinigte Aktienpreisveränderungen bei zusätzlichen Ankündigungen eines spin-off (Quelle: *Copeland, T.E./Lemgruber, E.F./Mayers, D.*, spinoffs, 1987, S. 126)

Abschließend untersuchten *T.E. Copeland/E.F. Lemgruber/D. Mayers* die Veränderung der Aktienpreise bei Ankündigung und Durchführung eines steuerneutralen spin-off im Vergleich zu einem nicht-steuerneutralen spin-off.[3] Für den nicht-steuerneutralen spin-off konnte weder bei Ankündigung noch bei Durchführung eine signifikante Veränderung beobachtet werden.

5. Untersuchung *P.J. Cusatis/J.A. Miles/J.R. Woolridge*, 1993

Im Jahr 1993 veröffentlichten *P.J. Cusatis/J.A. Miles/J.R. Woolridge* eine Studie über die Veränderung des Aktienpreises bei Unternehmen, die von 1965 bis 1988 einen spin-off durchgeführt hatten.[4] Im Gegensatz zu den vorstehend dargestellten Untersuchungen richtete sich ihr Interesse auf die Entwicklung der Aktienpreise des abspaltenden Mutterunternehmens und des abgespaltenen Tochterunternehmens in den drei Jahren, die auf den Abspaltungszeitpunkt folgten. Auslöser dieser Untersuchung waren insbesondere zwei neue Studien über Börsenneueinführungen, die für die

---

[1] Die letzte Ankündigung wird vor der eigentlichen Durchführung des spin-off, dem "exdate" beobachtet. Vgl. *Copeland, T.E./Lemgruber, E.F./Mayers, D.*, spinoffs, 1987, S. 126.

[2] A.A.R. = adjusted abnormal returns. Bei *T.E. Copeland, E.F. Lemgruber und D. Mayers* wurden die Veränderungen der Aktienpreise anhand von Vergleichsintervallen von -310 bis -60 Tage vor und +61 bis +310 Tage nach dem spin-off bereinigt Vgl. *Copeland, T.E./Lemgruber, E.F./Mayers, D.*, spinoffs, 1987, S. 120.

[3] Für Voraussetzungen der Steuerneutralität s. Kapitel B.III.2.b., S. 20-23.

[4] Vgl. dazu *Cusatis, P.J./Miles, J.A./Woolridge J.R.*, Restructuring, 1993, S. 293-311.

ersten drei Jahre nach Einführung eines neuen Aktienwertes eine negative Entwicklung des Aktienpreises feststellten.[1]

Die Untersuchungsgruppe bestand aus 141 Unternehmen, die in einem spin-off 146 Tochterunternehmen abspalteten. Vor Durchführung der Untersuchung nahmen *P.J. Cusatis, J.A. Miles* und *J.R. Woolridge* aufgrund der vorstehenden Studien an, daß die Veränderungen bei Ankündigung eines spin-off die positiven Erwartungen der zukünftigen Entwicklung der Unternehmen durch die Anleger widerspiegeln würden und nach einem spin-off daher keine starken Veränderungen zu erwarten seien. Sie stellten jedoch sowohl für die abspaltenden wie für die abgespaltenen Unternehmen eine positive Entwicklung des Aktienpreises für bis zu 36 Monate nach einem spin-off fest. Dieses Ergebnis wird durch Unternehmensumstrukturierung, vorwiegend durch Unternehmensübernahmen, begründet. Von der Untersuchungsgruppe wurden 21 der abgespaltenen Unternehmen durchschnittlich in 24 Monaten nach einem spin-off übernommen. In einer Vergleichsgruppe kommt es hingegen nur zu 5 Unternehmensübernahmen. Bei den abspaltenden Unternehmen werden 18 Unternehmen im Gegensatz zu 7 Unternehmen einer Vergleichsgruppe übernommen. Zusätzlich kommt es zu 8 Unternehmensübernahmen vor bzw. am Tag der Durchführung eines spin-off, die in der Untersuchung nicht berücksichtigt wurden.

Um den Einfluß der Unternehmensübernahmen auf die Veränderung der Aktienpreise bei einem spin-off zu analysieren, wurden die übernommenen Unternehmen getrennt analysiert. In Abb. 33 werden die Ergebnisse für unterschiedliche Zeitintervalle dargestellt. Zunächst werden die durchschnittlichen bereinigten Zunahmen der Aktienpreise für die 21 abgespaltenen Unternehmen, die fusionierten oder übernommen wurden, mit den anderen abgespaltenen Unternehmen verglichen. (Gruppe A vs. Gruppe B). Es zeigt sich, daß die Unternehmen, die fusionierten oder übernommen wurden, mit einer Zunahme der Aktienpreise von 61,3 v.H. nach 24 Monaten deutlich über den nicht-fusionierten oder übernommenen Unternehmen mit einer Zunahme um 18,9 v.H. nach 24 Monaten lag. In Gruppe C und D werden dann die durchschnittlichen bereinigten Zunahmen der Aktienpreise für die 21 abgespaltenen Unternehmen aus Gruppe A und der gesamten Untersuchungsgruppe von 146 Unternehmen dargestellt. Es wurden jedoch jeweils 6 Monate vor einer Fusion oder einem Unternehmenskauf nicht

---

[1] Ähnlich wie bei der Börsenneueinführung handelt es sich beim spin-off um einen neu emittierten Börsenwert.

berücksichtigt, um ein mögliches Aufgeld bei einer Unternehmensübernahme zu extrahieren.

In Abb. 34 wird der Einfluß der Übernahmeaktivitäten auf die Muttergesellschaft in verschiedenen Zeitintervallen dargestellt. Gruppe A zeigt dabei die Zunahme des Aktienpreises der abspaltenden Muttergesellschaft nach einem spin-off. Es wurden nach 36 Monaten 18 Unternehmensübernahmen mit einer durchschnittlichen bereinigten Zunahme des Aktienpreises von 69,6 v.H. festgestellt. Bei 113 Unternehmen, die nicht fusioniert oder übernommen wurden, konnte nach 36 Monaten lediglich eine

Zunahme der	Halteperiode in Monaten (I = Zeitpunkt des spin-off)			
Aktienpreise	I-6	I-12	I-24	I-36
	Gruppe A: 21 fusionierte oder übernommene Unternehmen			
Ø Zunahme	14,0%	11,8%	61,3%	99,3%
Übernahmen	0	2	9	21
	Gruppe B: 125 nicht-fusionierte oder übernommene Unternehmen			
Ø Zunahme	-3,6%	3,3,%	18,9%	22,5%
	Gruppe C: 21 fusionierte oder übernommene Unternehmen ohne Aufgeld			
Ø Zunahme	7,7%	1,9%	26,7%	35,6%
	Gruppe D: Alle 146 Unternehmen - ohne Aufgeld			
Ø Zunahme	-2,0%	3,1%	20,0%	24,3%

Abb. 34: Veränderung der Aktienpreise abgespaltener Unternehmen bei Unternehmensübernahmen (Quelle: *Cusatis, P.J./Miles, J.A./Woolridge J.R.*, Restructuring, 1993, S. 305).

Zunahme um 9,9 v.H. beobachtet werden. In Gruppe C wurde wiederum bei übernommenen Unternehmen die Aktienpreisentwicklung der sechs vorausgehenden Monate abgezogen, um ein mögliches Aufgeld des Übernahmepreises von der Entwicklung zu extrahieren. Es wurden nur noch 15 Unternehmen untersucht, nachdem drei Unternehmen bereits in den ersten sechs Monaten nach Durchführung des spin-off übernommen wurden. Nach 36 Monaten wurde eine durchschnittliche Steigerung des Aktienpreises um 25,2 v.H. festgestellt. Gruppe D stellt die Entwicklung der Aktienpreise der gesamten 128 Unternehmen ohne Veränderungen durch Aufgelder bei Unternehmensübernahmen als Vergleichsgruppe dar.

Zunahme der	Halteperiode in Monaten (I = Zeitpunkt des spin-off)			
Aktienpreise	I-6	I-12	I-24	I-36
Gruppe A: 18 fusionierte oder übernommene Unternehmen				
Ø Zunahme	21,8%	42,8%	56,9%	69,6%
Übernahmen	3	6	13	18
Gruppe B: 113 nicht-fusionierte oder übernommene Unternehmen				
Ø Zunahme	4,4%	7,7%	21,8%	9,9%
Gruppe C: 15 fusionierte oder übernommene Unternehmen ohne Aufgeld				
Ø Zunahme	8,6%	19,3%	25,1%	25,2%
Gruppe D: Alle 128 Unternehmen - ohne Aufgeld				
Ø Zunahme	4,9%	9,0%	22,2%	11,7%

Abb. 35: Veränderung der Aktienpreise abspaltender Unternehmen bei Unternehmensübernahmen
(Quelle: *Cusatis, P.J./Miles, J.A./Woolridge J.R.*, Restructuring, 1993, S. 306)

Die dargestellten Ergebnisse von *P.J. Cusatis/J.A. Miles/J.R. Woolridge* verdeutlichen, daß das Potential einer Unternehmenswertsteigerung bei Durchführung eines spin-off in den vorstehend dargestellten Untersuchungen unterschätzt wurde. Um das gesamte Wertsteigerungspotential zu identifizieren, untersuchten *P.J. Cusatis/J.A. Miles/J.R. Woolridge* weitergehend die Zunahme der kombinierten abspaltenden und abgespaltenen Gesellschaften für verschiedene Zeiträume. Für den Zeitraum von sechs Monaten vor bis zum Zeitpunkt der Durchführung eines spin-off konnte bei der Untersuchungsgruppe eine kumulierte bereinigte Zunahme der Aktienpreise um 6,4 v.H. festgestellt werden. Für die Zeiträume 12, 24 und 36 Monate nach Durchführung des spin-off wurden kumulierte bereinigte Steigerungen um 4,7 v.H., 18,9 v.H. und 13,9 v.H. beobachtet.

6. Untersuchung A.M. Vijh, 1994

Im Jahr 1994 veröffentlichte *A.M. Vijh* eine Untersuchung über Veränderungen des Aktienpreises bei einem spin-off zum Zeitpunkt des Abzuges der abgespaltenen Gesellschaft vom Aktienpreis der abspaltenden Gesellschaft, dem sogenannten "ex-date".[1] Nachdem es sich beim spin-off um

---

[1] Vgl. zu folgendem *Vijh, A.M.*, Spinoff, 1994, S. 581-609.

eine Dividendenform handelt, wird im weiteren vom Zeitpunkt des Dividendenabzuges gesprochen. *A.M. Vijh* folgte damit der Untersuchung von *T.E. Copeland/E. Lemgruber/D. Mayers*, die eine durchschnittliche Zunahme der kombinierten Aktienpreise nach Durchführung eines spin-off um 2,09 v.H. feststellten, aber keine weitergehenden Erklärungen finden konnten.[1] Die Untersuchung von *A.M. Vijh* wurde anhand von 113 Unternehmungen durchgeführt, die Ankündigungen eines spin-off im Zeitraum zwischen 1964 und 1990 durchgeführt. Vergleichbar mit den Ergebnissen der vorstehend dargestellten Untersuchungen konnte am Ankündigungstag eines spin-off im Vergleich zum Vortag eine durchschnittliche Zunahme des Aktienpreises um 2,9 v.H. nachgewiesen werden. Am Tag des Dividendenabzuges wurde zusätzlich eine durchschnittliche Zunahme der kumulierten Aktienpreise der abspaltenden und abgespaltenen Gesellschaft um 3,3 v.H. festgestellt. An den fünf auf den Dividendenabzug folgenden Handelstagen kam es zu einer weiteren durchschnittlichen Zunahme um 0,48 v.H. In Abb. 30 werden die durchschnittlichen bereinigten Veränderungen der Aktienpreise um den Zeitpunkt des Dividendenabzuges für verschiedene Zeitintervalle dargestellt.

Die Ergebnisse von *A.M. Vijh* waren unerwartet, weil zum Zeitpunkt des Dividendenabzuges dem Markt keine direkten neuen Informationen zur Verfügung stehen. *T.E. Copeland/E.F. Lemgruber/D. Mayer* führten in ihren Untersuchungen als Erklärungsvorschlag an, daß die Zunahme in einem Unterschiedsbetrag zwischen Brief- und Geldkurs begründet sein könnte. *A.M. Vijh* untersuchte diese Annahme und kommt zu dem Ergebnis, daß die Aktienpreissteigerungen nicht auf diesen Unterschiedsbetrag zurückgeführt werden können.[2] Vielmehr ist nach seiner Ansicht der Grund einer Höherbewertung die Segregation der Unternehmensteile, durch die die einzelnen Unternehmen für eine größere Anzahl von Anlegern an Attraktivität gewinnen. Für bestimmte Anleger ist das Gesamtunternehmen nicht von Interesse. Erst durch die Spaltung kommt es zu einer verbesserten Analysemöglichkeit der Unternehmungen. Beispielsweise können die einzelnen Unternehmen von unterschiedlichen (Börsen-)Analysten untersucht werden. Gleichzeitig können auch unterschiedliche Anleger angesprochen werden, die bislang aufgrund der Branche, der Risikostruktur oder der Dividendenrendite nicht in das Gesamtunternehmen investieren wollten. Ein Anleger, der nur in eines der neuen Unternehmen investieren möchte, wird

---

[1] S. dazu Kapitel F.I.4, S. 167-169.

[2] *A.M. Vijh* untersucht die Entwicklung der Unterschiedsbeträge zwischen Geld- und Briefkurs, führt jedoch eine Steigerung auf die erhöhte Volatilität der Aktienpreise zurück. Vgl. *Vijh, A.M.,* Spinoff, 1994, S. 599 f.

Zeitintervall in Tagen[1]	Untersuchungs-gruppe	Durchschnittliche Aktienpreisveränderungen[2]	Davon positiv in v.H.
AD-50 bis AD-2	111	4,34 %	60
AD-1 bis AD	113	2,90 %	63
AD+1 bis CD-2	113	1,35 %	nicht verfügbar
CD-1 bis CD	111	0,79 %	nicht verfügbar
CD+1 bis ED-1	112	-0,16 %	45
ED	108	3,03 %	80
ED+1 bis ED+5	76	0,48 %	47

Abb. 36: Veränderungen der Aktienpreise bei einem spin-off um den Zeitpunkt des Dividendenabzuges (Quelle: *Vijh, A.M.*, Spinoff, 1994, S. 589)

nach Ansicht von *A.M. Vijh* aus verschiedenen Gründen die faktische Trennung der Anteile, also den Dividendenabzug, abwarten:[3]

- Beim Kauf von Anteilen des Gesamtunternehmens und anschließendem Verkauf der ungewünschten Anteile fallen höhere Transaktionskosten an (beispielsweise Maklercourtage).
- Zum Kauf der Anteile des Gesamtunternehmens sind größere Kapitalmittel notwendig.
- Kleinere Anleger können beim Kauf vor dem Dividendenabzug aufgrund des Zuteilungsverhältnisses eine ungerade Anzahl an Anteilen der abgespaltenen Gesellschaft erhalten (sogenannte "odd lots"), die höhere Transaktionskosten beim Handel aufweisen.[4]

---

[1] AD, CD und ED stehen für "announcement date", "completion date" und "ex date" respektive. Das announcement date ist der Zeitpunkt der ersten Ankündigung im *Wall Street Journal*. Das completion date beschreibt den Zeitpunkt, an dem im *Wall Street Journal* jegliche Unsicherheit bezüglich der Durchführung des spin-off ausgeräumt wurde. Das ex date ist - wie bereits erläutert - der Zeitpunkt des Abzuges des abgespaltenen Aktienwertes vom Aktienwert des abspaltenden Unternehmens. In 18 Fällen entsprach das announcement date dem completion date. Vgl. dazu *Vijh, A.M.*, Spinoff, 1994, S. 589.

[2] Die durchschnittlichen Aktienpreisveränderungen wurden um eine normale Entwicklung der Aktienpreise bereinigt, indem die Aktienpreisentwicklung mit einer Vergleichsperiode von 250 Tagen, die ein Jahr vor dem spin-off endet, verglichen wurde. Vgl. dazu *Vijh, A.M.*, Spinoff, 1994, S. 589.

[3] Vgl. dazu *Vijh, A.M.*, Spinoff, 1994, S. 582 f.; S. 592-595.

[4] Nur in einem Drittel aller Fälle werden bei einem spin-off die Anteile der abgespaltenen Gesellschaft in einem geraden Verhältnis zugeteilt. Vgl. *Vijh, A.M.*, Spinoff, 1994, S. 593.

- Der Anleger erhält beim Kauf vor dem Dividendenabzug keinen Aktienpreis für die abgespaltene Gesellschaft.[1]

Für den Anleger bestehen daher auf der einen Seite verschiedene Gründe, um auf den Dividendenabzug und die unabhängige Notierung der abgespaltenen Gesellschaft zu warten und dafür einen höheren Aktienpreis zu bezahlen. Auf der anderen Seite mißt ein potentieller Verkäufer den Aktienanteilen der Gesellschaften nach einem spin-off ebenfalls einen höheren Wert bei. Auch für ihn ist der Verkauf nach dem spin-off mit höhere Transaktionskosten verbunden, die u.a. durch Maklercourtagen oder ungeraden Stückzahlen verursacht werden.

Die verschiedenen Erklärungsversuche der Zunahme der kumulierten Aktienpreise nach Dividendenabzug werden als "Klientel-Hypothese" bezeichnet. In der Klientel-Hypothese wird davon ausgegangen, daß die Anteile der abspaltenden und abgespaltenen Gesellschaft eine unterschiedliche Klientel, d.h. eine unterschiedliche Anlegerschaft ansprechen. Zur weiteren Fundierung dieser Hypothese untersuchte *A.M. Vijh* das Handelsvolumen der Aktienanteile vor und nach dem Datum des Dividendenabzuges und stellte eine Zunahme nach diesem Datum fest. Die Zunahme bestätigt seiner Ansicht nach die Klientel-Hypothese, weil trotz höherer Aktienpreise, die die Anleger veranlassen könnten, vor dem Dividendenabzug Anteile zu erwerben, das Handelsvolumen erst nach dem Abzug ansteigt. Darüber hinaus stellt *A.M. Vijh* eine höhere Volatilität der Aktienpreise zum Zeitpunkt des Dividendenabzuges fest, die auf die Preisfindung der neuen Unternehmen am Markt zurückgeführt wird.

II. Empirische Untersuchung der Veränderungen des Unternehmenswertes abgespaltener Unternehmen durch *C.Y. Woo/G.E. Willard/ U.S. Daellenbach*, 1992

Im Gegensatz zu den empirischen Untersuchungen der Veränderungen des Unternehmenswertes beim Gesamtunternehmen wurden die Auswirkungen eines spin-off bei der abgespaltenen Teileinheit nur wenig untersucht. Dieses Forschungsdefizit identifizierten *C.Y. Woo/G.E. Willard/U.S. Daellenbach* und untersuchten Auswirkungen bei abgespaltenen Unternehmen anhand von 51

---

[1] *A.M. Vijh* stellt in diesem Zusammenhang fest, daß zahlreiche Anleger nur in Aktien investieren, die durch Broker oder Analysten empfohlen werden, jedoch nur wenige Broker und Analysten eine Aktie ohne die Kenntnis eines Aktienpreises empfehlen werden. Vgl. *Vijh, A.M.*, Spinoff, 1994, S. 593.

Unternehmen, die im Zeitraum von 1975 bis 1986 in einem spin-off abgespalten wurden.[1] Anders als die auf den Unternehmenswert konzentrierten Untersuchungen der Gesamtunternehmen, verwendeten sie als Maßstab zur Messung der Veränderungen die vier Faktoren:

(1)Gesamtkapitalrendite (return on assets),[2]
(2)Verhältnis Markt-/Buchwert (market-to-book ratio),[3]
(3)Alphakoeffizient (Alpha),
(4)inflationsbereinigtes Umsatzwachstum (inflation-adjusted sales growth).

Die Faktoren wurden aus folgenden Gründen als Untersuchungsmaßstab gewählt:

ad. (1) Die Gesamtkapitalrendite ist eine Kennzahl, die die Produktivität der Aktiva widerspiegelt und in der strategischen Managementforschung häufig verwendet wird.[4] Es wird allerdings angemerkt, daß durch die Gesamtkapitalrentabilität nicht festgestellt werden kann, inwiefern Ziele der Unternehmen tatsächlich erreicht wurden. Darüber hinaus handelt es sich um eine statische Größe, die keinen Hinweis auf das Ertragspotential gibt.[5]

ad. (2) Das Verhältnis Markt-/Buchwert bezieht den Aktienwert der Unternehmen in die Betrachtung ein und soll daher sowohl die gegenwärtige Ertragskraft als auch das zukünftige Ertragspotential wiedergeben. Das Verhältnis von Markt- zu Buchwerten spiegelt insbesondere die Fähigkeit der Unternehmen wider, die notwendigen Renditen für Anleger zu generieren.

ad. (3) Anhand des Alphakoeffizienten aus dem "capital asset pricing" Modell können Abweichungen des erwarteten risikoangepaßten Marktwertes des Unternehmens festgestellt werden.[6]

---

[1] Vgl. dazu *Woo, C.Y./Willard, G.E./Daellenbach, U.S.*, Spin-Off, 1992, S. 433-447.

[2] Die Gesamtkapitalrendite wird in der Untersuchung wie folgt definiert: return on assets (ROA) = net earnings/total assets. Vgl. *Woo, C.Y./Willard, G.E./Daellenbach, U.S.*, Spin-Off, 1992, S. 440.

[3] Das Verhältnis Markt-/Buchwert wird in der Untersuchung folgendermaßen definiert: market-to-book ratio = market value per share/stockholders' equity per share. Vgl. *Woo, C.Y./Willard, G.E./Daellenbach, U.S.*, Spin-Off, 1992, S. 440.

[4] Vgl. dazu ausführlich *Venkatraman, N./Ramanujam, V.*, Measurement, 1986, S. 801-814.

[5] Vgl. *Rappaport, A.*, Creating, 1986, S. 43-45.

[6] Vgl. dazu ausführlich *Montgomery, C.A./Wernerfelt, B.*, Sources, 1991, S. 956.

ad. (4) Das Umsatzwachstum wurde verschiedentlich in der Theorie der strategischen Unternehmensführung zur Leistungsmessung verwendet.[1] Anhand dieser Größe soll im besonderen festgestellt werden, inwiefern das Management fähig war, die Vorteile der Eigenständigkeit zu einem Ausbau der bestehenden Geschäftsaktivitäten zu nutzen.

C.Y. Woo/G.E. Willard/U.S. Daellenbach untersuchten insbesondere den Einfluß der Beziehung zwischen abspaltenden Unternehmen und abgespaltener Teileinheiten. Sie gingen davon aus, daß größere Zunahmen bei den ausgewählten Faktoren beobachtbar sind, wenn die abgespaltene Teileinheit in einem mit dem Mutterunternehmen verwandten Geschäftsbereich tätig ist. Diese Annahme stützten sie auf eine Untersuchung von *G. Jones/C. Hill*, in der höhere Verwaltungskosten (bureaucratic agency costs) bei Konzernunternehmungen mit verwandten Geschäftsaktivitäten festgestellt wurden.[2]

Im Gegensatz zu den Ergebnissen von *P.J. Cusatis/J.A. Miles/J.R. Woolridge* konnte über den Beobachtungszeitraum von drei Jahren nach dem spin-off keine signifikante Veränderung der untersuchten Faktoren festgestellt werden.[3] In ebensovielen Fällen entwickelten sich die Faktoren beim abgespaltenen Unternehmen zum Negativen wie zum Positiven. Nach drei Jahren entwickelte sich bei 55 v.H. der Unternehmen das Verhältnis von Jahresüberschuß und Aktiva zum Negativen, das Verhältnis von Markt-/Buchwerten verschlechterte sich bei 51 v.H. der Unternehmen und das Umsatzwachstum verringerte sich bei 49 v.H. der Unternehmen. Ebensowenig konnte die Annahme der stärkeren Zunahmen bei Unternehmen mit verbundenen Geschäftsaktivitäten bestätigt werden. In Abb. 37 werden die Zunahmen und Abnahmen für die verschiedenen Faktoren im einzelnen dargestellt.

---

[1] *C.Y. Woo, G.E. Willard und U.S. Daellenbach* führen u.a. die Untersuchungen von *Rumelt, R.*, Strategy, 1974 an. Vgl. *Woo, C.Y./Willard, G.E./Daellenbach, U.S.*, Spin-Off, 1992, S. 439.

[2] Vgl. dazu *Jones, G./Hill, C.*, cost, 1988, S. 159-172.

[3] *P.J. Cusatis/J.A. Miles/J.R. Woolridge* stellten nach 36 Monaten eine Zunahme des Aktienpreises bis zu 99,3 v.H. fest, s. oben Kapitel F.I.5., S. 171.

	Gesamtkapital-rendite		Markt-/Buchwert		Umsatzwachstum		Alpha-koeffizient		
	Zunahme	Abnahme	Zunahme	Abnahme	Zunahme	Abnahme	$\partial<0$	$\partial=0$	$\partial>0$
Alle Unternehmen	0,45	0,55	0,49	0,51	0,51	0,49	0,02	0,92	0,06
Unternehmen m. verbundenen Aktivitäten	0,43	0,57	0,52	0,48	0,52	0,48	0,04	0,87	0,09
Unternehmen o. verbundene Aktivitäten	0,46	0,54	0,46	0,54	0,50	0,50	0,00	0,96	0,04

Abb. 37: Veränderungen verschiedener Faktoren bei abgespaltenen Unternehmen nach einem spin-off (Quelle: *Woo, C.Y./Willard, G.E./Daellenbach*, U.S., Spin-Off, 1992, S. 443).

C.Y. Woo/G.E. Willard/U.S. Daellenbach waren von ihren Ergebnissen - insbesondere aufgrund der zahlreich genannten theoretischen Vorteile kleiner und unabhängiger Unternehmen - überrascht und untersuchten mögliche Ursachen.[1] Zum einen wurde angenommen, daß der Zeitraum für mögliche Umstrukturierungen zu kurz bemessen war, um Erfolge der Unabhängigkeit zu zeigen. Es wurde daher die Investitionstätigkeit der abgespaltenen Unternehmen anhand der Veränderungen der Aktiva untersucht. Für abgespaltene Unternehmen, die in verwandten Branchen tätig waren, konnte eine signifikante Zunahme der gesamten Aktiva nach drei Jahren um 35 v.H. festgestellt werden, während der Umsatz dagegen nur um 17,5 v.H. zunahm. Bei abgespaltenen Unternehmen, die in unverwandten Branchen tätig waren, betrug die Zunahme der Aktiva 21,0 v.H. bei einem Umsatzwachstum in dieser Periode von 5,8 v.H. Die Autoren nehmen daher an, daß die Investitionen erst über einen längeren Zeitraum Auswirkungen auf die untersuchten Faktoren zeigen, während die Unternehmen unmittelbar von den höheren Fixkosten belastet werden.

Zum anderen nehmen *C.Y. Woo/G.E. Willard/U.S. Daellenbach* als Begründung ihrer Ergebnisse an, daß die Durchführung eines spin-off mit hohen Kosten verbunden sein könnte, die die Leistungen der abgespaltenen Unternehmung belasten. Verschiedene theoretische Überlegungen unterstützen

---

1 Vgl. dazu *Woo, C.Y./Willard, G.E./Daellenbach, U.S.*, Spin-Off, 1992, S. 443-445.

diese Hypothese. Die Transaktionskostentheorie führt Vorteile der Internalisierung bestimmter Transaktionen an.[1] So kann die vertikale Integration zur Verringerung der Produktionskosten führen oder es können Verbundeffekte ("economies of scope") bei einer verbundenen Produktion genutzt werden. Nach einem spin-off entfallen die Möglichkeiten der Nutzung von Verbundeffekten. Darüber hinaus verweisen die Autoren auf die Schwierigkeiten einer organisatorischen Trennung verbundener Unternehmen. Die theoretischen Erklärungsversuche betreffen vorwiegend abgespaltene Unternehmen, die in einer engen Verbindung (der Geschäftsaktivitäten) zum abspaltenden Unternehmen standen. Daher müßte hier grundsätzlich eine geringere Zunahme der untersuchten Faktoren nach einem spin-off beobachtet werden können.

Zusammenfassend stellen *C.Y. Woo/G.E. Willard/U.S. Daellenbach* fest, daß ein spin-off in zahlreichen Fällen durchgeführt wird, um Vorteile für die abspaltenden Unternehmen zu generieren. Wenn in diesem Fall zur gleichen Zeit Vorteile für die abgespaltenen Unternehmen erzielt werden sollen, müssen im Vorfeld des spin-off sorgfältig die Erfolgspotentiale der Eigenständigkeit mit den entstehenden Kosten der Abspaltung verglichen werden.

III. Untersuchung der Wirkungen auf den Unternehmenswert von Konkurrenzunternehmen durch *M.B. Slovin/M.E. Sushka/ S.R. Ferraro*, 1995

Im Jahre 1995 veröffentlichten *M.B. Slovin/M.E. Sushka/S.R. Ferraro* eine vergleichende Studie über die Informationswirkungen des spin-off, der Neuemission von Tochtergesellschaften und des Verkaufes einer Tochtergesellschaft.[2] Mit dieser Untersuchung sollten vor allem indirekte Informationen über die Wirkungen der verschiedenen Umstrukturierungsformen auf den Unternehmenswert der betroffenen Tochtergesellschaft identifiziert, und Anhaltspunkte für die jeweiligen Motive der Wahl einer bestimmten Umstrukturierungsform untersucht werden. Zu diesem Zweck wurden zum einen Veränderungen der Aktienpreise bei Konkurrenzunternehmen der betroffenen Tochtergesellschaft bei den jeweiligen Umstrukturierungsformen beobachtet. Zum anderen wurden

---

[1] Für eine kritische Betrachtung der Transaktionskostentheorie vgl. *Knyphausen, D. zu*, Unternehmen, 1988, S. 196-210.

[2] Vgl. dazu *Slovin, M.B./Sushka, M.E./Ferraro, S.R.*, comparison, 1995, S. 89-104.

Veränderungen der Aktienpreise von Konkurrenzunternehmen der Muttergesellschaft betrachtet, die Auskunft über die Auswahlkriterien für eine bestimmte Umstrukturierungsform geben sollten.

Es wurde davon ausgegangen, daß im Fall einer organisatorischen Umstrukturierung der Mutterunternehmen bei den Konkurrenzunternehmen für alle Umstrukturierungsformen vergleichbare Veränderungen der Aktienpreise beobachtet werden können. Wenn dagegen die Kapitalaufnahme eine wichtige Rolle bei der Umstrukturierung der Muttergesellschaft spielt, sind unterschiedliche Ergebnisse zu erwarten. Während es sich bei der Börseneinführung einer Tochtergesellschaft um eine Form der Kapitalaufnahme handelt, wird bei einem spin-off unmittelbar kein Kapital aufgenommen. Bei einem Unternehmensverkauf werden dagegen keine Anteile emittiert.

Bei der Börseneinführung einer Tochtergesellschaft wird bei Konkurrenzunternehmen der Tochtergesellschaft eine signifikante Abnahme des Aktienpreises um 1,1 v.H. festgestellt. Im Gegensatz dazu werden beim spin-off und bei Unternehmensverkäufen für Konkurrenzunternehmen der Tochtergesellschaften eine leichte Zunahme des Aktienpreises um 0,6 v.H. bzw. 0,04 v.H. nachgewiesen. Der Aktienpreis der Muttergesellschaft nimmt bei der Börseneinführung einer Tochtergesellschaft um 1,2 v.H., bei einem spin-off um 1,3 v.H. und bei einem Unternehmensverkauf um 1,7 v.H. zu. Die Aktienpreise der Konkurrenzunternehmen der abspaltenden Mutterunternehmen stiegen bei der Börseneinführung einer Tochtergesellschaft um 0,21 v.H., bei einem spin-off um 0,18 v.H. und bei einem Unternehmensverkauf um 0,03 v.H. In Abb. 38 sind die Veränderungen der Aktienpreise für die verschiedenen Umstrukturierungsformen im einzelnen aufgeführt.

Mit dem Vergleich der Entwicklung der Aktienpreise der Konkurrenzunternehmen werden Annahmen getroffen, zu welchem Zeitpunkt eine bestimmte Umstrukturierungsform gewählt wird. Es wird festgestellt, daß eine Neuemission bevorzugt wird, wenn eine hohe Bewertung der betroffenen

Veränderung der Aktien- preise vom Ankündigunstag zum folgenden Tag[1]	Börseneinführung von Tochtergesellschaften (equity carve-outs)	spin-off	Unternehmensverk auf (sell-offs)
Veränderung bei Konkurrenzunternehmen der Tochtergesellschaft	-1,11 %	0,60 %	0,04 %
Anzahl der Unternehmen	36	107	203
Veränderung bei abspaltender Muttergesellschaft	1,23 %	1,32 %	1,70 %
Anzahl der Unternehmen	32	37	179
Veränderung bei Konkurrenzunternehmen der Muttergesellschaft	0,21 %	0,18 %	0,03 %
Anzahl der Unternehmen	32	28	179

Abb. 38: Veränderungen der Aktienpreise der Konkurrenzunternehmen bei
Ankündigung verschiedener Umstrukturierungsformen
(Quelle: *Slovin, M.B./Sushka, M.E./Ferraro, S.R.,* comparison,
1995, S. 88 f.).

Teileinheit angenommen wird.[2] Diese Annahme wird auch durch die
Entwicklung der Aktienpreise der Konkurrenzunternehmen der abgespaltenen
Teileinheiten bestätigt, die nach der Durchführung der Neuemission sinken.
Ein spin-off wird hingegen durchgeführt, wenn eine niedrige Bewertung der
abzuspaltenden Teileinheiten angenommen wird. Die Anleger erkennen die
Absicht des Managements und bewerten daher auch die vergleichbaren
Konkurrenzunternehmen höher. Dies soll durch die empirischen Ergebnisse,
die eine Zunahme der Aktienpreise der Konkurrenzunternehmen feststellen,
bestätigt werden. Für einen Unternehmensverkauf konnten hingegen keine
signifikanten Veränderungen der Aktienpreise auf Konkurrenzunternehmen
nachgewiesen werden.

Die Untersuchung von *M.B. Slovin/M.E.Sushka/S.R. Ferraro* stellt einen
finanzierungstheoretischen Versuch dar, die Signalwirkungen verschiedener

---

[1] Es handelt sich hierbei wiederum um bereinigte Veränderungen der Aktienpreise, die
anhand von Veränderungen einer Vergleichsperiode bereinigt wurden, vgl. *Slovin,
M.B./Sushka, M.E./Ferraro, S.R.,* comparison, 1995, S. 98.
[2] Vgl. dazu ausführlich *Nanda, V.,* news, 1991, S. 1717-1737.

Umstrukturierungsvarianten zu quantifizieren. Das Umwegmodell über die Konkurrenzunternehmen und die geringe Signifikanz der Ergebnisse verdeutlichen jedoch die Schwierigkeiten eines empirischen Nachweises von Signalling-Effekten.

IV. Zusammenfassung der Ergebnisse

Aus den nachfolgend in Stichpunkten dargestellten Ergebnissen der empirischen Untersuchungen können Hinweise für die Auswahl von Abspaltungskandidaten abgeleitet werden. Um jedoch der Gefahr eines induktiven Fehlschlusses im Vorfeld entgegenzuwirken, muß allerdings angemerkt werden, daß es sich bei den Untersuchungen um eine vergangenheitsorientierte Beobachtung der Veränderung von (Börsen-)Werten handelt, die von vielfältigen innerorganisatorischen und externen Einflußfaktoren bestimmt werden. Ein Wirkungszusammenhang zwischen der Identifizierung von Variablen, die zu einer Steigerung des Aktienpreises (und damit des Börsenwertes) führen, stellt daher nur eine generalisierende Behauptung dar, die anhand von Einzelfällen vielfältig falsifiziert werden könnte.[1]

Die wichtigsten Ergebnisse der empirischen Untersuchungen lassen sich folgendermaßen zusammenfassen:

- Die stärksten Wirkungen auf den Unternehmenswert stellten *J.A. Miles/J.D. Rosenfeld* beim spin-off großer Tochterunternehmen fest, die eine Börsenkapitalisierung von über 10 v.H. des abspaltenden Gesamt-unternehmens aufweisen (bereinigte Zunahme der Aktienpreise von 120 Tagen vor bis 60 Tage nach dem spin-off um 30,07 v.H.).[2]

- *K. Schipper/A. Smith* untersuchten mögliche Ursachen einer Verbesserung der Börsenbewertung. Sie stellten fest, daß es zu keiner Vermögensverschiebung von Gläubigern zugunsten von Anteilseignern kommt.[3] Hingegen wird angenommen, daß es mit der Durchführung eines spin-off zu einer Verbesserung der Vertragsbeziehung des Unternehmens mit verschiedenen Interessengruppen (Behörden, Gewerkschaften,

---

[1] Vgl. zur Kritik an der induktiven Forschung durch *D. Hume* und später durch *K. Popper* beispielhaft *Popper, K.*, Lesebuch, 1995, S. 87.

[2] Vgl. *Miles, J.A./Rosenfeld, J.D.*, Effect, 1983, S. 1605.

[3] Vgl. *Schipper, K./Smith, A.*, Effects, 1983, S. 445-459.

Lieferanten) und zwischen dem Management und den Anteilseignern kommt.

• *G.L. Hite/J.E. Owers* nahmen eine Untersuchung der Veränderungen der Aktienpreise nach Motiven der Abspaltung vor und kamen zu dem Ergebnis, daß Unternehmen, die eine Reduzierung der Diversifikation der Geschäftsaktivitäten als Motiv der Durchführung eines spin-off angaben, die stärksten Steigerungen des Unternehmenswertes hatten.[1] Beim Motiv der Vorbereitung einer Unternehmensübernahme wurden ebenfalls Zunahmen festgestellt. Bei der Ankündigung einer staatlich angeordneten Zerschlagung des Unternehmens und bei Unternehmen, die kein Motiv angaben, konnte hingegen keine wesentliche Veränderung des Aktienpreises über den Ankündigungstag hinaus festgestellt werden.

• Zu den Ergebnissen der Untersuchungen von *T.E. Copeland/E.F. Lemgruber/D. Mayers* und *A.M. Vijh* gehörte, daß der Aktienwert nicht nur bei der ersten Ankündigung eines spin-off zunimmt.[2] Durch die zusätzlichen Informationen, die in weiteren Ankündigungen gegeben werden, können auch nach der ersten Ankündigung eines spin-off weitere Zunahmen der Aktienwerte beobachtet werden.

• *P.J. Cusatis/J.A. Miles/J.R. Woolridge* stellen darüber hinaus fest, daß im Gegensatz zu vergleichbaren Untersuchungen bei normalen Börseneinführungen in einem Zeitraum bis zu drei Jahren nach dem spin-off eine überdurchschnittliche Zunahme der Aktienwerte zu beobachten ist.[3]

• *C.Y. Woo/G.E. Willard/U.S. Daellenbach* untersuchten die Veränderungen der Faktoren Gesamtkapitalrendite, Verhältnis Markt-/Buchwert, Alphakoeffizient und inflationsbereinigtes Umsatzwachstum, um Aussagen über den Erfolg des spin-off bei abgespaltenen Unternehmen zu treffen.[4] In den ausgewählten Kategorien konnten keine signifikanten Verbesserungen nachgewiesen werden. Es wird daher angenommen, daß der spin-off bislang vorwiegend zur Verbesserung der Finanzsituation der abspaltenden Konzernunternehmen durchgeführt wurde.

---

[1] Vgl. dazu *Hite, G.L./Owers, J.E.*, spin-off, 1983, S. 432.
[2] Vgl. dazu *Copeland, T.E./Lemgruber, E.F./Mayers, D.*, spinoffs, 1987, S. 126; *Vijh, A.M.*, Spinoff, 1994, S. 589.
[3] Vgl. dazu *Cusatis, P.J./Miles, J.A./Woolridge J.R.*, Restructuring, 1993, S. 293-311.
[4] Vgl. dazu *Woo, C.Y./Willard, G.E./Daellenbach, U.S.*, Spin-Off, 1992, S. 433-447.

- In einer Untersuchung von *M.B. Slovin/M.E. Sushka/S.R. Ferraro* wurde festgestellt, daß Konkurrenzunternehmen bei Durchführung eines spin-off eine leichte Zunahme der Börsenbewertung verzeichnen.[1] Dieses Ergebnis wird damit begründet, daß ein spin-off bei Annahme einer Unterbewertung des abgespaltenen Bereiches durchgeführt wird. Die Anleger erkennen die Unterbewertung und nehmen eine Unterbewertung auch für Konkurrenzunternehmen an. Entsprechend wird der Wert der Konkurrenzunternehmen am Markt nach oben angepaßt.

---

[1] Vgl. dazu *Slovin, M.B./Sushka, M.E./Ferraro, S.R.*, comparison, 1995, S. 88 f.

G. Strategische Aspekte des spin-off als Umstrukturierungsform

Eine Vielzahl von Konzernunternehmungen beschäftigt sich gegenwärtig mit der Optimierung der Organisations- und Portfoliostruktur. So stellte beispielsweise *U. Hartmann*, Vorsitzender des Vorstandes der *VEBA AG*, anläßlich einer Konzerntagung fest:

„Eine zentrale Frage, mit der wir uns - ebenso wie andere Mischkonzerne - auseinanderzusetzen haben, lautet: Sind wir in unserer derzeitigen Struktur als Konglomerat zukunftsfähig? Sie wissen: Andere Konglomerate wie ICI, AT&T oder Hanson haben den Weg der Aufspaltung beschritten....Auch wir haben uns intensiv mit dieser Frage auseinandergesetzt. Allerdings geschah dies nicht gerade aus freien Stücken. Sie erinnern sich: Anfang der 90er Jahre wurde die Existenzberechtigung des VEBA-Konzerns massiv infrage gestellt. Das Wort vom „Value-gap" machte die Runde."[1]

Die Überlegungen von verschiedenen Konzernunternehmungen zur Aufspaltung oder Abspaltung von Teileinheiten seit Mitte der 80er Jahre sind besonders auf den zunehmenden Einfluß von wertorientierten Unternehmensstrategien zurückzuführen, die zugleich eine stärkere Position der Kapitalgeber und einen aktiven Markt für Unternehmensübernahmen widerspiegeln.[2] Ein Beispiel für ein wertorientiertes Analysekonzept geben *T. Copeland/T. Koller/J. Murrin*, die Verbesserungspotentiale des Unternehmenswertes bei verschiedenen Restrukturierungsstrategien untersuchen. Das Wertsteigerungspotential einer Unternehmung wird dabei durch eine unabhängige Bewertung jeder einzelnen Teileinheit analysiert. Die Ansatzpunkte der Wertsteigerungen systematisieren *T. Copeland/T. Koller/J. Murrin* im sogenannten Pentagon Modell (Abb. 39).[3]

Eine Untersuchung des Wertschaffungspotentials setzt zunächst bei einer Analyse der Bewertungsdifferenzen zwischen dem Kapitalmarkt und der Kapitalwertmethode an (Position 2 vs. Position 1). Möglichkeiten der

---

[1] *Hartmann, U.*, Zukunft, 1996, S. 45; vgl. dazu auch o.V., Veba, 1991, S. 17; *Wilhelm, W.* Konzern, 1991, S. 15.

[2] Vgl. *Gomez, P.* Wertmanagment, 1993, S. 29 f.

[3] Vgl. dazu ausführlich *Copeland, T./Koller, T./Murrin, J.*, Valuation, 1990, S. 247-279.

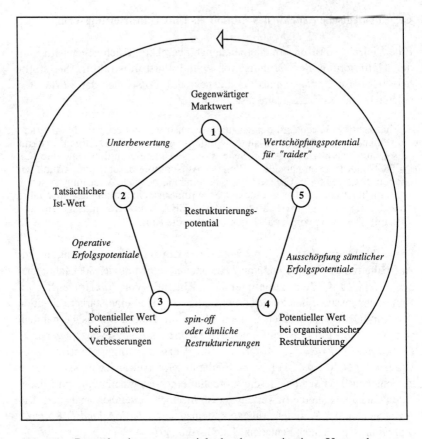

Abb. 39: Restrukturierungspotentiale durch wertorientierte Unternehmens-
strategien
(Quelle: in Anlehnung an *Copeland, T./Koller, T./Murrin, J.*,
Valuation, 1990, S. 249)

Wertsteigerung werden dann auf der Ebene operativer Verbesserungen,
beispielsweise der Verbesserung der Rendite und des Umsatzwachstums,
analysiert (Position 3 vs. Position 2). In einem dritten Schritt werden
Wertsteigerungspotentiale durch eine (externe) organisatorische
Restrukturierung, beispielsweise durch Unternehmenskauf/ -verkauf oder
durch einen spin-off, untersucht (Position 4 vs. Position 3). Ein "optimaler"
Unternehmenswert wird unter Einbezug aller Möglichkeiten der Optimierung
der Finanzierung und der Steuern auf Position 5 erreicht. Die Unterschiede des
Unternehmenswertes zwischen Position 1 und Position 5 stellen das

Wertsteigerungspotential dar, das entweder durch die Unternehmensführung oder durch einen Unternehmenskäufer („raider") realisiert werden kann.

Die vorwiegend am Kapitalmarkt orientierten wertorientierten Unternehmensstrategien nehmen vor allem eine wertmäßige Beurteilung der Portfoliostruktur der Konzernunternehmung vor. Eine Schwäche dieser Strategieansätze liegt jedoch darin, daß die Organisationsstruktur einer Unternehmung als Wettbewerbsfaktor nicht tiefergehend in die Analyse einbezogen wird.

Der Einbezug neuerer Überlegungen der Organisationstheorie führt in vielen Fällen zu einer anderen Beurteilung der Organisations- und Portfoliostruktur. In den letzten Jahren hat sich in der Organisationstheorie eine Renaissance der "Organisation" als Wettbewerbsfaktor entwickelt.[1] Von verschiedenen Autoren der organisationstheoretischen Forschung wird zwischenzeitlich die Ansicht vertreten, daß Wettbewerbsvorteile vorwiegend durch bestimmte Fähigkeiten der Organisation bzw. der Unternehmung erzielt werden können.[2] Die Unterscheidung zwischen "business unit strategy" und "corporate strategy", die das Strategische Management bislang als verschiedene Planungsebenen getrennt hatte, verliert damit ihre Bedeutung bzw. weist auf eine andere Strategieausrichtung hin, weil es sich um Fähigkeiten der Organisation selber bzw. der Unternehmung handelt.[3] Der wettbewerbliche Erfolg eines Unternehmens läßt sich nach dieser Auffassung nicht mehr allein durch die Position der Unternehmensteile in den jeweiligen Geschäftsfeldern (ausgedrückt in Marktanteilen und Größenvorteilen) verteidigen, sondern die (Fach-)Kompetenzen und geschäftsübergreifenden (Prozeß-)Fähigkeiten (beispielsweise Schnelligkeit, Informationsvorteile, Ausbildungsstand usw.) der Unternehmung (vgl. Abb. 40) müssen besondere Berücksichtigung finden.[4]

---

[1] Vgl. dazu *Knyphausen-Aufsess, D. zu*, 1995, S. 88; *Strasmann, J./Schüller, A.*, Kernkompetenzen, 1996; *Kirsch, W.*, Wegweiser, 1996, S. 13-21; *Gomez, P.*, Wertmanagement, 1993, S. 81.

[2] Vgl. beispielhaft *Prahalad, C./ Hamel, G.*, Core Competence, 1990, S. 80; *Knyphausen-Aufsess, D. zu*, Theorie, 1995, S. 37; *Chandler, A.*, Scale, 1994.

[3] Vgl. *Knyphausen-Aufsess, D. zu*, Theorie, 1995, S. 37; *M.E. Porter* stellt zu den verschiedenen Planungsebenen des Strategischen Management fest: "Bei der *Wettbewerbsstrategie* geht es darum, wie in den Geschäftsfeldern, in denen ein Unternehmen engagiert ist, Wettbewerbsvorteile aufgebaut werden können. Die *Konzernstrategie* betrifft hingegen die beiden übergeordneten Fragen: In welchen Märkten will das Unternehmen tätig sein? Und wie soll die Konzernleitung die Geschäftseinheiten führen?" (*Porter, M.E.*, Diversifikation, 1992, S. 6; Hervorhebungen im Original).

[4] Vgl. *Oetinger, B.v.*, Fähigkeiten, 1993, S. 438.

188

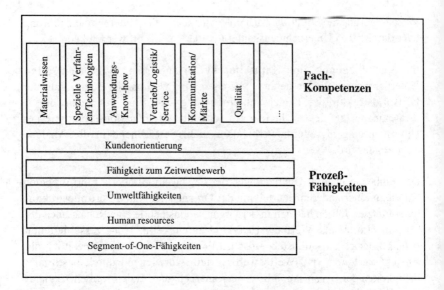

Abb. 40: Fachkompetenzen und Prozeßfähigkeiten
(Quelle: *Oetinger, B.v.*, Fähigkeiten, 1993, S. 438)[1]

Die Fähigkeiten einer Konzernunternehmung wurden als wichtiger Wettbewerbsfaktor identifiziert, weil immer kürzer werdende Technologiezyklen und eine immer feinere Segmentierung eine Position in einem Segment nicht gesichert erscheinen lassen.[2] Die Segmentgrenzen brechen zudem auf, da Technologien und Segmente in zunehmendem Maße zusammenwachsen. Die Handhabung entscheidender Fähigkeiten soll daher nicht mehr dem Management einzelner profit center überlassen werden, sondern der (Konzern-)Zentrale mitverantwortlich übertragen werden. Der Zentrale kommt dann die Aufgabe zu, übergreifende Fähigkeiten, die das gesamte Unternehmen beeinflussen, beispielsweise Geschwindigkeit, Servicebereitschaft, Innovationsfähigkeit, zu pflegen und zu verwalten.

W. Kirsch stellt die Fähigkeiten in den Mittelpunkt der Auseinandersetzung

---

1 Als "Segment-of-One" definiert *B.v. Oetinger* eine besondere Segmentierung von Geschäftsfeldern zur Erweiterung der Kundenbindung durch individuellere Kommunikation. Vgl. dazu ausführlich *Oetinger, B.v.*, Fähigkeiten, 1993, S. 347-351.

2 Vgl. dazu *Oetinger, B.v.*, Fähigkeiten, 1993, S. 437-461.

mit dem Strategischem und setzt das Adjektiv mit der Formel "die Fähigkeiten signifikant betreffend" gleich.[1] Strategisch thematisierbare Fähigkeiten können sehr vielfältig sein und liegen auf verschiedenen Ebenen der Unternehmung. Einen möglichen Anknüpfungpunkt der Strategieausrichtung an den Fähigkeiten der Unternehmung verdeutlicht das SWOT-Schema.[2] Mit dem SWOT-Schema wird versucht, Stärken (strengths) und Schwächen (weaknesses) mit Gelegenheiten (opportunities) und Gefahren (threats) zu verbinden. Bei einer traditionellen Vorgehensweise wird davon ausgegangen, daß eine Unternehmung in seinen unterschiedlichen Geschäftsfeldern von Veränderungen der Unternehmensumwelten betroffen ist, die als Gelegenheiten und Gefahren interpretiert und verarbeitet werden. Die Unternehmung reagiert dann unter Einbezug seiner Stärken und Schwächen auf die Veränderungen. Als Vergleichsmaßstab erscheint es sinnvoll, die Position der Wettbewerber einzubeziehen, die die Wettbewerbsposition ebenfalls beeinflussen (beispielsweise kann eine "Stärke" des Unternehmens unter Einbezug des Wettbewerbs zu einer relativen Schwäche werden, wenn der Wettbewerber "besser" ist.[3]

Die dargestellte neue strategische Denkrichtung geht dagegen von den Stärken und Schwächen der Unternehmung aus und sucht sodann nach strategisch bedeutungsvollen Gefahren und Gelegenheiten. Damit stehen zunächst die zentralen Fähigkeiten der Unternehmung und die sogenannten Kernkompetenzen im Mittelpunkt der strategischen Ausrichtung.

Bei Kernkompetenzen handelt es sich um bestimmte Fähigkeiten einer Unternehmung, die nicht an einem "Ort" im Unternehmen konzentriert sind, sondern in verschiedenen Geschäftsbereichen, auf verschiedenen Ebenen der Unternehmensorganisation verteilt sind.[4] Unter Kernkompetenzen kann ein geschäftsspezifischer Erfahrungsschatz der Organisation verstanden werden, „ also der für das einzelne Geschäft notwendige technische und wirtschaftliche Sachverstand und das damit verbundene Können (z.B. bestimmte Produktionsverfahren, Umgang mit bestimmten Werkstoffen, technisches Know-how, Qualität usw.)."[5] Diese Fähigkeiten ermöglichen es der Unternehmensorganisation immer wiederkehrende Produktinnovationen in unterschiedlichen Geschäftsbereichen zu generieren, die zu

---

[1] Vgl. *Kirsch, W.,* Wegweiser, 1996, S. 13.
[2] Vgl. *Kirsch, W.,* Wegweiser, 1996, S. 14-16; *Mintzberg, H.,* School, 1990, S. 112.
[3] Vgl. *Kirsch, W.,* Wegweiser, 1996, S. 14 f.
[4] Vgl. dazu *Prahalad, C.K./Hamel, G.,* Core, 1990, S. 79-91.
[5] Vgl. *Oetinger, B.v.,* Fähigkeiten, 1993, S. 437.

Wettbewerbsvorteilen führen. *C.K. Prahalad/G. Hamel* gehen davon aus, daß aufgrund der schnellen Veränderung auf den Produktmärkten eine Wettbewerbsstrategie sich nicht auf bestimmte Geschäftsbereiche konzentrieren kann, sondern eine organisatorische Struktur schaffen muß, die eine schnelle Anpassung auf Veränderungen ermöglicht. Die hierfür notwendigen Wettbewerbsvorteile liegen in der Bündelung der unternehmensweiten Fähigkeiten in bestimmten Kernkompetenzen, die von jedem Bereich und für jedes Produkt genutzt werden können. Die Organisation nach Kernkompetenzen veranschaulichen *C.K. Prahalad/G. Hamel* anhand eines "Unternehmensbaumes", dessen Stamm aus Kernprodukten besteht, die Äste strategische Geschäftseinheiten bilden und die Blätter und Blüten die einzelnen Produkte sind (Abb. 41). Die Wurzeln, die den Baum ernähren und tragen, sind die Kernkompetenzen der Unternehmung.

Als Beispiel einer Kernkompetenz nennen *C.K. Prahalad/G. Hamel* die Fähigkeit von *Sony* zur Miniaturisierung, die in unterschiedlichen strategischen Geschäftsbereichen und Produkten verwendet wird. Um die Fähigkeit aufzubauen, müssen Management und Ingenieure unterschiedlicher Unternehmensbereiche kontinuierlich zusammenarbeiten.

Für eine Umstrukturierung durch einen spin-off folgt aus dem neuen organisationstheretischen Konzepten, daß bei der Abgrenzung von Abspaltungskandidaten zunächst die Kernkompetenzen und die Fähigkeiten der Unternehmung analysiert werden müssen. Ohne eine Analyse der Kernkompetenzen und der Fähigkeiten der Organisation besteht die Gefahr, daß wichtige Unternehmensressourcen für die zukünftige Entwicklung der Unternehmung abgespalten werden und Wettbewerbsvorteile vernichtet werden.[1] Mit dem Konzept der Kernkompetenzen wird daher auch deutlich, daß Diversifikation per se keine Nachteile für die Unternehmung darstellen muß.

---

[1] Als Beispiel nennen *C.K. Prahalad/G. Hamel* den Verkauf verschiedener Elektronikbereiche des Konsumgütergeschäftes von *General Electric* an den französischen Konkurrenten *Thomson*. Vgl. *Prahalad, C.K./Hamel, G.*, Core, 1990, S. 79-91.

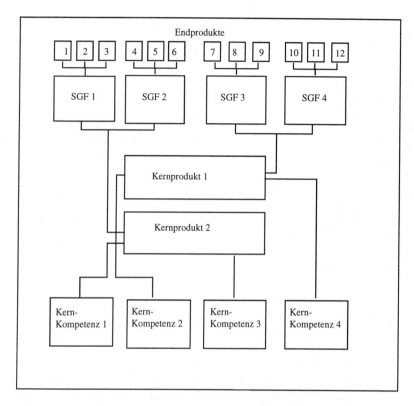

Abb. 41: Der Einfluß von Kernkompetenzen in Unternehmen
(Quelle: *Prahalad, C.K./Hamel, G.*, Core, 1990, S. 81)

M. Ringlstetter interpretiert das Konzept der Kernkompetenzen in Anlehnung an *P. Gomez* zugleich als mögliche neue paradigmatische Organisationsform.[1] Es wird dabei die generalisierende These vertreten, daß sich Konzernunternehmen in der Vergangenheit in den Spannungsfeldern zwischen Einheit (als Zentralisierung in Richtung einheitlicher Leitung) und Vielheit (als Dezentralisierung und Eigenständigkeit der Teileinheiten) entwickelt haben. Abb. 42 stellt die Pendelbewegungen zwischen den unterschiedliche Organisationsformen dar.

---

[1] Vgl. *Ringlstetter, M.*, Konzernentwicklung, 1995, S. 318.

192

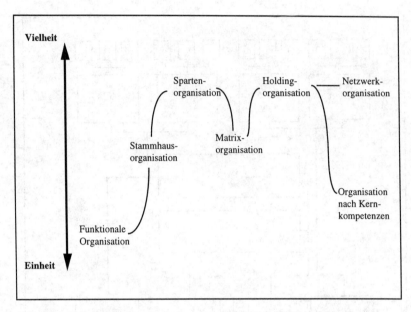

Abb. 42: Das Pendeln zwischen unterschiedlichen Organisationsformen
(Quelle: *Ringlstetter, M.*, Konzernentwicklung, 1995, S. 317)

Ausgehend von funktional organisierten Einheitsunternehmen verliefen
Pendelbewegung der Konzernorganisationsformen zwischen
Spartenorganisation, Matrixorganisation und Holdingorganisation.[1] Als
"mögliche Welten" weiterer Pendelbewegungen werden sowohl die
Netzwerkorganisation als auch die Organisation nach Kernkompetenzen
diskutiert.

Das Konzept der Kernkompetenzen sieht eine Integration der
Leistungsbeziehungen verschiedener Unternehmensbereiche vor, durch die
Synergien zwischen den Teilbereichen einer Konzernunternehmung genutzt
werden sollen. Mit der Nutzung von Synergiepotentialen geht jedoch auch ein
wichtiger Vorteil von Konzernunternehmungen gegenüber
Einheitsunternehmen verloren. Konzernunternehmungen können durch eine
Veränderung des Konzernportfolios, beispielsweise durch einen spin-off,
relativ einfach ihre unattraktiven Geschäftsbereiche abspalten bzw. sich auf
interessante Unternehmensbereiche konzentrieren. Zu den organisatorischen
Fähigkeiten der Holdingstruktur zählt die Anpassungsfähigkeit an veränderte

---

1 Vgl. zu dieser Rezeption auch *Teubner, G.*, Unitas Multiplex, 1991, S. 191.

Umweltbedingungen.[1] Flexibilität selbst gilt ebenfalls als eine bedeutende Fähigkeit einer Organisation.[2] Die Erhaltung der Flexibilität ist jedoch eher in Form von kleinen, reaktionsfähigen Teileinheiten bei einer dezentralen Netzwerkorganisation möglich.[3]

Unabhängig von der jeweiligen Wahl einer Organisationsstrategie ermöglichen erst die unterschiedlichen Umstrukturierungsformen (u.a. des spin-off) die Anpassung an die Pendelbewegungen der Organisationsformen.[4] Eine effektive Organisationsstrategie besteht m.E. damit sowohl aus der Auswahl einer passenden Organisationsstruktur als auch aus effektiven Strategien der Umstrukturierung. Die Bedeutung der Suche einer geeigneten Umstrukturierungsform im Prozeß der Strategiesuche veranschaulichen *P. Milgrom/J. Roberts* am Bild einer Bergbesteigung:

"the problem of finding an effective organizational strategy can be conceived of as consisting of two parts: deciding which hill to climb and then climbing it as efficiently as possible."[5]

Die effiziente Besteigung des Berges stellt gleichsam die Wahl der richtigen Umstrukturierungsform dar.

In den angelsächsischen Ländern führt die Möglichkeit des spin-off einzelner Teileinheiten zur Flexibilisierung der Organisationsstruktur von Konzernunternehmungen. Wie in der vorliegenden Arbeit gezeigt wurde, ist - trotz Verbesserung der Umstrukturierungsmöglichkeiten mit Einführung des neuen Umwandlungsgesetzes - in der *Bundesrepublik Deutschland* die Durchführung eines spin-off nach US-amerikanischem Muster bislang nicht möglich. Konzernunternehmungen sind damit im internationalen Vergleich nicht mit den gleichen Fähigkeiten ausgestattet wie ihre US-amerikanischen Konkurrenzunternehmen. Es bleibt abzuwarten, ob die Bedeutung der Umstrukturierungsform des spin-off in den *USA* (und in zunehmender Form auch in europäischen Nachbarländern) den deutschen Gesetzgeber veranlaßt, die rechtlichen Möglichkeiten für einen steuerneutralen spin-off zu schaffen.

---

[1] Vgl. dazu *Keller, T.,* Unternehmensführung, 1993, S. 223-237.

[2] Vgl. *Knyphausen-Aufsess, D. zu,* Theorie, 1995, S. 98.

[3] Gegen eine Flexibilität bei Netzwerkorganisationen spricht allerdings, daß eine hohe Systemintegration angestrebt wird, vgl. dazu *Jarillo, J.C.,* Networks, 1988, S. 31-41.

[4] Vgl. dazu auch *Chandler, A.,* Scale, 1994, S. 627: "The goal of...retructuring of enterprises in capital-intensive industries must be to maintain, renew, or expand the organizational capabilities of the enterprise."

[5] *Milgrom, P./Roberts, J.,* Adjustment, 1995, S. 232.

Anhang 1: Steuerneutrale Umstrukturierungen durch spin-off von Tochterunternehmen in den *USA* zwischen 1990 und 1996 (Quelle: *SDC Securities Data Corporation,* 1997)

Date Effective	Date Announced	Target Name	Value of Transaction $ million
03/1990	03/1990	*Teppco Partners LP*	255
04/1990	03/1990	*Pool Energy Services Inc.*	22
05/1990	02/1990	*American S&L Association of Florida*	17
08/1990	01/1990	*Illinois Central Trans Co.*	52
08/1990	01/1990	*Keene Corp.*	26
08/1990	03/1990	*Hector Communications Corp.*	16
10/1990	04/1990	*Alliant Techsystems (Honeywell)*	118
10/1990	08/1990	*Baroid Corp.*	144
10/1990	08/1990	*Boston Celtics Commun LP*	8
10/1990	09/1990	*ESCO Electronics Corp.*	52
11/1990	02/1990	*VideOcart Inc.*	19
12/1990	02/1990	*Santa Fe Energy Resources*	816
12/1990	04/1990	*Tandy Brands Accessories Inc.*	11
12/1990	08/1990	*Allied Capital Advisers Inc.*	18
12/1990	11/1990	*Pinelands Inc.*	300
			1.872
02/1991	07/1990	*Celtrix Laboratories Inc.*	16
03/1991	09/1990	*Collins Foods Inc.*	312
04/1991	01/1990	*Tele-Communications Inc.*	233
04/1991	09/1990	*Pet Inc.*	1.607
05/1991	10/1990	*Tejas Power Corp. E-Z Serve*	49
05/1991	01/1991	*USX-US Steel Group*	1.215
07/1991	04/1990	*Fisher-Price Inc.*	384
07/1991	07/1990	*Cellular Communications Intl.*	32
07/1991	07/1990	*OCOM Inc.*	28
09/1991	12/1990	*National Beverage Corp.*	22
09/1991	06/1991	*MariFarms Inc.*	15
10/1991	05/1991	*General Physics Service Corp.*	8
10/1991	06/1991	*National Health Investors Inc.*	1.523
10/1991	06/1991	*Lawyers Title Incurance Co.*	44
10/1991	09/1991	*IBP Inc.*	360
11/1991	08/1990	*BioWhittaker Inc.*	109
			5.956
02/1992	07/1990	*Cellular Comunications of PR*	125
02/1992	11/1991	*Cellular Communications of PR*	133
03/1992	10/1991	*GFC Financial Corp.*	442
06/1992	01/1992	*Targeted Genetics Corp.*	17
06/1992	02/1992	*Spacelab Inc.*	300
07/1992	05/1990	*Abex Inc.*	190
07/1992	12/1990	*El Paso Natural Gas Co.*	762
07/1992	12/1991	*Praxair Inc.*	1.994
07/1992	01/1992	*GK Technologies Inc .*	69
07/1992	01/1992	*FM Properties Inc.*	36
07/1992	05/1992	*Control Data Systems Inc.*	88
08/1992	06/1990	*Precision Systems Inc.*	25
08/1992	02/1992	*Indresco Inc.*	219

Date Effective	Date Announced	Target Name	Value of Transaction $ million
08/1992	03/1992	*Heritage Bank, Princess Anne*	4
10/1992	12/1991	*Cumberland Holdings Inc.*	1
10/1992	10/1992	*Concepts Direct Inc.*	1
11/1992	04/1992	*Worldtex Inc*	102
12/1992	04/1992	*Caremark Inc.*	919
12/1992	10/1992	*Children`s Discovery Centers*	2
12/1992	11/1992	*ACX Technologies Inc.*	289
			5.716
01/1993	12/1991	*Silver king Communications Inc.*	39
01/1993	10/1992	*Borg-Warner*	488
02/1993	11/1992	*Ramtron Intl*	45
03/1993	08/1992	*Galen Health Care Inc.*	2.061
04/1993	01/1992	*AptarGroup Inc.*	220
04/1993	08/1992	*Allrista Corp.*	128
04/1993	01/1993	*Styles on Video*	19
05/1993	03/1993	*Anika Research Inc.*	12
05/1993	03/1993	*DOVatron International*	114
06/1993	03/1993	*Therapeutic Discovery Corp.*	43
07/1993	03/1993	*First Colony Corp.*	1.139
07/1993	03/1993	*Pittston Minerals Group*	131
07/1993	06/1993	*Dean Witter Discover & Co.*	5.021
08/1993	04/1992	*Ralston-Continental Baking*	181
08/1993	09/1992	*Mental Health Management Inc.*	14
08/1993	03/1993	*Philips & Jacobs Inc.*	54
10/1993	10/1992	*Marriott International Inc.*	2.740
10/1993	08/1993	*Commercial Assets Inc.*	53
11/1993	05/1993	*Alumax Inc*	875
11/1993	05/1993	*Amax Gold Inc.*	161
12/1993	02/1993	*HealthWise of Amer*	83
12/1993	06/1993	*Aviall Inc*	278
12/1993	07/1993	*Foothill Thrift & Loan*	8
12/1993	09/1993	*Harcourt General-Gen Cinema*	262
12/1993	10/1993	*Pacific Crest Capital Inc.*	9
12/1993	11/1993	*White River Corp*	150
			14.327
01/1994	02/1993	*Cytec Industries*	176
01/1994	06/1993	*Eastmen Chem*	4.038
02/1994	09/1993	*Albemarle Corp.*	784
03/1994	01/1993	*QLogic Corp.*	21
03/1994	06/1993	*Litton Industries-Western Atlanta*	1.870
03/1994	08/1993	*Ralston-Ralston-Cereal*	528
03/1994	12/1993	*ITT Rayonier Inc*	1.016
04/1994	10/1992	*PacTel Corp*	8.639
04/1994	10/1993	*Gardner-Denver-Ind Mach Div*	45
04/1994	10/1993	*MCWhorter Inc.*	183
04/1994	02/1994	*System Controls-Comm Division*	38
05/1994	01/1994	*Lehman Brothers Holdings*	182
05/1994	01/1994	*Lehman Brothers Holdings*	1.635
05/1994	02/1994	*Bettis Corp.*	57
05/1994	04/1994	*McMoRan Oil & Gas Co.*	651

Date Effective	Date Announced	Target Name	Value of Transaction $ million
06/1994	07/1993	*Micom Communications Corp.*	155
06/1994	03/1994	*Tripos*	16
09/1994	07/1994	*Harris-Computer Systems Division*	17
10/1994	02/1994	*Duff & Phelps Credit Rating Co.*	69
10/1994	04/1994	*Santa Fe Pacific Gold Corp.*	1.893
10/1994	07/1994	*Orphan Medical Inc*	1
11/1994	08/1994	*Florsheim Shoe Co.*	81
11/1994	09/1994	*National Gaming Corp.*	80
11/1994	11/1994	*Converse Inc.*	401
12/1994	02/1994	*Belding Hemingway Co. Inc.*	28
12/1994	06/1994	*Lin Television Corp.*	619
12/1994	07/1994	*Price Enterprises*	322
12/1994	12/1994	*Associated Group Inc.*	418
			23.961
01/1995	08/1994	*Knogo North Anerica Inc.*	16
02/1995	05/1994	*Strattec Security Corp.*	74
02/1995	07/1994	*Capitol One Financial Corp.*	1.067
03/1995	04/1994	*Toys 'R' Us Inc.*	6.551
04/1995	10/1994	*Ramsay Managed Care Inc.*	6
04/1995	10/1994	*Republic Environmental Systems*	16
05/1995	12/1994	*Darden Restaurants Inc.*	1.758
05/1995	02/1995	*Healthdyne Technologies*	112
06/1995	01/1995	*Polyvision Corp.*	24
06/1995	02/1995	*Dave and Buster's*	82
06/1995	02/1995	*US Industries Inc.*	712
07/1995	05/1994	*Freeport-McMoRan Copper&Gold*	2.948
07/1995	05/1994	*Sarnia Corp.*	15
07/1995	09/1994	*Cooper Industries Inc.*	430
07/1995	11/1994	*Allstate Corp.*	11.761
07/1995	01/1995	*Promus Hotel Corp*	1.179
07/1995	02/1995	*American Hlth Ppty-Psychiatric*	47
08/1995	11/1994	*Tele-Communications-Liberty*	3.758
08/1995	03/1995	*Crown Vantage*	203
08/1995	07/1995	*Toys 'R' Us Inc.*	139
09/1995	06/1994	*Eli Lilly & Co.*	1.548
09/1995	03/1995	*Airways Corp.*	68
09/1995	04/1995	*Everen Capital Corp*	71
09/1995	09/1995	*Transpro Inc.*	119
10/1995	02/1990	*FirstMiss Gold Inc.*	199
10/1995	06/1995	*Transport Holdingss*	62
10/1995	07/1995	*Ben Franklin Retail Stores Inc.*	11
10/1995	08/1995	*MFS Commun*	1.734
11/1995	05/1995	*Schweitzer-Mauduit*	353
11/1995	07/1995	*Investors Financial Servicess*	56
11/1995	08/1995	*US West Media Group*	9.310
11/1995	09/1995	*Union Property Investors*	2
12/1995	03/1994	*Novavax*	44
12/1995	04/1995	*Culligan Water Technologies*	379
12/1995	05/1995	*Cellular Technical Services Co.*	85
12/1995	06/1995	*ITT Destination Inc.*	5.869

Date Effective	Date Announced	Target Name	Value of Transaction $ million
12/1995	06/1995	*ITT Hartford Grp. Inc.*	5.709
12/1995	08/1995	*Host Marriott Services*	235
12/1995	08/1995	*Clean Diesel Technologies Inc.*	12
12/1995	10/1995	*Castle & Cooke*	436
			57.198
01/1996	08/1995	*Roadway Express*	332
01/1996	09/1995	*Pittston Services Group*	374
01/1996	10/1995	*Highlands Insurance Group Inc.*	242
01/1996	02/1996	*Bally's Health & Tennis*	38
02/1996	06/1995	*Sprint Cellular Co.*	3.081
03/1996	07/1995	*Earthgrain Co.*	310
03/1996	09/1995	*Morrison Fresh Cooking Inc.*	75
03/1996	09/1995	*Morrison Health Care Inc.*	210
03/1996	01/1996	*Endocare Inc.*	2
05/1996	11/1995	*Tupperware*	2.339
05/1996	01/1996	*Bone Care International*	25
05/1996	01/1996	*Payless Shoesource Inc.*	2.247
06/1996	08/1995	*Electronic Data Systems Corp.*	27.973
06/1996	03/1996	*Polymedica Biomaterials Inc.*	13
07/1996	11/1995	*Ination*	1.003
08/1996	02/1996	*Dial.Consumer Products Group*	1.244
09/1996	09/1995	*Lucent Technologies*	24.061
09/1996	07/1996	*Sons Inc. Commercial Intertech*	284
10/1996	08/1995	*Union Pacific Resources Group*	3.761
10/1996	10/1995	*Footstar Inc.*	624
10/1996	11/1995	*Allegiance Corp.*	924
10/1996	12/1995	*Sterling Commerce*	1.992
10/1996	07/1996	*Lockheed Martin Corp.*	906
11/1996	01/1996	*A.C. Nielsen & Co.*	887
11/1996	01/1996	*Cognizant*	5.363
11/1996	03/1996	*Choice Hotels Interneational*	908
12/1996	09/1995	*NCR Corp.*	3.411
12/1996	11/1995	*Primax Technologies Inc.*	83
12/1996	03/1996	*Newport News Shipbuilding*	546
12/1996	05/1996	*Corning Clinical*	424
12/1996	05/1996	*Corning Pharmaceuticals*	1.177
12/1996	06/1996	*BlowOut Entertainment*	5
12/1996	06/1996	*TCI Satellite Entertainment*	811
12/1996	07/1996	*Echelon International Corp.*	87
12/1996	08/1996	*Consolidated Freightways Corp.*	168
12/1996	09/1996	*Deltic Timber Corp.*	277
			86.207

Anhang II: Sec. 355 des Internal Revenue Code der *USA*

INTERNAL REVENUE CODE
Copyright (c) 1996, The Institute of America, Inc.

*** CURRENT THROUGH 104-165, 7/24/96, ***

SUBTITLE A. INCOME TAXES
CHAPTER 1. NORMAL TAXES AND SURTAXES
SUBCHAPTER C. Corporate Distributions and Adjustments
PART III. CORPORATE ORGANIZATIONS AND REORGANIZATIONS
SUBPART B. Effects on Shareholders and Security Holders

IRC Sec. 355 (1996)

Sec. 355. Distribution of stock and securities of a controlled corporation.

(a) Effect on distributees.

(1) General rule.If--

(A) a corporation (referred to in this section as the "distributing corporation")--

(i) distributes to a shareholder, with respect to its stock, or

(ii) distributes to a security holder, in exchange for its securities,

solely stock or securities of a corporation (referred to in this section as "controlled corporation") which it controls immediately before the distribution,

(B) the transaction was not used principally as a device for the distribution of the earnings and profits of the distributing corporation or the controlled corporation or both (but the mere fact that subsequent to the distribution stock or securities in one or more of such corporations are sold or exchanged by all or some of the distributees (other than pursuant to an arrangement negotiated or agreed upon prior to such distribution) shall not be construed to mean that the transaction was used principally as such a device),

(C) the requirements of subsection (b) (relating to active businesses) are satisfied, and

(D) as part of the distribution, the distributing corporation distributes--

(i) all of the stock and securities in the controlled corporation held by it immediately before the distribution, or

(ii) an amount of stock in the controlled corporation constituting control within the meaning of section 368(c), and it is established to the satisfaction of the Secretary that the retention by the distributing corporation of stock (or stock and securities) in the controlled corporation was not in pursuance of a plan having as one of its principal purposes the avoidance of Federal income tax, then no gain or loss shall be recognized to (and no amount shall be includible in the income of) such shareholder or security holder on the receipt of such stock or securities.

(2) Non pro rata distributions, etc.Paragraph (1) shall be applied without regard to the following:

(A) whether or not the distribution is pro rata with respect to all of the shareholders of the distributing corporation,

(B) whether or not the shareholder surrenders stock in the distributing corporation, and

(C) whether or not the distribution is in pursuance of a plan of reorganization (within the meaning of section 368(a)(1)(D)).

(3) Limitations.

(A) Excess principal amount. Paragraph (1) shall not apply if--

(i) the principal amount of the securities in the controlled corporation which are received exceeds the principal amount of the securities which are surrendered in connection with such distribution, or

(ii) securities in the controlled corporation are received and no securities are surrendered in connection with such distribution.

(B) Stock acquired in taxable transactions within 5 years treated as boot. For purposes of this section (other than paragraph (1)(D) of this subsection) and so much of section 356 as relates to this section, stock of a controlled corporation acquired by the distributing corporation by reason of any transaction--

(i) which occurs within 5 years of the distribution of such stock, and

(ii) in which gain or loss was recognized in whole or in part,

shall not be treated as stock of such controlled corporation, but as other property.

(C) Property attributable to accrued interest. Neither paragraph (1) nor so much of section 356 as relates to paragraph (1) shall apply to the extent that any stock, securities, or other property received is attributable to interest which has accrued on securities on or after the beginning of the holder's holding period.

(4) Cross references.

(A) For treatment of the exchange if any property is received which is not permitted to be received under this subsection (including an excess principal amount of securities received over securities surrendered, but not including property to which paragraph (3)(C) applies), see section 356.

(B) For treatment of accrued interest in the case of an exchange described in paragraph (3)(C), see section 61.

(b) Requirements as to active business.

(1) In general.Subsection (a) shall apply only if either--

(A) the distributing corporation, and the controlled corporation (or, if stock of more than one controlled corporation is distributed, each of such corporations), is engaged immediately after the distribution in the active conduct of a trade or business, or

(B) immediately before the distribution, the distributing corporation had no assets other than stock or securities in the controlled corporations and each of the controlled corporations is engaged immediately after the distribution in the active conduct of a trade or business.

(2) Definition.For purposes of paragraph (1), a corporation shall be treated as engaged in the active conduct of a trade or business if and only if--

(A) it is engaged in the active conduct of a trade or business, or substantially all of its assets consist of stock and securities of a corporation controlled by it (immediately after the distribution) which is so engaged,

(B) such trade or business has been actively conducted throughout the 5-year period ending on the date of the distribution,

(C) such trade or business was not acquired within the period described in subparagraph (B) in a transaction in which gain or loss was recognized in whole or in part, and

(D) control of a corporation which (at the time of acquisition of control) was conducting such trade or business--

(i) was not acquired by any distributee corporation directly (or through 1 or more corporations, whether through the distributing corporation or otherwise) within the period described in subparagraph (B) and was not acquired by the distributing corporation directly (or through 1 or more corporations) within such period, or

(ii) was so acquired by any such corporation within such period, but, in each case in which such control was so acquired, it was so acquired, only by reason of transactions in which gain or loss was not recognized in whole or in part, or only by reason of such transactions combined with acquisitions before the beginning of such period.

For purposes of subparagraph (D), all distributee corporations which are members of the same affiliated group (as defined in section 1504(a) without regard to section 1504(b)) shall be treated as 1 distributee corporation.

(c) Taxability of corporation on distribution.

(1) In general.Except as provided in paragraph (2), no gain or loss shall be recognized to a corpoi ation on any distribution to which this section (or so much of section 356 as relates to this section) applies and which is not in pursuance of a plan of reorganization.

(2) Distribution of appreciated property.

(A) In general. If--
(i) in a distribution referred to in paragraph (1), the corporation distributes property other than qualified property, and

(ii) the fair market value of such property exceeds its adjusted basis (in the hands of the distributing corporation),

then gain shall be recognized to the distributing corporation as if such property were sold to the distributee at its fair market value.

(B) Qualified property. For purposes of subparagraph (A), the term "qualified property" means any stock or securities in the controlled corporation.

(C) Treatment of liabilities. If any property distributed in the distribution referred to in paragraph (1) is subject to a liability or the shareholder assumes a liability of the distributing corporation in connection with the distribution, then, for purposes of subparagraph (A), the fair market value of such property shall be treated as not less than the amount of such liability.

(3) Coordination with sections 311 and 336(a).Sections 311 and 336(a) shall not apply to any distribution referred to in paragraph (1).

(d) Recognition of gain on certain distributions of stock or securities in controlled corporation.

(1) In general.In the case of a disqualified distribution, any stock or securities in the controlled corporation shall not be treated as qualified property for purposes of subsection (c)(2) of this section or section 361(c)(2).

(2) Disqualified distribution.For purposes of this subsection, the term "disqualified distribution" means any distribution to which this section (or so much of section 356 as relates to this section) applies if, immediately after the distribution--

(A) any person holds disqualified stock in the distributing corporation which constitutes a 50-percent or greater interest in such corporation, or

(B) any person holds disqualified stock in the controlled corporation (or, if stock of more than 1 controlled corporation is distributed, in any controlled corporation) which constitutes a 50-percent or greater interest in such corporation.

(3) Disqualified stock.For purposes of this subsection, the term "disqualified stock" means--

(A) any stock in the distributing corporation acquired by purchase after

October 9, 1990, and during the 5-year period ending on the date of the distribution, and

(B) any stock in any controlled corporation--

(i) acquired by purchase after October 9, 1990, and during the 5-year period ending on the date of the distribution, or

(ii) received in the distribution to the extent attributable to distributions on--

(I) stock described in subparagraph (A), or

(II) any securities in the distributing corporation acquired by purchase after October 9, 1990, and during the 5-year period ending on the date of the distribution.

(4) 50-percent or greater interest.For purposes of this subsection, the term "50-percent or greater interest" means stock possessing at least 50 percent of the total combined voting power of all classes of stock entitled to vote or at least 50 percent of the total value of shares of all classes of stock.

(5) Purchase.For purposes of this subsection--

(A) In general. Except as otherwise provided in this paragraph, the term "purchase" means any acquisition but only if--

(i) the basis of the property acquired in the hands of the acquirer is not determined (I) in whole or in part by reference to the adjusted basis of such property in the hands of the person from whom acquired, or (II) under section 1014(a), and

(ii) the property is not acquired in an exchange to which section 351, 354, 355, or 356 applies.

(B) Certain section 351 exchanges treated as purchases. The term "purchase" includes any acquisition of property in an exchange to which section 351 applies to the extent such property is acquired in exchange for--

(i) any cash or cash item,

(ii) any marketable stock or security, or

(iii) any debt of the transferor.

(C) Carryover basis transactions. If--

(i) any person acquires property from another person who acquired such property by purchase (as determined under this paragraph with regard to this subparagraph), and

(ii) the adjusted basis of such property in the hands of such acquirer is determined in whole or in part by reference to the adjusted basis of such property in the hands of such other person, such acquirer shall be treated as having acquired such property by purchase on the date it was so acquired by such other person.

(6) Special rule where substantial diminution of risk.

(A) In general. If this paragraph applies to any stock or securities for any period, the running of any 5-year period set forth in subparagraph (A) or (B) of paragraph (3) (whichever applies) shall be suspended during such period.

(B) Property to which suspension applies. This paragraph applies to any stock or securities for any period during which the holder's risk of loss with respect to such stock or securities, or with respect to any portion of the activities of the corporation, is (directly or indirectly) substantially diminished by--

(i) an option,

(ii) a short sale,

(iii) any special class of stock, or

(iv) any other device or transaction.

(7) Aggregation rules.

(A) In general. For purposes of this subsection, a person and all persons related to such person (within the meaning of 267(b) or 707(b)(1)) shall be treated as one person.

(B) Persons acting pursuant to plans or arrangements. If two or more persons act pursuant to a plan or arrangement with respect to acquisitions of stock or securities in the distributing corporation or controlled corporation, such persons shall be treated as one person for purposes of this subsection.

(8) Attribution from entities.

(A) In general. Paragraph (2) of section 318(a) shall apply in determining whether a person holds stock or securities in any corporation (determined by substituting "10 percent" for "50 percent" in subparagraph (C) of such paragraph (2) and by treating any reference to stock as including a reference to securities).

(B) Deemed purchase rule. If--

(i) any person acquires by purchase an interest in any entity, and

(ii) such person is treated under subparagraph (A) as holding any stock or securities by reason of holding such interest,

such stock or securities shall be treated as acquired by purchase by such person on the later of the date of the purchase of the interest in such entity or the date such stock or securities are acquired by purchase by such entity.

(9) Regulations.The Secretary shall prescribe such regulations as may be necessary to carry out the purposes of this subsection, including--

(A) regulations to prevent the avoidance of the pur- poses of this subsection through the use of related persons, intermediaries, pass-thru entities, options, or other arrangements, and

(B) regulations modifying the definition of the term "purchase".

Literaturverzeichnis

Akerlof, George A. [market 1970]: The market for "lemons": quality uncertainty and the market mechanism, in: Quarterly Journal of Economics 84 (1970), S. 488-500.

Alchian, Armen/Demsetz, Harold [Production, 1972]: Production, Information Costs, and Economic Organization, in: American Economic Review 62 (1972), S. 777-795.

Alexander, Gordon J./Benson, P. George/Kampmeyer, Joan M. [Selloffs 1984]: Investigating the Valuation Effects of Announcements of Voluntary Corporate Selloffs, in: Journal of Finance 34 (June 1984), S. 503-517.

American Express [Lehman Brothers, 1994]: News Release, American Express Board Declares Dividend Of Lehman Brothers To Shareholders, April 29, 1994.

American Express [Shareholders, 1994]: News Release, American Express Announces Plans To Spin-Off Lehman Brothers To Shareholders, January 24, 1994.

American Express [Spin-Off, 1994]: News Release, American Express Company Completes Spin-Off Of Lehman Brothers To Shareholders, May 31, 1994.

Antle, Rick [Auditor, 1982]: The Auditor as an Economic Agent, in: Journal of Accounting Research 20 (1982), S. 503-528.

Aron, Debra J. [capital market, 1991]: Using the capital market as a monitor: corporate spinoffs in an agency framework, in: RAND Journal of Economics 22 (Winter 1991), No. 4, S. 505-519.

Arrow, Kenneth J. [economics, 1985]: The economics of agency, in: John W. Pratt/ Richard Zeckhauser (Hrsg.), Principal and agents: The

Structure of Business, Bosten: Harvard Business School Press, 1985, S. 37-51.

Arzac, Enrique R. [business units, 1991]: Do your business units create shareholder wealth, in: Finance for corporate growth, Harvard Business Review paperback, Boston (Mass.): Harvard Business School Press, 1991, S. 49-54.

Asquith, Paul/Mullens, David/Wolff, Eric [Issue, 1989]: Original Issue High Yield Bonds: Aging Analysis of Defauls, Exchanges, and Calls, in: Journal of Finance 44 (1989), S. 923-952.

Ballwieser, Wolfgang [Auditing, 1987]: Auditing in an agency setting, in: Agency theory, information and incentives, G. Bamberg/K. Spremann (Hrsg.), Berlin u.a.: Springer, 1987, S. 327-346.

Ballwieser, Wolfgang/Schmidt, Reinhard H., (Hrsg.) [Unternehmensverfassung, 1981]: Unternehmens-verfassung, Unternehmensziele und Finanztheorie, in: Kurt Bohr u.a. (Hrsg.), Unternehmensverfassung als Problem der Betriebswirtschaftslehre, Berlin: Schmidt, 1981, S. 645-682.

Bartodziej, Peter [Reform, 1994]: Reform des Umwandlungsrechts und Mitbestimmung, in: ZIP 15 (1994), Heft 7, S. 580-585.

Bellstedt, Claus [US-Trusts, 1995]: Die steuerliche Behandlung von US-Trusts, in: IWB (1995), Fach 8, Gruppe 2, S. 809-822.

Bickseler, James L./Chen, Andrew H. [Economics, 1991]: The Economics Of Corporate Restructuring: An Overview, in: Arnold W. Sametz (Hrsg.), The Battle For Corporate Control, Shareholder Rights, Stakeholder Interests, and Managerial Responsibilities, Homewood: Business One Irwin, 1991, S. 375-398.

Bittker, B.I./Eustice, James S. [Federal, 1996], Federal Income Taxation of Corporations and Shareholders, Sixth Edition, Student Edition, Boston: Warren Gorham Lamont 1994, Cumulative Supplement to Student Edition (1996).

Blättchen, Wolfgang [Börse, 1996]: Warum Sie überhaupt an die Börse gehen sollen - die Sicht des externen Beraters, in: Gerrit Volk (Hrsg.), Going public: der Gang an die Börse, Stuttgart: Schäffer-Poeschel, 1996, S. 3 - 26.

Block, Dennis J./Radin, Stephen A./Jaroslawicz, Isaac M., [Corporate Restructuring, 1991]: The Business Judgement Rule In Corporate Restructuring And Recapitalization Transactions, in: Arnold W. Sametz (Hrsg.), The Battle For Corporate Control, Shareholder Rights, Stakeholder Interests, and Managerial Responsibilities, Homewood: Business One Irwin, 1991, S. 399-484.

Block, Zenas/MacMillan, Ian C. [venturing, 1993]: Corporate venturing: creating new businesses within the firm, Boston: Harvard Business School Press, 1993.

Blumberg, Phillip I. [Konzernrecht, 1991]: Amerikanisches Konzernrecht, in: ZGR 20 (1991), Heft 3, S. 327-372.

Blumers, Wolfgang/Siegels, Jörg [Ausgliederung, 1996]: Ausgliederung und Spaltung und Zuordnung von Wirtschaftsgütern, in: DB 49 (1996), S. 7-11.

Bohnenblust, Peter [Spin-off, 1990]: Der Spin-off: Ein unattraktives Instrument, in: Hans Siegwart/ Julian.I. Mahari/ Ivo.G Caytas/ Bernd-Michael Rumpf, Meilensteine im Management, Mergers & Acquisitions, Stuttgart: Schäffer-Poeschel, 1990, S. 293-297.

Boot, Arnoud W.A.. [Loosers, 1992]: Why Hang on to Loosers? Divestitures and Takeovers, in: Journal of Finance 47 (September 1992), Heft 4, S. 1401-1423.

Brealey, Richard A./Myers, Steward C. [Principles, 1991]: Principles of Corporate Finance, New York: McGraw Hill, 4th edition, 1991.

Bühner, Rolf [Management-Holding, 1992]: Management-Holding - Unternehmensstruktur der Zukunft, 2. Auflage, Landsberg/Lech: moderne industrie, 1992.

Bühner, Rolf, [Organisationslehre, 1992]: Betriebswirtschaftliche Organisationslehre, 6., verbesserte und ergänzte Auflage, München: Vahlen, 1992.

Bühner, Rolff [Strategie, 1985]: Strategie und Organisation - Analyse und Planung der Unternehmensdiversifikation mit Fallbeispielen, Wiesbaden: Gabler, 1985.

Chandler, Alfred Dupont [Scale, 1994]: Scale and Scope: The Dynamics of Industrial Capitalism, Third printing, Cambridge (Mass.): Harvard University Press, 1994.

Child Peter/Diederichs, Raimund/Sanders, Falk-Hayo/Wisniowski, Stefan, [Complexity, 1991]: SMR Forum: The Management of Complexity, in: Sloan Management Review 33 (Fall 1991), No. 1, S. 73-80.

Coase, Ronald H. [Nature, 1937]: The Nature Of The Firm. In: Economica 4 (1937), S. 386-405.

Coenenberg, Adolf Gerhard [Jahresabschluß, 1995]: Jahresabschluß und Jahresabschlußanalyse: betriebswirtschaftl., handels- u. steuerrechtl. Grundlagen, Landsberg am Lech: Moderne Industrie, 14. Aufl., 1995.

Coffee, John C. Jr. [Coalitions, 1991]: Unstable Coalitions: Corporate Governance as a Multiplayer Game, in: The Battle for Corporate Control: Shareholder Rights, Stakeholder Interests, and Managerial Responsibilities, Homewood: Business One Irwin, 1991, S. 3-33.

Copeland, Thomas E. [Value, 1994]: Why Value Value, in. The McKinsey Quarterly (1994), No. 4, S. 97-109.

Copeland, Thomas E./Lemgruber Eduardo F./Mayers, David, [spinoffs, 1987] Corporate spinoffs: multiple announcement and ex-date abnormal performance, in: Copeland, T.E. (Hrsg.), Modern Finance and Industrial Economics, Oxford: Blackwell, 1987, S. 114-137.

Copeland, Tom/Koller, Tim/Murrin, Jack [Valuation, 1990]: Valuation: Measuring and Managing the Value of Companies, New York u.a.: Wiley, 1990.

Crystal Brands, Inc. (Hrsg.) [Information Statement, 1985]: Information Statement, New York, NY, 1985.

Cusatis, Patrick J./Miles, James A./Woolridge, J. Randall [Restructuring, 1993]: Restructuring through spinoffs, in: Journal of Financial Economics 33 (1993), S. 293-311.

Darden Restaurants, Inc. (Hrsg.) [Information Statement, 1995]: Information Statement, Orlando, Florida, May 5, 1995.

DeAngelo, Harry/DeAngelo, Linda/Rice, Edward [Going Private, 1986]: Going Private: The Effects of a Change in Corporate Ownership Structure, in: *Stern, J./Chew, D.* (Hrsg.), The Revolution in Corporate Finance, New York: MacGraw-Hill, 1986, S. 444-452.

Dehmer, Hans [Umwandlungsgesetz, 1996]: Umwandlungsgesetz, München: Beck, 1996.

Demsetz, Harold/Lehn, Kenneth [Structure, 1985]: The Structure of Corporate Ownership: Causes and Consequences, in: Journal of Political Economy 93 (1985), S. 1155-1177.

Deutsche ICI GmbH [Presse-Information, 1992]: Presse-Information, ICI erwägt Vorschläge für eine Ausgliederung der biowissenschaftlichen Aktivitäten, 30. Juli 1992, S. 1-4.

Deutsche ICI GmbH [Presse-Information, 1993]: Presse-Information, ICI-Board empfiehlt Ausgliederung von Zeneca, 25. Februar 1993.

Deutscher Bundestag [Drucksache 12/6699]: Drucksache 12/6699, Entwurf eines Gesetzes zur Bereinigung des Umwandlungsrechts (UmwBerG), 1. Februar 1994.

Dietl, Helmut [Institution, 1991]: Institutionen und Zeit, Tübingen: Mohr, 1993, (Zugl. München : Univ., Diss., 1991).

Dobrzynski, Judith/Nathans, Leah/Meehan, John/Schine, Eric [Drexel, 1990]: After Drexel, in: Business Week, February 26, 1990, S. 21-24.

Donaldson, Gordon [restructuring, 1990]: Voluntary restructuring: The case of General Mills, in: Journal of Financial Economics 27 (1990), S. 117-141.

Duden, Konrad/Schilling, Wolfgang [Spaltung, 1974]: Die Spaltung von Gesellschaften, in: AG 19 (1974), S. 202-212.

Ebers, Mark/Gotsch, Wilfried [Theorien, 1995]: Institutionenökonomische Theorien der Organisation, in: Alfred Kieser (Hrsg.),

Organisationstheorien, 2., überarbeitete Auflage, Stuttgart: Kohlhammer, 1995, S. 269-302.

Eisenhardt, Kathleen M. [Agency Theory, 1989]: Agency Theory: An Assessment and Review. in: Academy of Management Review 14 (1989), No. 1, S. 57-74.

Elschen, Rainer, [Gegenstand, 1991]: Gegenstand und Anwendungsmöglichkeiten der Agency-Theorie, in: zfbF 43 (1991), Heft 11, S. 1002-1012.

Eppenberger, Matthias [Gedanken, 1991]: Neue Gedanken zum Informationsrecht des Aktionärs, in: Der Schweizer Treuhänder (1991), Heft 7-8, S. 351-355.

Ewert, Ralf [Wirtschaftsprüfung, 1990]: Wirtschaftsprüfung und asymetrische Information, Berlin u.a.: Gruyter, 1990.

Fama, Eugene [Agency, 1980]: Agency problems and the theory of the firm, in: Journal of Political Economy 88 (1980), S. 288-307.

Fama, Eugene/Jensen, Michael [Separation, 1983]: Seperation of ownership and control, in: Journal of Law and Economics 26 (June 1983), S. 301-325.

Franke, Günter/Laux, Heribert [Wert, 1970]: Der Wert betrieblicher Informationen für den Aktionär, in: Neue Betriebswirtschaft 23 (1970), Heft 7, S. 1-8.

Franks, Julian/Mayer, Colin [Ownership, 1995]: Ownership and Control, in: Horst Siebert (Hrsg.), Trends in business organization: do participation and cooperation increase competitiveness? International Workshop, Tübingen: Mohr, 1995, S. 171-195.

214

Fritz, Michael [Spaltung, 1991]: Die Spaltung von Kapitalgesellschaften: Gesellschaftsrecht, Steuerrecht, Reformvorschläge, Köln: O. Schmidt, 1991, (Zugl.: Freiburg, Univ., Diss., 1991).

Früh, Hans-Joachim [Börsengang, 1996]: Rechnungslegung im Börsengang, in: Gerrit Volk (Hrsg.), Going public: der Gang an die Börse, Stuttgart: Schäffer-Poeschel, 1996, S. 3 - 26.

Fruhan, William E. [strategy, 1979]: Financial strategy: Studies in the creation, transfer, and destruction of shareholder value, Homewood, IL: Irwin, 1979.

Galai, Dan/Masulis, Ronald [Model, 1976]: The Option Pricing Model and the Risk Factor of Stock, in: Journal of Financial Economics 3 (1976), S. 53-81.

Ganske, Joachim [Treuhandunternehmen, 1991]: Spaltung von Treuhandunternehmen, in: DB 44 (1991), S. 791-797.

Gaulke, Jürgen [Uncle Sam, 1995]: Uncle Sam kommt, in: mm 25 (1995), Heft 5, S. 212-219.

Gellert, Otto [Pflichtübung, 1992]: Lustlose Pflichtübung, in: mm 22 (1992), Heft 6, S. 212.

General Mills, Inc. (Hrsg.) [Annual Report, 1985]: Annual Report 1985, Minneapolis, MN, 1985.

General Mills, Inc. (Hrsg.) [Annual Report, 1994]: Annual Report 1994, Minneapolis, MN, 1994.

General Mills, Inc. (Hrsg.) [Annual Report, 1995]: Annual Report 1995, Minneapolis, MN, 1995.

General Mills, Inc. (Hrsg.) [News/Information, April 25, 1994]: News/Information, December 14: General Mills Plans To

Seperate Into Two Public Corporations (Presseinformation), December 14, 1994.

General Mills, Inc. (Hrsg.) [News/Information, April 25, 1985]: News/Information (Presseinformation), April 25 , 1985.

General Mills, Inc., (Hrsg.) [News/Information, January 28, 1985]: News/Information (Presseinformation), January 28, 1985.

Gomez, Peter [Wertmanagement, 1993]: Wertmanagement, Vernetzte Strategien für Unternehmen im Wandel, Düsseldorf u.a.: ECON, 1993.

Greenwald, Bruce, Stiglitz, Joseph E., Weiss, Andrew [Imperfections, 1984]: Informational Imperfections in the Capital Market and Macroeconomic Fluctuations, in: American Economic Review 74 (1984), S. 194-199.

Grochla, Erwin [Voraussetzungen, 1980], Betriebswirtschaftlich-organisatorische Voraussetzungen technologischer Innovationen, in: ZfbF 50 (1980), Sonderheft 11, S. 30-42.

Hakansson, Nils H. [Changes, 1982]: Changes in the Financial Market: Welfare and Price Effects and the Basic Theorems of Value Conservation, in: Journal of Finance 37 (1982), S. 977-1004.

Harris, Milton/Raviv, Artur [results]: Some results on incentive contracts with application to education and employment, health insurance, and law enforcement, in: American Economic Review 68 (1978), S. 20-30.

Hartmann, Ulrich [Zukunft, 1996]: Zukunft gestalten - gemeinsam Chancen ergreifen, in: Veba AG (Hrsg.) Begegnungen/Meeting of Minds, Vorträge/Presentations, Berlin 20.-22. Juni 1996, S. 44-60.

Hartmann-Wendels, Thomas [Principal-Agent-Theorie, 1989]: Principal-Agent-Theorie und asymmetrische Informationsverteilung, in: ZfbF 59 (1989), S. 714-734.

Hellwig, Martin [Ownership, 1995]: Comment on Julian Franks and Colin Mayer, "Ownership and Control", in: Horst Siebert (Hrsg.), Trends in business organization: do participation and cooperation increase competitiveness? International Workshop, Tübingen: Mohr 1995, S. 196-200.

Henderson, Denys [Countdown, 1994], Countdown to Demerger, Full text of address by ICI Chairman Sir Denys Henderson at the Sixth International Conference on Strategic Manufacturing, at the Gleneagles Hotel, Auchterarder, UK, November 17, 1994, Imperial Chemical Industries PLC (Hrsg.).

Hennigs, Robert [Börseneinführung, 1995]: Die Börseneinführung von Tochtergesellschaften, Entscheidungsproblem im Konzern, Wiesbaden: Gabler, 1995, (Zugl.: Köln, Univ., Diss., 1995).

Hennrich, Joachim [Wirkungen, 1993]: Wirkungen der Spaltung: Überlegungen zu §§ 126 Abs. 1, 131 Abs. 1 Nr. 1 Satz 2 des Referentenentwurfs eines Gesetzes zur Bereinigung des Umwandlungsrechts vom 15. April 1992, in: AG 38 (1993), S. 508-515.

Herfort, Claus [Besteuerung, 1991]: Besteuerung von Management-Buy-Outs in der Bundesrepublik Deutschland, Baden-Baden: Nomos, 1991.

Herzig, Norbert/Förster, Guido [Problembereiche, 1995]: Problembereiche bei der Auf- und Abspaltung von Kapitalgesellschaften nach neuem Umwandlungssteuerrecht, in: DB 48 (1995) S. 338-349.

217

Herzig, Norbert/Momen, Leila [Spaltung, 1994]: Die Spaltung von Kapitalgesellschaften im neuen Umwandlungs-steuergesetz, in: DB 47 (1994), S. 2157-2162; S. 2210-2214.

Herzig, Norbert/Ott, Hans [Steuerrecht, 1989]: Das Steuerrecht als Umwandlungs- und Spaltungsbremse, in: DB 42 (1989), S. 2033-2040.

Himmelreich, Robert [Unternehmensteilung, 1987]: Unternehmensteilung durch partielle Universalsukzession, Bergisch-Gladbach/Köln: Eul 1987, (Zugl. Frankfurt (Main), Univ., Diss., 1986).

Hite, Gailen L./Owers, James E. [Restructuring, 1986]: The Restructuring of Corporate America: An Overview, in: J. Stern/D. Chew (Hrsg.), The Revolution in Corporate Finance, New York: MacGraw-Hill, 1986, S. 418-427.

Hite, Gailen L./Owers, James E. [spinoff, 1983]: Security price reactions around corporate spinoff announcements, in: The Journal of Financial Economics 12 (1983), S. 409-436.

Hoffmann, Peter/Ramke, Ralf [Management, 1990]: Management Buy-Out in der Bundesrepublik Deutschland: Anspruch, Realität und Perspektiven, Berlin: Erich Schmidt, 1990.

Hölters, Wolfgang v. (Hrsg.) [Handbuch, 1996]: Handbuch des Unternehmens- und Beteiligungskaufs. Grundfragen-Bewertung-Finanzierung-Steuerrecht-Arbeitsrecht-Vertragsrecht-Kartellrecht-Vertragsbeispiele, 4. Auflage, Köln: O. Schmidt, 1996.

Homelhoff, Peter [Probleme, 1991]: Aktuelle Probleme des Konzernrechts, in: Peter Betge/Manuel R. Theisen (Hrsg.), Finanzierung und Besteuerung der Unternehmung und des Konzerns, Stuttgart: Poeschel, 1991, S. 218-230.

Hommelhoff, Peter/Priester, Hans-Joachim/Teichmann, Arndt [Spaltung, 1995]: Spaltung, in. Marcus Lutter (Hrsg.), Verschmelzung-Spaltung-Formwechsel nach neuem Umwandlungsrecht und Umwandlungssteuerrecht/Kölner Umwandlungsrechtstage, Köln: O. Schmidt, 1995, S. 89-154.

Imperial Chemical Industries PLC (Hrsg.) [Annual Review, 1993]: Annual Review 1993, London 1993.

Imperial Chemical Industries PLC (Hrsg.) [ICI Fact Book, 1995]: ICI Fact Book, London, 1995.

Imperial Chemical Industries PLC (Hrsg.) [ICI World Data, 1992]: ICI World Data, Financial Edition, London, April 1992.

Jarillo, Joe'e Carlos [networks, 1988]: Strategic networks: creating the borderless, Oxford u.a.: Butterworth-Heinemann, 1988.

Jensen, Michael C. [Agency, 1986]: Agency Costs of Free Cash Flow, Corporate Finance, and Takeovers, in: American Economic Review Papers & Procedings 76 (May 1986), S. 323-329.

Jensen, Michael C./Meckling, William H. [Agency, 1986]: Theory Of The Firm: Managerial Behaviour, Agency Costs And Ownership Structure, in: Michael C. Jensen/ Clifford, W. Smith, The Modern Theory Of Corporate Finance, New York u.a.: McGraw-Hill, 1986 S. 78-133.

Jensen, Michael C./Ruback, Richard S. [Market, 1983]: The Market For Corporate Control, in: Journal of Financial Economics 11 (1983), S. 5-50.

Jensen, Michael C./Smith, Clifford W., Jr. [Stockholder, 1985]: Stockholder, Manager, and Creditor Interests: Applications of Agency Theory, in E.I. Altman/M.G. Subrahmanyam (Hrsg.), Recent

Advances in Corporate Finance, Homewood, Il: Irwin, 1985, S. 95-131.

John, Kose/Lang, Larry H.P./Netter, Jeffry, [Restructuring, 1992], The Voluntary Restructuring of Large Firms in Response to Performance Decline, in: Journal of Finance 47 (1992), S. 891-917.

Jones, Gareth/Hill, Charles [cost, 1988]: Transaction cost analysis of strategy-structure choice, in: Strategic Management Journal 9 (1988), S. 159-172.

Joost, Detlev [Umwandlungsrecht, 1995]: Umwandlungsrecht und Arbeitsrecht, in: Marcus Lutter (Hrsg.), Verschmelzung-Spaltung-Formwechsel nach neuem Umwandlungsrecht und Umwandlungssteuerrecht/Kölner Umwandlungs-rechtstage, Köln: O. Schmidt, 1995, S. 297-327.

Kah, Arnd [Profitcenter-Steuerung, 1994]: Profitcenter-Steuerung, Ein Beitrag zur theoretischen Fundierung des Controlling anhand des Principal-agent-Ansatzes, Stuttgart: Schäffer-Poeschl, 1994.

Kahn, Sharon [Bust Up, 1996]: Should You Bust Up Your Company?, in: Global Finance (1996), Heft 2, S. 42-47.

Kahn, Sharon [Shareholders, 1996]: When Shareholders Start the Spin, in: Global Finance (1996), Heft 2, S. 46.

Kallmeyer, Harald [Einsatz, 1996]: Der Einsatz von Spaltung und Formwechsel nach dem UmwG 1995 für die Zukunftssicherung von Familienunternehmen, in: DB 49 (1996), S. 28-30.

Kallmeyer, Harald [Kombination, 1995]: Kombination von Spaltungsarten nach dem neuen Umwandlungsgesetz, in: DB 48 (1995), S. 81-83.

220

Kallmeyer, Harald [Umwandlungsgesetz, 1994], Das neue Umwandlungsgesetz, Verschmelzung, Spaltung, Formwechsel von Handelsgesellschaften, ZIP 22 (1994), S. 1746-1759.

Kaplan, Steven N./Weisbach, Michael S. [Success of Acquisitions, 1992]: The Success of Acquisitions, Evidence from Divestitures, in: Journal of Finance 47 (1992), S. 107-138.

Karollus, Martin [Ausgliederung, 1995]: Ausgliederung, in: Marcus Lutter (Hrsg.), Verschmelzung-Spaltung-Formwechsel nach neuem Umwandlungsrecht und Umwandlungssteuerrecht/Kölner Umwandlungs-rechtstage, Köln: O. Schmidt, 1995, S. 157-198.

Keller, Thomas [Unternehmensführung, 1993]: Unternehmensführung mit Holdingkonzepten, 2., überarbeitete Auflage, Köln: Bachem, 1993, (Zugl.: Köln, Univ., Diss., 1990).

Kieser, Alfred/Kubicek, Herbert [Organisation, 1992]: Organisation, 3. völlig neubearbeitete und erweiterte Auflage, Berlin u.a.: Gruyter, 1992.

Kirsch, Werner [Wegweiser, 1996]: Wegweiser zur Konstruktion einer evolutionären Theorie der strategischen Führung: Kapitel eines Theorieprojektes, München: Barbara Kirsch, 1996.

Kleindieck, Detlev [Haftung, 1992]: Haftung, freie Beweisführung und Beweiserleichterung im qualifiziert faktischen GmbH-Konzern, in: GmbH-Rundschau 9 (1992), S. 574-584.

Knoll, Heinz-Christian [Übernahme, 1992]: Die Übernahme von Kapitalgesellschaften: Unter besonderer Berücksichtigung des Schutzes von Minderheitsaktionären nach amerikanischem, englischem und deutschem Recht, Baden-Baden: Nomos, 1992.

Knyphausen, Dodo zu [Unternehmen, 1988]: Unternehmen als evolutionsfähige Systeme. Überlegungen zu einem evolutionären Konzept für die Organisationstheorie, München: Barbara Kirsch, 1988.

Knyphausen-Aufsess, Dodo zu, [Theorie, 1995]: Theorie der strategischen Unternehmensführung: State of the art und neue Perspektiven, Wiesbaden: Gabler, 1995 (Zugl.: München, Univ. Habil.-Schr. 1994).

Koppensteiner, Hans-Georg [Kölner Kommentar, 1995]: Kölner Kommentar zum Aktiengesetz, 2. Aufl., Köln u.a.: Heymanns 1995.

Kottmann, Bernd [Spaltung, 1986]: Die Spaltung einer Aktiengesellschaft, München: Florentz, 1986.

Kropff, Bruno [TBB-Urteil, 1993]: Das TBB-Urteil und das Aktienkonzernrecht, in: AG 38 (1993), S. 485-495.

Kudla, Ronald J./McInish, Thomas H. [spin-off, 1981]: The microeconomic consequences of an involuntary corporate spin-off, in: Sloan Management Review 22 (Summer 1981), S. 41-46.

Kühner, Martin [Gestaltung, 1990]: Die Gestaltung des Innovationssystems: Drei Grundlegende Ansätze, Bamberg: Difo-Druck, 1990, (Zugl., Hochschule St. Gallen: Diss., 1990).

LeRoy, Steven [Markets, 1989]: Efficient Capital Markets and Martingales, in: Journal of Economic Literature 27 (1989), S. 1583-1621.

Löbler, Helge [Diversifikation, 1988]: Diversifikation und Unternehmenserfolg, Diversifikationserfolge und -risiken bei unterschiedlichen Marktstrukturen und Wettbewerb, Wiesbaden: Gabler, 1988.

Löw, Claus [Informationsanspruch, 1973]: Der Informationsanspruch des Aktionärs im amerikanischen Recht; Eine Darstellung der Aktionärsinformationen in den Rechten der Einzelstaaten und des Bundes mit einem dokumentarischen Anhang über einzelne Verordnungen der Securities and Exchange Commission (SEC), Stuttgart: Schäffer-Poeschel, 1973.

Lutter, Markus [Kölner Kommentar, 1995]: Kölner Kommentar zum Aktiengesetz, 2. Aufl., Köln u.a.: Heymanns, 1995.

Lynch, Peter [Free, 1995]: Free at Last, in: Worth (July/August 1995), S. 27-30.

Mann, Steven V./Sicherman, Neil W. [Free Cash Flow, 1991]: The Agency Costs of Free Cash Flow: Acquisition Activity and Equity Issues, in: Journal of Business 64 (1991), S. 213-227.

Manne, Henry [Mergers, 1965], Mergers and the market for corporate control, in: Journal of Political Economy 73 (April 1965), S. 693-706.

Markides, Constantinos C. [Characteristics, 1992]: The Economic Characteristics of De-diversifying Firms, in: British Journal of Management 3 (1992), S. 91-100.

Mayer, Dieter [Zweifelsfragen, 1995]: Erste Zweifelsfragen bei der Unternehmensspaltung, in: DB 48 (1995), S. 861-866.

McLeod, W. Bentley [Incentives, 1995]: Incentives in Organizations: An Overview of Some of the Evidence and Theory, in: Horst Siebert (Hrsg.), Trends in business organization: do participation and cooperation increase competitiveness? International Workshop, Tübingen: Mohr 1995, S. 3-42.

Meffert, Heribert [Flexibilität, 1985]: Größere Flexibilität als Unternehmungskonzept, in: ZfbF 37 (1985), S. 121-137.

MEMC Electronic Materials, Inc. (Hrsg.) [Prospecus, 1995]: Prospectus 17.000.000 Shares (Börseneinführungsprospekt), July 12, 1995.

Mertens, Kai [Umwandlung, 1993]: Umwandlung und Universalsukzession; Die Reform von Verschmelzung, Spaltung, Vermögensübertragung und Formwechsel, Heidelberg: C.F. Müller, (1993).

Mertens, Kai [Universalsukzession, 1994]: Zur Universalsukzession in einem neuen Umwandlungsrecht, in: AG 39 (1994), S. 66-78.

Metallgesellschaft AG (Hrsg.), [Geschäftsbericht, 1991/1992]: Geschäftbericht, Frankfurt a.m. (1991/1992).

Miles, James A./Rosenfeld, James D. [Spin-off, 1983]: The Effect of Voluntary Spin-off Announcements on Shareholder Wealth, in: Journal of Finance 38 (1983), S. 1597-1606.

Milgrom, Paul/Roberts, John [Adjustment, 1995]: Continous Adjustment and Fundamental Change in Business Strategy and Organization, in: Horst Siebert (Hrsg.), Trends in Business Organization: Do Participation and Cooperation Increase Competitiveness? International Workshop/Institut für Weltwirtschaft an der Universität Kiel, Tübingen: Mohr, 1995, S. 231-258.

Milgrom, Paul/Roberts, John [Economics, 1992]: Economics, Organization and Management, Englewood Cliffs, NJ: Prentice Hall, 1992.

Miller, Merton H. [Modigliani-Miller, 1988]:The Modigliani-Miller Proposition After Thirty Years, in: Journal of Economic Perspectives 2 (1988), S. 99-120.

Mintzberg, Henry [School, 1990]: The Design School: Reconsidering the basic Premises of Strategic Management, in: Strategic Management Journal 11 (1990), S. 171-195.

Mirow, Michael, [Value, 1991]: Shareholder Value als Zielgröße der Unternehmensführung, in: BFuP Meinungsspiegel 3 (1991), S. 241-253.

Modigliani, Franco/Miller, Merton [costs, 1958]: The costs of capital, corporate finance, and the utility industry, in: American Economic Review 48 (1958), S. 261-297.

Montgomery, Cynthia A./Wernerfelt, Birger [Sources, 1991]: Sources of superior performance: Market share versus industry effects in the U.S. Brewing industry, in: Management Science 37 (August 1991), S. 954-959.

Müller-Stewens/Roventa, Peter/Bohnenkamp, Guido [Wachstums-finanzierung, 1993]: Wachstumsfinanzierung für den Mittelstand, Ein Leitfaden zur Zukunftssicherung durch Unternehmensbeteiligung, Stuttgart: Schäffer-Poeschel, 1993.

Myers, Steward C. [Determinants, 1977]: Determinants of Corporate Borrowing, in: Journal of Financial Economics, 5 (1977), S. 147-176.

Nadig, Linard [Spin offs, 1992]: Spin offs mittels Management Buyout: die Veräusserung von Unternehmensteilen durch Verkauf an das bisherige Management, Bern u.a.: Haupt, 1992, (Zugl.: Zürich, Univ. Diss., 1992).

Nanda, Vikram, [News, 1991]: On the Good News in Equity Carve-Outs, in: Journal of Finance 46 (1991), S. 1717-1737.

Nathusius, Klaus [Formen, 1992]: Grundansatz und Formen des Venture Managements, in: ZfbF 31 (1979), S. 507-526.

Neus, Werner [Agency-Theorie, 1987]: Ökonomische Agency-Theorie und Kapitalmarktgleichgewicht, Wiesbaden: Gabler, 1989.

Neye, Hans-Werner [Regierungsentwurf, 1994]: Der Regierungsentwurf zur Reform des Umwandlungsrechts, in: ZIP 15 (1994), S. 165-169.

Neye, Hans-Werner [Überblick, 1995]: Überblick über die Gesetzesänderungen, in: Marcus Lutter (Hrsg.), Verschmelzung-Spaltung-Formwechsel nach neuem Umwandlungsrecht und Umwandlungssteuerrecht/Kölner Umwandlungsrechtstage, Köln: O. Schmidt, 1995, S. 1-18.

o.V. [Class Action, 1996]: Host Marriott Settles Class Action Filed By Bondholders Over Split-up, Wins a $1.25 million settlement agreement that spanned 3 years with co-bondholders, in: Daily Record Baltimore MD v. 5. März 1996, S. 3.

o.V. [Concessions Business, 1995]: Host Marriott Corp. Plans A Spinoff Of Concessions Business From Lodging, in: Wall Street Journal 3-Star-Eastern-Princeton-NJ-Edition v. 10 August 1995, S. B12.

o.V. [Decides, 1995], Grace Decides To Spin Off A Health Unit, in: New York Times v. 15. Juni 1995), S. D1.

o.V. [Demergers, 1996]: Demergers in Europe Gather Momentum, in: Corporate Finance July 1996, Nr. 140, S. 46-48.

o.V. [EDS, 1996]: Abspaltung der EDS von GM kommt voran, in: FAZ Nr. 2 v. 3. Januar 1996, S 13.

o.V. [Energie, 1995]: Neue Energie dank Unternehmensaufspaltung, Entflechtung der AT&T in den USA kein Ausnahmefall, in: NZZ Nr. 220 v. 22. September 1995, S. 27.

o.V. [Hanson, 1995], Hanson spaltet 34 Unternehmen ab, in: FAZ Nr. 46 v. 23. Februar 1995, S. 20.

o.V. [Imperial, 1993]: Imperial Chemical Industries: Demerger, in: Financial Times v. 26. Februar 1993, S. 28.

o.V. [Konglomeratsidee, 1995]: Die Konglomeratsidee hat endgültig ausgedient, in: Finanz und Wirtschaft v. 17. Juni 1995), S. 27-33.

o.V. [Konzerntöchter, 1995], Mehr Konzerntöchter an die Börse, Going Publics 1990 bis 1994 gegenüber Börseneinführungen der zweiten Hälfte der achtziger Jahre, in: FAZ Nr. 89 v. 25. April 1995, S. 21.

o.V. [Kritische Masse, 1991]: Kritische Masse, in: Wirtschaftswoche Nr. 51 v. 13.12.1991, S. 152-154.

o.V. [Kurs-Pfleger, 1995]: Der Kurs-Pfleger, Ulrich Hartmann, Vorstandschef der Veba AG, über Aktionärsdemokratie, Shareholder Value und die strategische Marschrichtung seines Konzerns, in: mm 25 (1995), Nr. 5, S. 222- 231.

o.V. [legal liability, 1995], Corporate spin-offs as a value enhancing technique when faced with legal liability, in: Mathematics & Economics (April 1996), Nr. 1, S. 63-68.

o.V. [Lehman, 1994]: Parent Sets A Spinoff Of Lehman; American Express Reports Profit Rise, in: New York Times (National Edition) v. 25 Januar 1994), S. C1.

o.V. [Lucent, 1996]: AT&T-Unternehmen Lucent am ersten Börsentag über 30 Dollar, in: FAZ Nr. 82 v. 6. April 1996), S. 24.

o.V. [Marriott, 1993]: Dissident bondholders chip away at Marriott, in: Washington Times v. 25. Januar 1993, S. C3.

o.V. [Multiply, 1995]: USA: Be Fruitful And Multiply, in: Forbes American Edition Nr. 45 v. 6. November 1995, S. 112.

o.V. [Nabisco, 1994]: USA: Nabisco To Raise $1Bn Through Food Demerger, in: The Times v. 1. November 1994, S. 18.

o.V. [Oil, 1981]: Market Place: A New Interest In 2d-Tier Oil, in: New York Times v. 6. August 1981, S. D8.

o.V. [Paper Maker, 1995]: Paper Maker To Spin Off Tobacco Units, in: New York Times v. 10 Mai 1995, S. C1.

o.V. [Philip Morris, 1994]: Philip Morris legt Vorschlag für Aufspaltung vorerst "ad acta", in: FAZ Nr. 121 v. 27. Mai 1994, S. 18.

o.V. [Plan 1995]: Plan Hansons zum Abbau des Schuldenberges, in: NZZ Nr. 45 v. 23. Februar 1995, S. 21.

o.V. [Power Play, 1995]: A New Power Play At W.R. Grace, in: Business Week Industrial Edition (June 19, 1995), S. 44.

o.V. [questions, 1994]: Unanswered questions linger about Lehman Brothers spinoff, in: Investment-Dealers-Digest v. 31. Januar 1994), S. 8.

o.V. [Telekom-Industrie, 1996]: Amerikas Telekom-Industrie sieht schweren Zeiten entgegen, in: FAZ Nr. 12 v. 15. Januar 1996, S. 20.

o.V. [Tobacco, 1996], Tobacco Industry Split Might Benefit Financier, New York Times v. 14. März 1996, S. D7.

o.V. [Unabhängigkeit, 1996]: GM entläßt EDS in die Unabhängigkeit, in: FAZ Nr. 80 v. 3. April 1996, S. 23.

o.V. [Veba, 1991]: Manchem Veba Aktionär ist der Kurs zu niedrig, in: FAZ Nr. 159 v. 12. Juli 1991, S. 17.

Oetinger, Bolko v. [Fähigkeiten, 1993]: Fähigkeiten und Positionen, in: Das Boston Consulting Group Strategie-Buch, Die wichtigsten

Managementkonzepte für den Praktiker, Düsseldorf u.a: ECON, 1993, S. 437-461.

Owen, Geoffrey/Harrison, Trevor [ICI, 1995]: Why ICI Chose to Demerger, in: Harvard Business Review 73 (March-April 1995), S. 133-142.

Paul, Walter [Investor, 1991]: Investor Relations-Management - demonstriert am Beispiel der BASF, in: ZfbF 43 (1991), S. 924-945.

Pellens, Bernhard [Spaltung, 1991]: Die Spaltung von Konzernabschlüssen als Anlegerschutzinstrument im Konzern, in: ZfbF 43 (1991), S. 490-508.

Peltzer, Martin [Problematik, 1987]: Rechtliche Problematik der Finanzierung des Unternehmenskaufs beim MBO, in: DB 40 (1987), S. 973-978.

Penrose, Edith T. [theory, 1959]: The theory of growth of the firm, Oxford: Blackwell, 1959.

Peters, Tom [Big, 1993]: Big ist out. Wie groß darf ein marktnahes Unternehmen sein?, in: Harvard Business Manager (1993), Heft 3, S. 93-104.

Philip Morris (Hrsg.) [Immediate Release, 1994]: For Immediate Release (Presseinformation), April 14, 1994.

Picot, Arnold [Bedeutung, 1989]: Zur Bedeutung allgemeiner Theorieansätze für die betriebswirtschaftliche Information und Kommunikation: Der Beitrag der Transaktionskosten- und Principal-Agent-Theorie, in: Kirsch, Werner/Picot, Arnold (Hrsg.): Die Betriebswirtschaftslehre im Spannungsfeld zwischen Generalisierung und Spezialisierung, Wiesbaden: Gabler, 1989, S. 361-379.

Picot, Arnold [Transaktionskostenansatz, 1982]: Transaktionskostenansatz in der Organisationstheorie: Stand der Diskussion und Aussagewert, in: Die Betriebswirtschaft 42 (1982), S. 267-284.

Picot, Arnold/Neuburger, Rahild [Agency, 1995]: Agency Theorie und Führung, in: Handwörterbuch der Führung, A. Kieser/G. Reber (Hrsg.), 2. Auflage, Stuttgart: Poeschel, 1995, S. 14-20.

Picot, Gerhard [Vertragsrecht, 1995]: Vertragsrecht, in: Kauf und Restrukturierung von Unternehmen, Gerhard Picot (Hrsg.), München: 1-108, 1995.

Picot, Gerhard/Müller-Eisig, Klaus [Gesellschaftsrecht, 1995]: Gesellschaftsrecht, in: Kauf und Restrukturierung von Unternehmen: Handbuch zum Wirtschaftsrecht, Gerhard Picot (Hrsg.), München: Beck, 1995, S. 109-320.

Popper, Karl [Lesebuch, 1995]: Lesebuch: ausgewählte Texte zur Erkenntnistheorie, Philosophie der Naturwissenschaften, Metaphysik, Sozialphilosophie, David Miller (Hrsg.), Tübingen: Mohr, 1995.

Porter, Michael E. [Diversifikation, 1992]: Diversifikation - Konzerne ohne Konzept, in: Walther Busse von Colbe/Adolf G. Coenenberg (Hrsg.), Unternehmensakquisition und Unternehmensbewertung, Grundlagen und Fallstudien, Stuttgart: Schäffer-Poeschel, 1992, S. 6-31.

Prahalad, C.K./ Hamel, Gary [Core Competence, 1990]: The Core Competence of the Corporation, in: Harvard Business Review 68 (May/June 1990), S.79-91.

Pratt, John W./Zeckhauser, Richard J. [Principals, 1985]: Principals and Agents: An Overview, in: John W. Pratt/Richard Zeckhauser

(Hrsg.): Principal and Agents: The Structure of Business, Bosten: Harvard Business School Press, 1985, S. 1-35.

Preissner, Anne [Wurzeln, 1996]: Zurück zu den Wurzeln, in: mm 26 (1996), Heft 4, S. 122-130.

Raiser, Thomas [Recht, 1992]: Recht der Kapitalgesellschaft: Ein Handbuch für Praxis und Wissenschaft, Aktiengesellschaft 2., neubearbeitet und wesentlich erweiterte Auflage, München: Vahlen, 1992.

Ramanujam, V./Varadarajan, P. [Research, 1989]: Research on Corporate Diversification: A Synthesis, in: Strategic Management Journal 10 (1989), S. 523-551.

Rappaport, Alfred [CFOs, 1992]: CFOs and Strategists: Forging a Common Framework, in: Harvard Business Review 70 (May/June 1992), S. 84-91.

Rappaport, Alfred [Creating, 1985]: Creating Shareholder Value, The New Standard for Business Performance, New York u.a.: The Free Press, 1986.

Rappaport, Alfred [Selecting, 1981]: Selecting strategies that create shareholder value, in: Harvard Business Review 59 (May-June, 1981), S. 139-149.

Raupach, Arndt [Anforderungen, 1992]: Anforderung an die Reform des Umwandlungssteuerrechts, in: Reform des Umwandlungsrechts, wirtschafts- und gesellschaftsrechtliche, arbeitsrechtliche und steuerrechtliche Aspekte unter besonderer Berücksichtigung von Fragen der Bewertung, Rechnungslegung und Prüfung, Vorträge und Diskussionen IDW-Umwandlungssymposion am 8./9. Oktober 1992, Düsseldorf: IDW, 1993, S. 259-276.

Ravenscraft, David/Scherer, F.M. [Sell-offs, 1987]: Mergers, Sell-offs, and economic efficiency, Washington D.C.: Brookings Institution, 1987.

Riley, John G. [signalling, 1992]: signalling, in: Paul Newman/Murras Milgate/John Eatwell, The new Palgrave dictionary of money and finance, London and Basingstoke: Macmillan Press Limited, 1992, S. 455-458.

Ringlstetter, Max [Konzernentwicklung, 1995]: Konzernentwicklung, Rahmenkonzepte zu Strategien, Strukturen und Systemen, München: Barbara Kirsch, 1995.

Ross, Steven A. [Determination, 1977]: The Determination of Financial Structure: The Incentive Signalling Approach, in: Bell Journal of Economics 8 (Spring 1977), S. 23-40.

Ross, Steven A. [Modigliani-Miller, 1988]: Comment on the Modigliani-Miller Propositions, in: Journal of Economic Perspectives 2 (Fall 1988), S. 127-134.

Ross, Steven A. [Theory, 1973]: The Economic Theory of Agency: The Principal's Problem, in: American Economic Review 63 (1973), S. 134-139.

Rothschild, Michael/Stiglitz, Joseph E. [Equilibrium, 1976]: Equilibrium in competitive insurance markets: an essay on the economics of imperfect information, in: Quarterly Journal of Economics 90 (1976), S. 629-649.

Rudolph, Jochen [Zellteilung, 1992]: Zellteilung der Konzerne, in: FAZ Nr. 245 v. 21. Oktober 1992, S. 15.

Rumelt, Richard [Strategy, 1974]: Strategy, Structure and Economic Performance, Boston (Mass.): Harvard University Press, 1974.

Sagasser, Bernd/Bula, Thomas [Umwandlungen, 1995]: Umwandlungen, Verschmelzung-Spaltung, Formwechsel-Vermögens-übertragung, München: C.H. Beck, 1995.

Schaumburg, Harald [Besonderheiten, 1995]: Steuerliche Besonderheiten der Umwandlung von Kapitalgesellschaften und Personengesellschaften, in: Marcus Lutter (Hrsg.) Verschmelzung-Spaltung-Formwechsel nach neuem Umwandlungsrecht und Umwandlungssteuerrecht/Kölner Umwandlungsrechtstage, Köln: O. Schmidt, 1995, S. 329-380.

Schaumburg, Harald [Steuerfolgen, 1996]: Steuerfolgen der Spaltung, § Anh. 151, in: Markus Lutter (Hrsg.), Umwandlungsgesetz: Kommentar, Köln: O. Schmidt, 1996, S. 1222-1279.

Schaumburg, Harald [UmwG, 1995]: UmwG, UmwStG: strukturierte Textausgabe des Umwandlungsgesetzes und Umwandlungssteuergesetzes mit Materialien und ergänzenden Hinweisen, von Harald Schaumburg; Thomas Rödder; Köln: O. Schmidt, 1995.

Scherrer, Gerhard [Konzernrechnungslegung, 1996]: Grundlagen der US-amerikanischen Konzernrechnungslegung, in: Wolfgang Ballwieser (Hrsg.), US-amerikanische Rechnungslegung: Grundlagen und Vergleiche mit dem deutschen Recht, 2., überarbeitete und erweiterte Auflage, Stuttgart: Schäffer-Poeschel, 1996, S. 215-264.

Schildbach, Thomas [Jahresabschluß, 1987]: Der handelsrechtliche Jahresabschluß, Herne u.a.: Verlag Neue Wirtschaftsbriefe, 1987.

Schipper, Katherine/Smith, Abbie [Effects, 1983]: Effects of recontracting on shareholder wealth: The case of voluntary spin-offs, in: Journal of Financial Economics 12 (1983), S. 437-467.

Schipper, Katherine/Smith, Abbie [Spin-off, 1986]: The Corporate Spin-off Phenomen, in: The Revolution in Corporate Finance, Stern, J./Chew, D. (Hrsg.), New York: MacGraw-Hill 1986, S. 437-443.

Scholes, Myron S./Wolfson, Mark A. [Employee, 1991]: Employee Stock Ownership Plans And Corporate Restructuring: Myths And Realities, in: Arnold W. Sametz (Hrsg.), The Battle For Corporate Control, Shareholder Rights, Stakeholder Interests, and Managerial Responsibilities, Homewood: Business One Irwin, 1991, S. 485-515.

Schreib, Hans Peter [Investor, 1990]: Was sind Investor Relations, was sollen sie sein?, in: DW 17 (1990), S. 1043-1044.

Schreiber, Ulrich [Besteuerung, 1996]: Die Bedeutung der US-amerikanischen Rechnungslegung für die Besteuerung von Gewinnen und Ausschüttungen, in: Wolfgang Ballwieser (Hrsg.), US-amerikanische Rechnungslegung: Grundlagen und Vergleiche mit dem deutschen Recht, 2., überarbeitete und erweiterte Auflagen, Stuttgart: Schäffer-Poeschel, 1996, S. 47-92.

Securities and Exchange Comission (Hrsg.) [Crystal Brands, 1995]: Form 8-K Current Report Persuant to Section 13 or 15 (d) of the Securities Exchange Act of 1934, Crystal Brands, Inc., Washington, D.C., February 17, 1995.

Securities and Exchange Comission (Hrsg.) [Darden, 1997]: Form 10-K405, Darden Restaurants, Inc., Washington, D.C., August 15, 1997.

Securities and Exchange Comission (Hrsg.) [General Mills, 1997]: Form 10-K405, General Mills, Inc., Washington, D.C., August 15, 1997.

Securities and Exchange Comission (Hrsg.) [Imperial, 1997]: Form 20 F, Annual Report Persuant to Section 13 or 15(D) of the Securities Act of 1934, Imperial Chemical Industries PLC, Washington, D.C., March 13, 1997.

Securities and Exchange Comission (Hrsg.) [Zeneca, 1997]: Form 20 F, Annual Report Persuant to Section 13 or 15(D) of the Securities Act of 1934, Zeneca Group PLC, Washington, D.C., February 4, 1997.

Servatius, Hans-Gerd [Methodik, 1985]: Methodik des strategischen Technologie-Managements - Grundlagen für erfolgreiche Innovationen, Berlin: Schmidt, 1985.

Servatius, Hans-Gerd [Venture, 1988]: New Venture Management: Erfolgreiche Lösung von Inovationsproblemen für Technologie-Unternehmen, Wiesbaden: Gabler, 1988.

Slovin, Myron B./Sushka, Marie E., Ferraro Steven R. [comparison, 1995]: A comparison of the information conveyed by equity carve-outs, spin-offs, and asset sell-offs, in: Journal of Financial Economics 37 (1995), S. 9-104.

Spence, Michael [Job Market, 1973]: Job Market Signaling, in: Quarterly Journal of Economics 87 (1973), S. 355-374.

Spremann, Klaus [Comment, 1995]: Comment on Sherwin Rosen, "Managerial Compensation, Contro, and Investment, in: Horst Siebert (Hrsg.), Trends in business organization: do participation and cooperation increase competitiveness? International Workshop, Tübingen: Mohr, 1995, S. 159-169.

Spremann, Klaus [Information, 1990]: Asymmetrische Information, in: ZfB 60 (1990), S. 561-586.

Spremann, Klaus [Reputation, 1988]: Reputation, Garantie, Information, in: ZfB 58 (1988), S. 613-629.

Stiglitz, Joseph E. [Capital markets, 1992]: Capital markets and economic fluctuations in capitalist economies, in: European Economic Review 36 (1992), S. 269-306.

Stiglitz, Joseph E. [principal, 1992]: principal and agent in: Paul Newman, /Murras Milgate/ John Eatwell, The new Palgrave dictionary of money and finance, London and Basingstoke: Macmillan Press Limited, 1992, S. 185-191.

Stiglitz, Joseph E. [Structure, 1988]: Why Financial Structure Matters, in: Journal of Economic Perspectives 2 (1988), S. 121-126.

Stiglitz, Joseph E./Weiss, Andrew [Credit Rationing, 1981]: Credit Rationing in Markets with imperfect Information, in: American Economic Review 71 (1981), S. 393-410.

Stoll, Jutta [Aspekte, 1989]: Rechtliche Aspekte von feindlichen Übernahmen von Aktiengesellschaften, in: BB 44 (1989), S. 1489-1491.

Strasmann, Jochen/Schüller, Achim (Hrsg.), Kernkompetenzen, 1996: Kernkompetenzen: Was Unternehmen wirklich erfolgreich macht, Stuttgart: Schäffer-Poeschel, 1996.

Süchting, Joachim, [Finanzmanagement, 1995]: Finanzmanagement: Theorie und Politik der Unternehmensfinanzierung, 6., vollst. überarbeitete und erweiterte Aufl., Wiesbaden: Gabler, 1995.

Szyperski, Norbert/Klandt, Holger [Bedingungen, 1980]: Bedingungen für innovative Unternehmensgründungen - Aspekte und Ergebnisse einer Untersuchung über potentielle Spin-off-Gründer im Raume Aachen-Bonn-Düsseldorf-Köln, in: BFuP 4 (1980), S. 354-370.

Teichmann, Arndt [Spaltung, 1980]: Die Spaltung einer Aktiengesellschaft als gesetzgeberische Aufgabe, in: AG 27 (1980), S. 85.

Teubner, Gunther [Unitas Multiplex, 1991]: Unitas Multiplex, in: ZGR 20 (1991), S. 189-217.

Theisen, Manuel R. [Board Modell, 1989]: Das Board Modell: Lösungsansatz zur Überwindung der "Überwachungslücke" in deutschen Aktiengesellschaften?, in: AG 34 (1989), S. 161-168.

Theisen, Manuel R. [Holding, 1995]: Die Finanzwirtschaft der Holding, in: Holding-Handbuch: Markus Lutter (Hrsg.), Recht, Management, Steuern, 2. unveränderte Aufl., Köln: O. Schmidt, 1995, S. 361-404.

Theisen, Manuel R. [Konzern, 1991]: Der Konzern: betriebswirtschaftliche und rechtliche Grundlagen der Konzernunternehmung, Stuttgart: Poeschel, 1991.

Theisen, Manuel R. [Überwachung, 1987]: Die Überwachung des Aufsichtsrates - Betriebswirtschaftliche Ansätze zur Entwicklung erster Grundsätze ordnungsmäßiger Überwachung, Stuttgart: Poeschel, 1987.

Tzermias, Nikos [Hanson, 1995]: Plan Hansons zum Abbau des Schuldenbergs, in NZZ Nr. 45 v. 23. Februar 1995, S. 21.

Tzermias, Nikos [Sears, 1993]: Einzelhandelsriese Sears mit großem Verlust; Hohe Reorganisationskosten, in: NZZ Nr. 34 v. 10. Februar 1993), S. 32.

Tzermias, Nikos [spin-off, 1994]: Grösster 'spin-off' einer US-Firma; Abnabelung der Sears-Tochter Allstate; Neuer Chef des Chicagoer Einzelhandelskonzerns, in: NZZ Nr. 264 v. 11. November 1994, S. 27.

Venkatraman, N./Ramanujam, V. [Measurement, 1986]: Measurement of business performance in strategy research: A comparison of approaches, in: Academy of Management Review 11 (1986), S. 801-814.

Vijh, Anand M. [Spinoff , 1994]: The Spinoff and Merger Ex-Date Effects, in: Journal of Finance 49 (June 1994), S. 581-609.

Weber, Bruno [Unternehmensbewertung, 1990]: Unternehmensbewertung heißt heute Wertsteigerungsanalyse, in: Management-Zeitschrift (Industrielle Organisation), 1990, S. 31-35.

Weitzmann, Martin L. [Incentive, 1995]: Incentive Effects of Profit Sharing, in: Horst Siebert (Hrsg.), Trends in business organization: do participation and cooperation increase competitiveness? International Workshop, Tübingen: Mohr 1995, S. 51-78.

Wenger, Ekkehard/Terberger Eva [Beziehung, 19887: Die Beziehung zwischen Agent und Prinzipal als Baustein einer ökonomischen Theorie der Organisation, in: WiSt 17 (Oktober 1988), Heft 10, S. 506-515.

Wilhelm, Winfried [Konzern, 1991]: Ein Konzern braucht Saft, in: mm 21 (1991), Heft 7, S. 31-41.

Williams, Joseph T. [signalling, 1992]: signalling with dividends, in: Paul Newman/Murras Milgate/ John Eatwll, The new Palgrave dictionary of money and finance, London and Basingstoke: Macmillan Press Limited, 1992, S. 458-460.

Williamson, Oliver E. [Comment, 1995]: Comment on Paul Milgrom and John Roberts, "Continuous Adjustment and Fundamental Change in Cusiness Strategy and Organization", in: Horst Siebert (Hrsg.), Trends in business organization: do participation and cooperation increase competitiveness? International Workshop, Tübingen: Mohr 1995, S. 259-264.

Williamson, Oliver E. [Markets, 1975]: Markets and hierarchies: Analysis and antitrust implications, New York: Free Press, 1975.

Witte, Eugen [Innovationsfähige, 1973]: Innovationsfähige Organisation, in: Zeitschrift für Organisation 42 (1973), S. 17-24.

Woo, Carolyn Y/Willard Gary E./Daellenbach, Urs S. [Spin-Off, 1992]: Spin-Off Performance: A Case Of Overstated Expectations?, in: Strategic Management Journal 13 (1992), S. 433-447.

Worldscope (Hrsg.) [Zeneca, 1997]: Zeneca Group PlC (1992), S. 433-447.

Wosnitzka, Michael [Kapitalstrukturentscheidungen, 1995]: Kapitalstrukturentscheidungen in Publikumsgesell-schaften: ein informationsökonomischer Ansatz, Wiesbaden: Gabler, 1995 (Zugl.: Trier, Univ. Habil. Schr., 1993).

Rechtsquellenverzeichnis

Aktiengesetz vom 6. September 1965 (BGBl. I S. 1089) BGBl. III 4121-1, zuletzt geändert durch Gesetz zur Bereinigung des Umwandlungsrechts vom 28. Oktober 1994 (BGBl. I S. 3210)

Bürgerliches Gesetzbuch (BGB) vom 18. August 1896 (RGBl. S. 195) BGBl. III 400-2, zuletzt geändert durch Gesetz zur Änderung des Rechts der beschränkten persönlichen Dienstbarkeit vom 1.7.1996 (BGBl. I, S. 990) und § 14 Abs.1 Allgemeines Magnetschwebebahngesetz vom 19.7.1996 (BGBl. I S. 101)

Börsengesetz in der Fassung vom 27. Mai 1908 (RGBl. S. 215), zuletzt geändert durch Gesetz vom 26.7.1994 (BGBl. I S. 1749) BGBl. III 4110-1.

Einkommensteuergesetz 1990 (EStG 1990) in der Fassung der Bekanntmachung vom 7. September 1990 (BGBl. I S. 1898, ber. 1991 I S. 808), zuletzt geändert durch Zweites Gesetz zur Änderung des Arbeitsförderungsgesetzes im Bereich des Baugewerbes vom 15.12.1995 (BGBl. I S. 1809) und Jahressteuer-Ergänzungsgesetz vom 18.12.1995 (BGBl. I S. 1959)

Körperschaftsteuergesetz 1991 (KStG 1991) in der Fassung und Bekanntmachung vom 11. März 1991 (BGBl. I S. 638), zuletzt geändert durch Gesetz zur Änderung des Umwandlungssteuerrechts vom 28.10.1994 (BGBl. I S. 326), Jahressteuergesetz 1996 vom 11.10.1995 (BGBl. I S. 1250) und Jahressteuerergänzungsgesetz 1996 vom 18.12.1995 (BGBl. I S. 1959)

Umwandlungsgesetz (UmwG) vom 28. Oktober 1994 (BGBl. I S. 3210, ber. 1995 I S. 428)

Umwandlungssteuergesetz(UmwStG) vom 28. Oktober 1994 (BGBl. I S. 3267). Geändert durch Jahressteuergesetz 1996 vom 11.10.1995 (BGBl. I S. 1250) und Jahressteuerergänzungsgesetz 1996 vom 18.12.1995 (BGBl. I S. 1959)

Verordnung über die Zulassung von Wertpapieren zur amtlichen Notierung an einer Wertpapierbörse (Börsenzulassungs-Verordnung - BörsZulV). Vom 15. April 1987 (BGBl. I S. 1749), zuletzt geändert durch Gesetz vom 26.7.1994 (BGBl. I. S. 1749)

BETRIEBSWIRTSCHAFTLICHE STUDIEN
RECHNUNGS- UND FINANZWESEN, ORGANISATION UND INSTITUTION

Die Herausgeber wollen in dieser Schriftenreihe Forschungsarbeiten aus dem Rechnungswesen, dem Finanzwesen, der Organisation und der institutionellen Betriebswirtschaftslehre zusammenfassen. Über den Kreis der eigenen Schüler hinaus soll originellen betriebswirtschaftlichen Arbeiten auf diesem Gebiet eine größere Verbreitung ermöglicht werden. Jüngere Wissenschaftler werden gebeten, ihre Arbeiten, insbesondere auch Dissertationen, an die Herausgeber einzusenden.